新时代"三农"问题研究书系

农村金融资源配置与农民福利的时空耦合机制研究

郭 华 蒋远胜 戚玉莹 等○著

西南财经大学出版社
Southwestern University of Finance & Economics Press

中国·成都

图书在版编目（CIP）数据

农村金融资源配置与农民福利的时空耦合机制研究/郭华等著.－－成都:西南财经大学出版社,2024.7. --ISBN 978-7-5504-6287-8

Ⅰ. F832.35;F323.89

中国国家版本馆 CIP 数据核字第 2024JK1798 号

农村金融资源配置与农民福利的时空耦合机制研究

NONGCUN JINRONG ZIYUAN PEIZHI YU NONGMIN FULI DE SHIKONG OUHE JIZHI YANJIU

郭　华　蒋远胜　戚玉莹　等著

策划编辑:何春梅
责任编辑:李　才
助理编辑:陈进栩
责任校对:邓嘉玲
封面设计:何东琳设计工作室
责任印制:朱曼丽

出版发行	西南财经大学出版社（四川省成都市光华村街 55 号）
网　　址	http://cbs.swufe.edu.cn
电子邮件	bookcj@swufe.edu.cn
邮政编码	610074
电　　话	028-87353785
照　　排	四川胜翔数码印务设计有限公司
印　　刷	四川煤田地质制图印务有限责任公司
成品尺寸	170 mm×240 mm
印　　张	15.25
字　　数	246 千字
版　　次	2024 年 7 月第 1 版
印　　次	2024 年 7 月第 1 次印刷
书　　号	ISBN 978-7-5504-6287-8
定　　价	82.00 元

前　言

　　党的十九大以来，全面推进乡村振兴已成为新时代"三农"工作的总抓手。乡村振兴既是推进农业农村加快实现现代化的必由之路，更是保障农民过上更加美好生活、促进农民福利跃升的题中之义。2020年年底，我国脱贫攻坚战取得全面胜利，消除了绝对贫困，全面建成小康社会的伟大成就得以实现，乡村振兴更加朝着新时代共同富裕的目标大步迈进。然而，"三农"发展不平衡不充分的问题依然严峻，成为提升农民福利、实现共同富裕过程中的重要阻滞。这种不平衡不充分在要素上突出表现为农村发展所需的人才、科技和金融资源在时间和空间配置的不合理和低效率。农村金融作为现代经济的重要组成部分，在乡村振兴多元投入格局中具有基础支撑地位和引导杠杆作用。然而，计划经济时期优先发展重工业的赶超战略决定了金融资源配置的城市偏向行为，中国经济社会的"二元"结构特征直接决定了金融的"二元性"。一方面，相较于农村地区单一的传统经济部门，城市多元化的现代经济部门更能吸引金融资源，产生资金从传统部门向现代部门净流出的局面，也带来了农村金融的发展远远滞后于城市金融的问题。另一方面，农村金融资源空间配置不均衡现象长期存在，东部地区农村金融机构网点数量、从业人员数量等指标均显著高于中、西部地区。如何通过提高农村金融资源配置效率以增进农民福利成为当前需要解决的关键问题。农村经济和社会转型是极其复杂的社会变迁过程，有必要在时空视角下探索农村金融资源配置水平与农民福利良性互动的耦合机制，把握二者耦合度的时空演变特征，有助于优化调整农村金融资源配置政策、增进农民福利，推进乡村振兴与农业农村现代化进程。

　　本书从时序和空间的维度出发，对全国各省份（西藏及港澳台地区除外)① 2000—2019 年的农村金融资源配置及其效率水平、农民福利进行测算与分析，并对农村金融资源配置与农民福利之间耦合协调度的时空演变特征进行系统研究，继而分析影响两个系统耦合协调水平的因素以及二者的耦合机制。首先，本书以金融资源论、不完全竞争市场理论以及福利经济理论为基石，以金融地理学相关理论和系统耦合理论为支撑，构建理论分析框架，对农村金融资源配置与农民福利发生耦合协调关系的必要条件以及二者的耦合机制进行深入的理论探讨；其次，本书基于静态耦合协调度模型、动态耦合协调度模型及空间耦合协调度模型测算全国各省份农村金融资源配置与农民福利的耦合协调水平，同时利用超效率 Slack Based Model（SBM）模型、曼奎斯特（Malmquist）指数等效率测算方法，非参数核密度估计、莫兰指数等空间相关性分析方法，归纳总结近20年来各省份农村金融资源配置水平及效率、农民福利水平以及农村金融资源配置与农民福利耦合协调度的时空演变特征；再次，基于前文对农村金融资源配置与农民福利耦合协调关系时空演变的研究，综合已有文献对本书研究对象影响因素的探讨，利用空间计量模型实证检验农村金融资源配置与农民福利耦合协调度的影响因素；最后，构建耦合机制的评价指标体系，利用结构方程模型，实证分析了农村金融资源配置对农民福利的影响机制。

本书的主要结论如下：

第一，农村金融资源配置与农民福利整体实现耦合协调发展，其协同演化关系得到改善；静态耦合协调高值省份对周边省份的静态耦合协调关系有改善作用，而动态耦合协调高值省份却会恶化周边省份的动态耦合协调关系。从时序演变特征来看，样本期内静态耦合协调度由 0.240 提升至 0.595，耦合状态由失调演化为高度协调，动态耦合协调度变化不大，稳定在 35°~36°之间，表明二者始终处于协调发展阶段，空间耦合协调度在样本期内呈现出先短暂上升后下降，而后又逐年提升的态势，总体数值在 0.880~1.000 之间缓慢波动，反映出二者整体呈现协调耦合发展状态。然而，农村金融资源配置与农民福利的动态演化速率差距不断扩大，剪刀差在期末达到最大值 50.376°，长期将制约二者耦合协调发展。从空间演变特征来看，静态耦合协调度呈现自中国东部、北部地区向中部及西南地区多级递减的分布格局，空间杜宾模型中的空间滞后项系数显著为正（0.067），空间溢出效应显著；动态耦合协调度则呈现北部边境及中部地区

---

① 考虑到数据样本的可得性和适用性，本书的样本中不含西藏及港澳台地区。

省份塌陷的特征，空间杜宾模型中的空间滞后项系数显著为负（-0.742），呈现明显的空间虹吸效应；空间耦合协调度逐步演化为各省份均协调耦合发展，空间效应不显著。

第二，三类耦合协调度的影响因素有所差异，地区经济发展水平、农村经济效率、社会发展水平、信息技术水平有助于改善农村金融资源配置与农民福利的静态耦合协调关系；社会发展水平和人均受教育水平则是动态耦合协调度提升的因素；金融市场交易效率和社会发展水平对空间耦合协调度有显著促进作用。在所有影响因素中，社会发展水平显著促进静态、动态和空间耦合协调度的提升，社会发展水平每提高1单位，静态、动态和空间耦合协调度将分别提高1.593、0.141和4.721，而农业比重则掣肘三类耦合协调度。

第三，农村金融资源配置与农民福利两个子系统之间存在较为紧密的耦合机制，农村金融资源配置在财政性金融资源和市场性金融资源两个层面对农民福利的影响机制存在差异性，财政性金融资源配置更多地表现为通过促进农村地区产业融合进而影响农民的收入和消费，而市场性金融资源配置则在提升农业生产率，继而带动农民的收入和消费这一机制中的作用更大一些。回归结果显示，财政性金融资源配置每提高1单位标准差会使得农业生产率和农村产业融合水平分别提高0.228和0.414，市场性金融资源配置每提高1单位标准差会使得二者分别增加0.556和0.131。另外，农村产业融合助力农民增收渠道受阻，考虑可能存在产业融合程度不深以及新业态发展过程中出现的"精英俘获"两方面原因。

第四，农村金融资源配置水平在2000—2019年期间先保持平稳而后逐渐增长，但整体仍处于相对偏低水平；各省份间农村金融资源配置水平差距逐步扩大，区域差异显著，整体呈现自沿海地区、北部边境地区向西南内陆地区等级递减的阶梯状分布特征；农村金融资源配置水平在空间上具有关联性且正自相关性逐渐增强。统计结果显示，农村金融资源配置水平从2000年的0.059逐渐提升至2019年的0.293，整体呈上升趋势但平均水平仍不高；核密度图显示样本期内曲线主峰波峰高度波动降低，表明各省份间差距逐步扩大；全局莫兰指数在样本期内显著为正，且从2000年的0.239提升至2019年的0.466，各省份间的农村金融资源配置水平存在明显空间正相关。

第五，农村金融资源静态配置效率整体不高且样本期内仍呈现波动降低趋势，各省份间的效率差异趋于缩小但效率较高省份数量变少，在空间上具有关联性且正自相关性逐渐增强。农村金融资源动态配置效率波动递减，各省份间的效率差异趋于缩小，在空间上具有同向关联性。静态配置效率测算结果显示，样本期内效率均值均低于1，且综合效率均值自2000年的0.882下降至2019年的0.340；核密度曲线主峰波峰波动上移，左侧拖尾缩短而右侧拖尾加长变薄，表明省份间静态配置效率差异缩小但高效率省份也变少；全局莫兰指数从2000年的0.132提升至2019年的0.532，空间正自相关性逐渐增强。动态配置效率测算结果显示，样本期内效率值年均降低0.29%；核密度曲线主峰波峰高度明显提升，曲线拖尾缩短并显著变厚，各省份间差异缩小；全局莫兰指数在大部分年份显著为正，表明农村金融资源动态配置效率存在一定的空间正自相关。

第六，农民福利水平在样本期内由持续提升至趋于平稳，各省份间农民福利水平差距逐步缩小，整体呈现东高西低的分布特征，在空间上具有关联性但正自相关性逐渐减弱。统计结果显示，农民福利水平从2000年的0.408逐渐提升至2019年的0.697，年均提升2.86%，慢于农村金融资源配置水平增速；核密度图显示样本期内曲线主峰波峰高度提升，表明各省份间农民福利水平差距趋于缩小；全局莫兰指数在样本期内显著为正，但呈现波动下降趋势，各省份间的农民福利水平存在明显的空间正相关性。

本书创新点主要有三个：

第一，本书从时空视角出发，构建相对完整的农村金融资源配置与农民福利耦合机制的理论分析框架，从而深化金融资源理论和福利经济学理论，为解决"三农"问题提供理论依据和指导。

第二，本书将物理学中的"耦合"引入到农村金融资源配置与农民福利的关系分析中，在搭建好二者耦合关系的分析框架后，详细测度了二者的静态耦合协调度、动态耦合协调度与空间耦合协调度，并揭示了三种耦合协调类型的时空变化特征，在此层面上，本书深化了对二者关系的科学认识，丰富了此类研究的考察对象和角度。

第三，本书以农村金融资源配置与农民福利的时空耦合机制作为研究重点，深入分析了影响二者耦合协调度的因素，并利用路径分析模型对农村金融资源配置影响农民福利的机制进行细致的分析和实证检验，从而弥补现有研究不足，为政策制定提供科学参考。

本书提出如下政策建议：

第一，以产业发展为导向，发挥各地的产业带动作用，减少农村金融领域的无效、低效供给，从而提高农村金融资源利用效率；在深化农村金融改革过程中，因地制宜实施差异化的农村金融资源配置政策，结合不同地区的产业发展特点，建立多层次、多元化的农村金融资源配置体系。

第二，从创新农村金融资源配置方式、配置渠道等方面出发，提高农村金融深化程度。一方面，通过数字普惠金融、互联网金融等新型金融资源配置方式，创新出与农村居民金融需求相适应的金融产品；另一方面，丰富农民融资渠道。传统金融机构、新型金融机构和非正规金融机构应该明晰自身市场定位和服务群体，共同做好农村金融服务。

第三，加快健全完善现代农业财政支农政策体系，在现有对农业农村发展的财政支持的基础上，进一步扩大比例、优化补贴结构、优化财政支农产业结构以及制定区域间差异化的财政支付制度。

第四，完善农村地区基础设施建设，为充分发挥农村金融资源配置的空间效应提供现实基础。同时要认识到农村金融资源配置水平与农民福利耦合协调关系空间效应的不同表现，引入适当的政府干预从而扩大正向的空间溢出作用，抑制负向的空间虹吸效应。

第五，完善社会保障及基础设施，加快互联网、数字金融的基础设施建设，持续促进农村地区产业优化升级，为农村金融资源配置与农民福利的耦合协调发展提供优质的金融环境、经济环境以及社会环境等外部条件。

第六，在促进农村一二三产业融合发展的过程中，切实关注小农户在其中的参与和获益情况，从小农户自身的经营能力、小农户与其他经营主体的利益联结机制、社会资本的准入门槛和经营监管等层面严格把关，确保小农户在产业融合发展过程中的核心利益不受侵害。

郭华

2024 年 2 月

目　录

1 引言

1.1 研究背景及意义

1.1.1 研究背景

人类福利状况反映了人类生活状态，社会发展的最终目标是满足人类对美好生活的向往，提高福利水平，增强人类福祉。中国特色社会主义进入新时代后，国内主要矛盾转变为人民日益增长的美好生活需要和不平衡不充分的发展之间的矛盾，而这种不平衡和不充分的现状在农村地区尤为突出。因此，要实现社会主义现代化强国的百年目标，就必须加速实现农业农村现代化、坚持全面贯彻落实乡村振兴战略。2020年年底，我国脱贫攻坚战取得全面胜利，消除了绝对贫困，全面建成小康社会的伟大成就得以实现，乡村振兴更加朝着新时期共同富裕的目标大步迈进。农民是推动乡村振兴、实现农业农村发展的主力军，是国家的基本劳动力和生产力。保障农民的福利，既是维护农民权益、维持农村稳定、促进城乡融合、保障粮食安全的重要方式，也是实现农业农村现代化和全体人民共同富裕的必然选择。农民福利是关乎国家发展的大事，其实质是农民生活质量的提升。改革开放以后，中国农民福利经历了从以解决温饱为主要目标的生存型福利，到以提升农民生活质量和满足程度为宗旨的生活型福利的转变。农民人均可支配收入从1978年的134元增长至2023年的21 691元，45年间增长了约162倍，年均增长357%；农民人均消费从1978年的116元增长至2023年的18 175元，45年间增长了约157倍，年均增长346%；农村居民恩格尔系数从 1978 年的 67.7 降至 2023 年的 32.4，降幅甚至过半①。从以上相关经济数据来看，改革开放后，在全党及全社会"三农"工作干部群众持续扎根基层、服务农民的不懈努力下，中国农民福利发生了从解决温饱和基本生存需求层面，到提高生活质量和精神富足水平层面的跃升。然而，前期重工业优先战略、粗放式的发展模式虽带来了中国经济总量的扩张和综合国力的攀升，但也埋下了发展的不可持续性、国内经济结构失衡等隐患。近年来，不平衡问题突出表现为地区发展、城乡发展和农村内部发展的不平衡，居民人均可支配收入基尼系数在 2003—2022 年总体只下降了 0.012，自 2014 年下降到 0.47 以下后一直在 0.465 左右徘徊，并始终超过国际警戒线 0.4；城乡居民可支配收入差距相对值虽然在缓慢下降，本世纪初期城镇居民人均可支配收入为农村的 3 倍之多，2023 年年底该数值降为 2.4，但收入差距的绝对值仍然呈现连年递增态势，在 2018—2023 年的 5 年间增长了 5 000 元之多，2023 年年底站上 30 130 元的高位，甚至超过农村居民人均可支配收入；同时，农村内部人均可支配收入中，高收入群体与低收入群体的差距也在逐年拉大，从 2013 年的 18 446 元增至 2023 年的 44 872 元，2023 年年底高收入群体的人均可支配收入约是低收入群体的 9.5 倍，中等收入群体的可支配收入占比近十年来在 0.50 - 0.52 的区间波动，2013 年为 0.520，2023 年为 0.508，总体上有所下降②。农民福利的保障是中国现代化的必然选择，农民现代福利诉求的实现关系着共同富裕、乡村振兴的全面推进。实现农民福利在总体上的跃升、在结构上的平衡是当下解决"三农"问题、推进农业农村现代化所必须完成的重大课题。党的十九大报告提出乡村振兴战略后，2018 年及以后，每年的中央一号文件都对当前和今后一个时期的乡村振兴工作做出总体部署，基本围绕乡村产业、乡村建设、乡村生态、乡村治理等方面进行，突出解决农业农村发展中面临的科技、人才和资金等要素的严重短板问题。

农村金融是农村经济的重要组成部分，能为有效解决"三农"问题、推动乡村振兴与农业农村现代化提供充足且有效的资金支持。2018 年到 2023 年，中央一号文件反复强调要"提高农村金融服务水平，持续推动农村金融深化改革，加大金融对乡村振兴的支持力度，强化'三农'发展的

---

① 国家统计局. 年度数据 [DB/OL]. [2024-03-07]. https://data.stats.gov.cn/easyquery.htm?cn=C01。

② 同上。

投入保障"。2018 年国务院印发的《乡村振兴战略规划（2018—2022）》提出，要通过"健全金融支农组织体系""创新金融支农产品和服务""完善金融支农激励政策"等手段，来"加大金融支农力度"，并指出此阶段的主要目标是围绕健全适合农业农村特点的农村金融体系，"把更多金融资源配置到农村经济社会发展的重点领域和薄弱环节，更好满足乡村振兴多样化金融需求"。2022 年，党的二十大报告指出，"健全基本公共服务体系，提高公共服务水平，增强均衡性和可及性，扎实推进共同富裕"。金融服务作为公共服务体系的重要内容，金融服务水平与人民福祉息息相关，而农村金融服务水平和金融资源配置效率的提升是金融资源配置均衡性和可及性的重要体现。农村金融资源配置是农村金融体系中的重要组成部分，优化农村金融资源配置是改善农民福利的功能的有效途径。随着金融市场在近几年的高速发展，金融资源配置的作用在农村经济增长方面更加明显，如何优化农村金融资源配置水平以增进农民福利已经成为当前亟须解决的关键问题。乡村振兴战略全面实施以来，我国出台了一系列惠及"三农"的金融优惠政策，农村金融服务水平得到了显著的提高，金融助力乡村振兴效果显著，农村居民收入水平得到了大幅度的提升，农村经济得到了快速发展，农村居民生活水平的提升和农村经济快速发展是金融助力乡村振兴发挥积极作用的有力体现。改革开放以来，随着我国农村金融改革持续深入，整体状态大为改观，农村金融体系建设日益完善，但同时我国经济快速发展和计划经济时期优先发展重工业的赶超战略导致了金融资源配置的城市偏向行为（林毅夫，2003），我国经济社会的"二元"结构特征直接决定了金融的"二元性"（温涛和王煜宇，2018）。一方面，相较于以传统经济部门为主的农村地区，城市多元化的现代经济部门更能吸引金融资源，产生资金从传统部门向现代部门净流出的局面，也带来了农村金融的发展远远滞后于城市金融的问题；另一方面，农村金融资源空间配置不均衡现象长期存在，东部地区农村金融机构网点数量、从业人员数等均显著高于中、西部地区（李明贤和向忠德，2011）。近年来，随着以大数据、云计算、区块链、人工智能等新技术的不断突破，大量金融科技公司不断涌现，持续改变和重塑传统金融业的运营模式和业态产品，金融科技赋能已成为金融业高质量发展的重要驱动力。在农村金融领域，金融科技作为农村金融高质量发展的工具和手段，是深化农村金融改革、增强农村金融服务能力的重要引擎，可以有力推动农村金融高质量发展。然而农村金融资源在各地区间的供给与农业农村多样化发展的金融需求之间的不匹配成为我国金融发展亟须突破的"瓶颈"和"短板"(温涛和王煜宇,2018)。从需求端来看,我国农村地区普遍存在因数字技术和工具缺乏而导致的工具排斥问题,以及因数字知识和技能缺乏导致的农户自我排斥问题(星焱,2021)。从供给端来看,与大型国有银行或股份制银行相比,农村中小金融机构发展金融科技在人才、资金等领域均处于劣势地位。因此,合理优化农村金融资源配置,对当前农村经济社会发展至关重要。

农村金融资源配置是农村金融体系中的重要组成部分,农村金融改革的最终目标是促进农民福利的提升,优化农村金融资源配置是改善农民福利的有效途径,农村金融资源配置效率的持续提升是金融服务支持乡村振兴的有力保障。按传统经济学的观点,资源配置最优化与福利最大化是紧密联系在一起的,合理地对各种资源进行定价则整个经济系统是守恒的,在一定限制条件下,政府所追求的社会福利的最大化与资源消耗的最小化这两个目标能够同时实现,且社会福利最大化点是帕累托最优点。如此一来,准确评估农村金融资源配置与农民福利的耦合情况,及时发掘农村金融资源配置中存在的潜在问题就显得尤为重要了。在评估过程中,对于某些领域的农民福利得不到保障,或者资源配置的浪费和不合理现象,可以及时采取措施加以解决,从而提高农民福利水平。农村金融改革中金融服务覆盖面的提升并不是改革的终极目标,改革措施能否真正作用于农户福利的提升才是衡量农村金融体制改革成功与否的重要标准。农村金融资源是有限的,需要进行优化配置以实现最大效益,而农民福利是衡量农村金融资源配置效果的一项重要指标,只有通过准确评估农村金融资源配置与农民福利的耦合情况,才能确定哪些领域需要更多的金融资源支持、哪些领域需要进行调整或优化,从而实现资源的合理配置。但目前鲜有研究从农村金融资源配置视角探讨农民福利的提升路径,研究二者耦合机制的文献尤为不足,缺乏对农村金融资源配置与农民福利之间的关系的科学评判与经验证据。在农村经济发展的不断变化之中,农村金融资源的流动和配置也更加复杂和混乱,当代研究应该紧扣"三农"问题在新时代的变化,从空间演变的角度出发,探究出提高农村金融资源配置效率的对策,进而更加有效地推动农民福利提升。因此,有必要在时空视角下探索农村金融资源配置水平与农民福利良性互动的耦合机制,把握其时空演变特征,促进二者协调发展。

基于以上背景，本书以金融资源理论、不完全竞争市场理论、福利经济理论、系统耦合理论以及金融地理学的相关理论为基础，为农村金融资源配置与农民福利时空耦合关系提供系统性的理论分析框架；归纳农村金融资源配置水平、农民福利以及二者耦合协调度的时空演变特征，并探究耦合协调度的影响因素以及农村金融资源配置对农民福利的影响机制，从优化农村金融资源配置的视角为提升农民福利提出相关建议。

1.1.2　研究意义

（1）理论意义

本书以金融资源理论为基础，充分讨论了农村金融资源配置的内涵和外延；基于经典的福利经济理论、结合当下的中国农情和时代背景，深入探讨了农民福利的具体表现和演进情况；将不完全竞争理论、系统耦合理论以及金融地理学相关理论引入农村金融资源配置和农民福利的关系分析中，分析农村金融资源配置和农民福利时空耦合关系的理论基础和影响机制；不仅拓展了金融资源理论和福利经济理论的应用场景，丰富了金融资源配置和农民福利的理论内涵，还从系统耦合的角度考虑农村金融资源配置和农民福利双系统之间关系的时空演变特征和作用机制。一方面使得农村金融和农村发展的相关理论更加丰富，关键科学问题的理论基础研究更具深度；另一方面也可以推动各学科之间进行更加频繁的知识交流和正向溢出，推动研究领域的交叉融合和研究体系的完善。同时，在乡村振兴和农业农村现代化背景下研究农村金融、农村发展和农民福利问题，可以为促进乡村全面振兴，加快实现全面共同富裕提供理论依据，并完善其相关的理论体系。

（2）现实意义

第一，农民福利问题是农村金融资源配置过程中不可避免的一个重要的社会经济难题。研究农村金融资源配置和农民福利的时空耦合机制，一方面，有助于厘清农村金融资源与农村发展、农民福利之间的基本影响机制和路径，从而可以基于全局性、系统性的视角探究出存在于农村金融和农民福利两系统内部各要素之间作用渠道的"堵点"和"难点"，继而进行精准施策、有效疏通，提高农村金融资源宏观调控的有效性和可持续性，充分发挥农村金融的多功能性；另一方面，时空耦合分析更加注重农村金融与农民福利耦合关系动态上的演变和空间上分布的均衡性问题，有助于深入分析和总结高度耦合协调地区的发展规律，从而能更好地统筹推进乡村高质量发展和区域协调发展。

第二，对农村金融资源配置与农民福利的耦合情况进行较为准确的评价与把握，精准测度两系统的耦合协调程度和时空变化特征。首先，有助于识别和评估农村金融市场发展中的风险因素、金融资源配置中的不合理和低效的情况，从而制定相应的风险管理措施，引导金融资源向农业农村倾斜，推动农村金融发展的完善性和可持续性。其次，准确研判农村金融和农业农村的发展阶段，可以帮助金融机构和政府更好地优化资源配置和制定投资决策，提高资源利用效率，更准确地制定扶贫政策和发展规划，推动农村经济发展。最后，农村发展是乡村振兴战略的核心要务，而农村金融资源的合理配置直接关系到农村经济发展和乡村振兴战略的实施效果。本书通过对农村金融资源配置与农民福利的时空测度和分析，可以为乡村振兴战略的实施提供科学依据和有效支持。

1.2　国内外研究现状及发展动态分析

1.2.1　农村金融资源配置的相关研究

1.2.1.1　农村金融资源配置的相关理论

国内外相关研究并未明确提出农村金融资源配置的具体概念，对于农村金融资源配置的理论研究也未形成体系。农村金融发展的滞后导致农村金融理论研究的不深入和缺乏创新。二战结束至 20 世纪 80 年代，不少社会主义发展中国家迫于经济独立和建成完整的工业体系的需求，大力发展工业化优先的赶超战略，致使国内的农业发展、农村金融甚至是整个金融体系的发展都被牢牢地套上了"计划"的枷锁，逐渐在经济和金融的发展中形成了鲜明的二元结构特征；另外，农村经济结构的特殊性决定了以农业为主要产业的农村地区金融发展的局限性，农业的高风险和低附加值特征使得农业投资对金融资本的吸引力大大减弱，也带来了农村金融发展的滞后。整体金融理论研究的滞后导致在农村金融方面的关注度更加不足。凯恩斯（Keynes）革命以前，主流的经济学派对金融的研究主要集中在对货币本质问题的回答，研究货币价值的决定，并且认为货币是中性的，这在一定程度上阻碍了对现实中金融与经济之间关系的有益探索。自 Keynes（2018）提出流动性陷阱理论之后，学者们才开始重新审视金融的本质和其影响实体经济的机制，但也仅限于将金融视为中介部门或"中介人"的角色来看待。20 世纪 70 年代在发达国家普遍出现的经济滞胀使得 Keynes（2018）的宏观调控理论开始遇到最大的现实挑战，其后，货币主义、供给学派和理性预期学派的兴起掀起了复辟古典经济学的浪潮，也将货币的中性和非中性之争再次搬上了历史的舞台。因此，在金融理论发展的历史进程中，对金融的定位不清晰和不全面使得金融理论乃至农村金融理论的进步举步维艰。现有对农村金融资源配置的理论研究主要是沿着金融资源论在农村地区的扩展和深入以及基于农村特有经济社会环境的农村金融发展理论来进行的。

20 世纪 30 年代后，随着凯恩斯主义的宏观经济调控政策带领多数发达国家逐渐走出大萧条的阴霾，货币这一在古典经济学被视为对实体经济无实质影响的要素又重新回到经济学家们的研究领域，货币的本质、功能（Gurley and Shaw，1956）以及货币与经济（Gurley and Shaw，1955）的相关研究成果也逐渐丰硕起来。20 世纪五六十年代是发达国家经济迅速复苏和高涨的阶段，其间催生出了大量的金融机构和金融工具，相应地也涌现了大批以金融产品定价、金融市场交易等为研究重心的微观金融理论（王维安和赵慧，2000）。在宏观金融领域，以关注一国整体金融发展一般规律以及金融与经济关系为研究重心的金融结构理论开创了系统研究金融结构的先河［戈德史密斯（Goldsmith），1969］。金融结构理论认为一国金融结构的变迁就是金融的发展，简单说来，金融结构包含金融工具和金融中介机构，为详细考察金融结构中的各部分要素以及与经济发展之间的关系，Goldsmith（1969）提出用金融相关比来衡量金融发展情况，在对该指标的衡量中，除了价格以及一些外生变量，主要包括资本形成率、非金融部门外部融资率、国际融资率和金融中介比率四类，不同国家在金融发展的过程中，金融结构内部的这四类决定因素会出现差异，但总体来看，各国金融发展都是沿着金融相关比这一整体数值逐渐提升的路径来进行的（王维安，2000）。在金融结构与经济发展的关系层面，Goldsmith（1969）认为金融对经济发展的影响主要是通过促进资本形成和优化资源配置来实现的，金融工具和金融机构的出现使得储蓄和投资得以分离进而解除了由于二者在数量和空间上必然存在关系的一些束缚，使得储蓄和投资在金融中介或金融工具的作用下得以扩张和发展，进而带来更多的资本形成；另外，发达的金融机构可以以更低的成本、更高的精准度来识别优质投资项目，从而提高资金的配置效率（孟科学，2006）。其后，很多学者在金融结构理论的基础上进行了更深层次的拓展和理论修正（King and Levine，1993；Rajan and Zingales，2003）。

与战后发达国家经济金融快速恢复发展相对应的是，多数发展中国家为满足迅速建立国内独立工业体系的需要，对金融部门实行严格管控，使其成为一种实施国家战略和意志的工具，国内储蓄尤其是居民部门储蓄和投资严重不足，进一步制约经济的发展。多数学者开始注意到发展中国家出现的这些金融问题，并对此进行了深入的研究［Patrick，1966；麦金农（McKinnon），1973；肖（Shaw），1973；Galbis，1977；Kapur，1983］，其中引起学界反响最为强烈以及对发展中国家金融制度改革实践影响最大的是金融抑制论和金融深化论（McKinnon，1973；Shaw，1973），McKinnon（1973）认为欠发达国家的资本市场存在着严重的"分割"，储蓄和投资存在分割，优质的生产机会与高效的资金配置存在分割，这种"分割"为政府的干预提供了名义上的合理性，但也带来了更深层次的市场扭曲。金融抑制论和金融深化论都认为发展中国家存在严重的金融压抑，政府实行对利率、汇率和金融机构的严格管制，会抑制储蓄和投资的增长、限制金融体系的发展，从而使得整个国民经济陷入金融发展和实体经济相互抑制、共同衰退的恶性循环。而解决问题的办法就是要放弃"金融抑制"，政府放开对利率和汇率的管制，实行"金融深化"或"金融自由化"，使得利率一方面可以充分反映资金的价值，另一方面又能吸引大量储蓄，金融中介促进投资和提高资金配置效率的功能得到发挥，进而带动经济增长。麦多农（1973）和肖（1973）的这一理论在当时的学术界引起了极大反响，很多学者在他们的理论基础上对金融抑制和金融深化理论进行了补充和完善（Mathieson，1980；Fry，1982）。此外，也有大量新兴市场国家纷纷以此理论为基础开始了轰轰烈烈的金融自由化改革，但收效甚微，甚至由于改革过于激进引发了不同程度的经济衰退和金融危机（陈雨露和罗煜，2007）。此后，在总结近二十年来的一些发展中国家进行自由化改革过程中的一些经验教训的基础上，麦金农（1993）指出经济自由化改革需要满足通胀稳定且可控、外汇储备充裕和财政赤字可控、财税改革有效和国内企业发展良好等国内宏观经济稳定的前提条件，同时，自由化改革也要遵循先生产部门后金融部门、先国内金融部门后外部金融部门、先放开经常账户后放开资本账户的次序（麦金农，1993；李扬和殷剑峰，2000）。诚然，对于金融发展对实体经济产生实质性影响这一结论，众多经济学家已然进行了大量严密的理论论证和实证考察，然而对于金融体制和金融结构的选择上，各个国家却表现出银行主导型和市场主导型的明显差异，也引起了学者们对金融机构和市场优劣利弊的广泛探讨（Bencivenga and Smith，1991；Diamond，1991；Rajan and Zingales，1998；Levine，2002；Chakraborty and Ray，2006）。从一国的金融发展实践来看，金融结构中的银行主导或市场主导并不表现出唯一性，而金融在与实体经济互动过程中所体现出的便利清算和支付、储蓄的积累和转化、资源配置、风险分散和转移、降低信息和监督成本等功能在长期中更为稳定（Merton and Bodie，1995；白钦先，1989），经济学家们据此展开了功能金融理论和内生金融理论的研究（Levine，1997；Lucas，1988；Romer，1990）。无论是早期的金融结构理论、还是后来的金融抑制和金融深化论、功能金融理论，都是建立在金融与实体经济的关系层面来分析金融的演进和发展，缺乏对金融本质的深刻探讨，忽视金融在发展过程中的能动性，使得其在解释一国金融体量在发展到一定阶段后所出现的"脱实向虚"、金融发展由"金融中介"过渡到"主导金融"后频发的金融危机等现象时较为乏力。白钦先（1998）在批判、修正和发展了 Goldsmith（1969）的金融结构理论的基础上，从金融的本质研究出发，从金融与经济的互动关系研究出发，首次将金融放在了一国基本战略资源的高度，系统全面地提出了金融资源论并以该理论为基本命题构建了金融可持续发展理论。

农村金融理论可看作金融发展理论在农村地区的拓展和应用，其最核心的内容是揭示农村地区的金融和经济发展状况，最重要的主张是政府是否应该干预以及如何干预农村金融市场。主流的农村金融理论可大致分为农业信贷理论、农村金融市场论和不完全竞争市场论三个阶段（何广文等，2005）。在 20 世纪六七十年代的发展中国家，农业信贷理论占据农村金融理论的主流地位，该理论提出了农民储蓄能力不足以及农业由于高风险低收益特性而无法获得金融机构融资的两条假设，进而主张政府应对农村地区注入外部资金，并且建立专门的非营利金融机构来提供低息贷款和按计划进行资金分配（张元红等，2007）。农业信贷补贴的理论背景源于二战后凯恩斯主义的盛行，农村地区的有效需求不足为政府干预政策提供了有力支持，该政策主张虽然在一定程度上促进了农业发展，但造成了农村地区更为严重的"金融抑制"。20世纪80年代，随着金融压抑和金融深化论的逐渐发展和成熟，越来越多的学者开始认识到农村金融存在发展停滞和扭曲的情况（Brake et al., 1985），并提出重视市场机制、取消政府干预的农村金融市场论。该理论批判了农业信贷理论中农民没有储蓄能力的假设，认为如果对农民进行适当的储蓄激励，农村中的自有资金可以满足农业发展的需要，无须注入外部资金，而且正是外部资金的注入和补贴加大了金融机构对外部资金的依赖性，也降低了其动员自有资金和吸收农民储蓄的积极性，加重了农村金融市场的资金缺口（Adams, 2002）。此外，补贴性信贷政策在真正实施的过程中也产生了严重的偏差，大部分资金被农村的"精英群体"、金融机构工作人员的亲友、大农户、富人等所谓的"上流人士"占有，真正有迫切融资需求的小农户能得到的信贷资金极为有限（Braverman and Huppi, 1991；Tsai, 2004）。而且，补贴信贷的低利率、资金使用的强替代性、农业生产的高风险以及金融机构的弱监督不仅会使得农业信贷补贴政策达不到政府的产业发展目标，而且会带来贷款回收率低和金融机构难以持续的问题（Vogel and Adams, 1996；Maurer and Seibel, 2001）。农村金融市场论与金融抑制论和金融深化论在经济思想和政策主张上是一脉相通的，均认为金融抑制是农村金融发展停滞的原因，应该放开政府管制，实行金融自由化，特别是利率的市场化改革，此外，该理论还强调非正规金融不仅可以对正规金融形成有益补充，共同满足农村地区的金融需求，而且还可以在市场化的竞争下激发正规金融的服务效率（亚当斯，1988）。如同金融自由化在拉美国家的改革失败一样，农村金融市场论由于未认识到农村金融市场存在严重的信息不对称情况也逐渐显露出其弊端（Stiglitz and Weiss, 1981；Basu, 1997）。1990年后，苏联市场转轨的失败、东南亚发生金融危机等一系列事件促使人们意识到市场机制并不是万能的，适当的政府干预对于稳定经济很有必要。在农村金融领域，对以斯底格里茨（Stiglitz）为代表的不完全竞争市场理论的研究开始广泛和深入起来（Stiglitz, 1989；Stiglitz, 1993；Powell et al., 2004）。不完全竞争市场理论认为农村金融市场存在较严重的信息不对称，特别是金融机构对借款人的信息无法充分掌握，此时，采用政府介入金融市场或者对借款人进行组织化等非市场手段是有必要的（Stiglitz and Weiss, 1981；Stiglitz, 1993；Stiglitz, 1996）。不完全竞争市场理论是金融约束论在农村地区的延伸，强调政府的适当介入是有必要的，非市场措施应该及时补充金融市场机制失效的部分，但世界上发展中国家的经济社会状况、经济和金融体制安排并不完全相同，在进行农村金融改革过程中，是否需要引入政府力量恐怕不是最难的问题，政府何时介入、如何介入以及在哪些地方介入才是改革中最关键的和最复杂的（Stiglitz，1993；Stiglitz，1998）。

1.2.1.2 农村金融资源配置现状及问题

伴随着乡村振兴和西部大开发战略的持续推进，中国农村金融资源配置水平得到了显著提升，东、中、西部农村地区分别重点在金融支持农村经济高质量发展、农业生产、脱贫攻坚等方面取得了显著成效（庞悦和刘用明，2023）。针对现有农村金融中的矛盾主要集中在小微企业和农户层面这一现象，相关金融部门将工作重点放在农村普惠金融上，持续发力推动农村普惠金融服务的拓展，在金融资源方面给予了农村地区一定的倾斜（王妍和孙正林，2022）。但目前仍存在诸多问题，具体表现为农村金融组织体系结构单一、农村银行业金融机构配置结构不合理、涉农信贷供给不足、农村金融知识纵深宣传不够、农村信用担保机制不健全（王曙光等，2010；温涛和王煜宇，2018；姜霞，2010；王军，2012）、配置效率低（曹源芳等，2012；宋凌峰和牛红燕，2016）、农村信用机制不完善（董玉峰等，2016）、普通农户金融可得性受限（马九杰等，2020）、产品和服务有效供给与创新不足（李秀茹，2013）等。

首先，受各地区农村经济发展水平、地域特征等因素影响，东、中、西部农村地区金融需求差异较大。整体来看，中国农村金融资源配置效率不高，并呈现出东部高、中西部较低的区域差异，发达地区与不发达地区存在着巨大的差距，越是发达的农村地区，其金融资源配置效率越高且规模比较大，越是不发达的地区，金融资源配置效率越低且存在资金外流的现象（王妍等，2022）。经济发展的不平衡造成金融发展的不平衡，同时金融发展的不平衡加重了经济发展的不平衡（武志，2010）。

其次，在农村内部，金融资源的配置存在着供求结构上的不平衡。农村金融资源的有效供求总量整体失衡，农村信贷资金需求无法得到满足，农村资金需求多样性与资金供应结构单一化并存。一方面，农村金融需求长期未得到重视，导致目前针对改善金融供给的政策措施未能对症下药，收效甚微（张杰等，2006）。农民对农村金融服务需求不断增加，且逐渐由单一信贷需求向要求提供全方位服务转变（农村金融研究课题组，2000）；另一方面，现实的农村金融服务体系中，不论金融机构的网点分布、网络硬件设施，还是金融产品的种类都不足以满足农村金融需求多样化的发展要求（何广文，1999）。此外，农村金融供求服务对象失衡，以银行信贷为主导的金融体系难以满足农户的生活性需求与农村企业的信贷需求（吴雨等，2020），正规金融机构较为严苛的抵押要求门槛使小规模企业普遍遭受信贷规模约束，需求型信贷约束水平远高于供给型信贷约束水平，"需要但没有申请"是我国家庭面临信贷约束的主要表现（尹志超等，2018），而且农村金融信贷产品创新滞后、服务脱节，难以与农村经济发展的需求保持一致（黄益平等，2018）。

再次，在目前的形势下，市场机制使农村的金融资源发生了"逆向配置"问题——大量的农村金融资源流向了城市的投融资市场（惠恩才，2012）。农村地区金融资源流入与流出严重失衡，一方面，农村资金呈现"逆向流出"的现状，导致农村资金外流现象相当严重（王永龙，2007）。代表性的现象中，一是体制性资金的外流，如邮政储蓄机构只存不贷，吸收的存款大部分外流；二是政策性的资金外流，近年来由于国有商业银行"抓大放小"的信贷政策，信贷审批权逐步上收，基层机构基本成为储蓄所，除了小额质押和消费贷款，基本上不放款，大量资金通过上存流向经济发达地区；三是逐利性的资金外流，为了追逐更多的利润，部分农村金融机构不惜采取各种方式和途径，将信贷资金由农业领域撤出进而转向较农业收益更高的非农产业领域，进一步加剧支农资金的短缺（杨国中和李木祥，2004）。另一方面，一从配置产业领域来看，农村金融资源存在着基础设施性产业与营利性产业的失调，越来越多的资金从基础设施领域撤出（陈文和吴赢，2021；贾立等，2011；撒考克和王康，2010）；二从配置使用来看，存在着明显的由生产性配置为主向非生产性配置为主的转变（周立，2007）；三从配置结构来看，存在着一定的非农化倾向，农业类贷款所占比例较低（温涛和王煜宇，2005）。

最后，中国农村消费市场在农村居民收入和农村消费信贷低水平徘徊的双重约束下，农村居民可支配的资金有限，无法实现产业增收和消费平衡（陈东和刘金东，2013）。农村信贷市场金额小、管理成本高，农村地区发展信用经济的环境欠佳。在农村信贷市场中，处于"垄断"地位的农村信用社，由于掌握了农村贷款利率的绝对定价权，往往通过提高贷款定价来解决金融资源供给不足的问题。这样，长此以往，形成了商业银行贷款利率低，但企业贷不上款，以及农村信用社虽然能够贷到款，但执行利率偏高的局面（何广文，1999）。

1.2.1.3 农村金融资源配置类型及影响因素

农村金融资源可分为农村金融货币资金型资源、组织机构型资源以及人力资源三类，其中以农村货币资金型金融资源配置的研究较多。

第一，农村货币资金型金融资源配置。农村资金配置主体包括政府、农户、农村企业和农村金融机构等（温涛和熊德平，2008），因此农村货币资金型金融资源的配置包含信贷资金配置（胡士华等，2016；周月书和王婕，2017）和财政对农业农村发展的资金支持和补贴（王静等，2014）。胡士华等（2016）认为在发展中国家或地区的农村信贷市场，虽然正规金融机构具有资金优势，但由于普遍存在着信息约束，参与借贷的双方存在严重的信息不对称，因而，正规金融机构仍然无法将信贷资金配置给广大的农户或农村小企业，借贷双方信息不对称引发的逆向选择和道德问题成为制约农户获得正规信贷的关键因素（胡士华等，2016；庹国柱，2012）。我国农村总体资金配置效率与发达国家相比仍处于较低水平（周月书和王婕，2017），且存在明显的区域差异（向琳和李季刚，2010）。黎翠梅和曹建珍（2012）在研究中指出，我国农村金融效率区域差异明显，东部地区农村金融效率总体高于中西部地区，中部地区呈现出典型的"塌陷"特征。杨希和罗剑朝（2014）运用超效率 DEA 和 Tobit 模型发现西部地区农村资金配置效率整体偏低，且西南地区配置效率高于西北地区，信贷资金配置效率与农村资金配置效率具有较大差异。近年来，国家对农村的财政支持和补贴力度加大。2018 年《农业农村部关于实施农村一二三产业融合发展推进行动的通知》等一系列政策文件，加快了农村一二三产业融合的脚步。刘晓丹（2023）指出农业保险财政补贴到 2020 年补贴的农作物种类多达 200 余种，补贴的比例也更加科学，逐渐体现出区域差异化。鲍曙光和冯兴元（2022）指出在金融方面，政府积极发展农村普惠金融，优化县域金融机构网点布局，推动农村基础金融服务全覆盖，鼓励农业企业在主板、中小板、创业板以及境外资本市场公开发行上市和融资。党的二十大提出"全面推进乡村振兴战略"，明确了到 2035 年基本实现农业现代化、到本世纪中叶建成农业强国的奋斗目标，李丽君等（2023）认为乡村振兴战略使乡村的公共资源变为"制度内"供给，增加了自上而下的财政投入，很大程度上解决了农村公共品供给资金不足问题，减轻了农民负担。郑军和秦妍（2021）指出，目前政府主要通过建设补贴和运营补贴为农村养老服务机构提供资金支持。一方面，政府通过财政补贴吸引社会资本积极助推养老服务业，达到回收社会资本降低养老服务机构建设投资风险的目的；另一方面，政府财政补贴能够降低养老机构的运营成本，提高养老服务机构的运营绩效，达到缓解养老机构运营压力的目的。

第二，农村金融机构对农村金融资源配置具有促进作用，优质的农村金融机构可以加快一个地区的农村经济的发展，而各省市的农村金融机构的分布不同也在一定程度上反映国家对于各地金融资源投入的差距（王妍和孙正林，2022）。改革开放以来，中央坚定不移地推进一系列重要的农村金融改革，致力于建立多层次、广覆盖、适度竞争的农村金融服务体系，农村金融生态环境持续改善，政策性金融、商业性金融和合作性金融功能互补、相互协作的农村金融体系日益完善（罗知和李琪辉，2023）。已有研究多对农村金融主力机构，即银行机构的配置情况进行研究（粟芳和方蕾，2016）。莫媛等（2019）剖析了县域银行网点空间结构的变化特点及其影响，指出信息技术进步有利于身处偏远地区的农户突破时空限制获得金融服务，农村合作金融制度是政府发挥调控职能的政策选择，在构建"普惠金融体系"、缓解融资约束中发挥了主要作用，高效的政府行为有助于增加资本积累，促进地方经济发展。因此，新型农村金融机构的扩张促进了普惠金融发展（张正平和杨丹丹，2017）。但不可否认的是农村金融机构出现网点撤离，银行"离乡进城"的趋势越发明显，银行地理距离越来越小，不利于农村金融资源的有效配置（庄希勤和蔡卫星，2021）。近年来，新型农村金融机构虽覆盖全国各省份，但实际覆盖空间小，中西部地区人均金融机构密度高但地理金融密度偏低（程惠霞和杨璐，2020）。农村金融机构制度改革使得农村金融机构市场化程度提高，农信社改制农商行显著提升了金融支农水平，但受益对象主要是新型农业经营主体，普通农户仍存在融资困境（马九杰等，2020）。刘海燕和杨士英（2018）指出农村地区的正规金融机构并没有发挥金融支撑作用，反而将农村资金从农村金融市场大量抽离出来，转移到城市进行投资，这在很大程度上影响了农村金融市场发展活力和成长壮大。郭思嘉（2018）的研究认为农村正规金融利率高、手续繁杂等因素抑制了相当大一部分金融需求；而农村非正规金融具有信息成本低、抵押的合意性等特点，在农村信贷市场起到了非常重要的作用。汪涔宇（2022）指出目前农村正规金融与非正规金融主要是一种互补关系，正规金融的发展不够完善所造成的许多空缺，由非正规金融利用自身优势来进行弥补，从而推动农村经济的发展，而未来随着正规金融的不断完善，其所面临的最大的成本效率问题也会因科技进步得到相应的解决，非正规金融将被取代。除了银行机构，国家对于农村机构组织的财政帮扶也能够影响农村金融的配置。我国加大了对农村的金融资源的投入力度，还加强了对农村金融的风险防控，而控制金融风险的一个重要手段便是农村保险，因此农村保险费用收入对农村金融资源配置效率有着一定影响。乡村振兴战略提出实施后，我国政府减免税收优惠补贴，为保险经营机构让渡利润的同时，降低保费也令农业生产者的投保热情有所提升，从多方面促进农村保险费用收入的增长（王妍和孙正林，2022）。

第三，农村金融人力资源。随着我国金融市场开放脚步的逐渐加快，农村信用社也在保持自身优势的基础上不断加大着对人力资源的开发和利用，取得了一定的成效。蔡雪雄（2007）认为高效的人力资源管理是农村信用社持续经营的先决条件，人力资源管理与农村信用社持续经营两者之间具有相互协调、相互促进的作用。但不可忽略的是农村金融机构在人力资源管理方面尚还存在很多的缺陷与问题，农村金融行业人力资源管理的意识不强，人力资源的培养体系不健全，薪酬分配等激励制度不尽合理等问题，农村金融员工结构不合理，缺乏健全的激励体制，缺乏后续的培训教育等问题（刘芮珺，2014；韦海祥，2017）。崔海燕（2024）指出我国部分农村地区的人力资源转移速度慢、转移途径少，无法为农村地区的农业现代化发展提供有力支持，阻碍了农村地区的农业生产活动，给农村地区经济发展带来不利影响。此外，城乡金融发展失衡的重要原因之一在于农村金融人才短缺，大量的金融人才进入城市发展，导致农村金融人力资源配置失衡，人才流失率过高（张彦伟，2020）。已有研究均将农村金融机构从业人员密度列入农村金融资源配置综合评价中（温涛和熊德平，2008；李明贤和向忠德，2011；刘赛红和李朋朋，2020）。杨希和罗剑朝（2014）认为提高农村资金配置效率的关键在于开发和培养农村金融人力资源。鲁建昌（2019）指出信息化将会为农村金融机构人力资源管理带来十分重大的影响，随着科技的发展，农村金融机构必须正确认识到信息化技术的种种优势，抓住时代机遇，合理地、充分地应用好信息化手段，不断提升人力资源管理效率与服务水平。

国外对影响农村金融资源配置效率的因素分析较统一，主要分为金融市场内部环境与外部环境，不同因素产生的影响效果具有差异性。佩德森（Pederson）（2004）觉得缺乏有利的政策环境、金融工具的不完善、制度创新和多样性不足等原因影响非洲农村金融深化。弗莱西格（Fleisig）（2003）研究了农村金融法律政策对农村金融市场的影响，认为这些法律和非法律基础直接影响了农村金融机构的运作和农村经济主体地位。巴雷特（Barrett）（2007）认为金融市场失灵是农村金融资源配置效率低下的根本原因，非正式贷款和社会保险填补了正规金融市场的空白，在农村发展中发挥着重要的作用。

从农村金融资源配置的影响因素来看，除了农村金融发展规模与农村资金配置效率（杨希和罗剑朝，2014）、农业资本形成机制（温涛和王煜宇，2005）、城乡二元经济结构（温涛和熊德平，2008）、农村金融市场交换条件（徐建军，2011）、各地区金融发展水平差异（李敬和冉光和，2007）等经济和社会环境因素，学者们逐渐开始关注农村金融机构网点布局的空间特征与空间效应（莫媛等，2019；庄希勤和蔡卫星，2021）对金融资源配置的影响。金融资源在非均质或不连续的空间分布特征促使金融资源跨区域流动（Leyshon，1998；Laulajainen，2005）。金融资源的供给在新兴中小城市和偏远地区明显不足（李扬，2017），沿海地区金融资源丰裕度远高于内陆省份（成学真和倪进峰，2018）。金融资源空间配置的不均衡问题不仅会制约配置效率，还对我国经济转型发展造成一定影响（陶锋等，2017），失衡的金融资源配置会拉大区域间的经济增长差异（唐松，2014；史恩义，2015）。随着金融市场改革的不断推进，金融资源错配有所缓解，但仍存在一定程度上的扭曲配置，制约了其对经济发展的促进作用（杨伟中等，2020）。另有学者从宏观经济发展与金融资源供给的适配度层面分析了金融资源配置过程中出现的问题并提出了相关的政策建议。李源（2018）指出当前金融资源在实体经济的配置过程中出现了货币空转、金融资源供给效率较低、供给结构严重扭曲和核心金融资源配置矛盾等问题，并提出树立正确的金融发展观念，推进银行改革，拓宽融资渠道，健全市场体系和提升融资的比重等几项建议。李宛聪和袁志刚（2018）认为中国经济增长新动力不足、传统经济升级和创新发展缓慢，认为调整杠杆率、完善金融资源配置效率、防范系统性风险和支持实体经济发展是解决金融资源配置模式的有效措施。此外，金融资源配置还取决于与相应经济基础、社会背景的适应性（唐青生和周明怡，2009），政府的过度控制会妨碍农村金融制度的创新、抑制农村金融资源配置的有效性（杨丹，2006）。

1.2.1.4 农村金融资源配置效率评价指标体系和测度方法

白钦先（1998）把金融资源具体分为基础性核心金融资源、实体性中间金融资源和整体功能性金融资源三个层次，具体包括货币资本或资金、金融市场、机构、工具、制度以及由这几种资源相互协调作用得到的经济金融功能。农村金融资源是金融资源的重要组成部分，特指满足农业生产和生活需要、满足农村经济与社会发展需要的金融资源，农村金融资源涉及方方面面，总结来说分为人力、物力、财力三大部分，主要包括了在"三农"领域的支农资金、支农金融机构、金融生态环境、金融制度监管状况。因此，农村金融资源配置效率是包含多方面的配置效率以及在此基础上能够反映多者效率关系的综合配置效率。农村金融资源配置效率取决于支农资金、支农金融机构的总体状况，还取决于金融体系的完备性及与社会经济发展的适应性。不同地区的经济社会条件是不同的，应采取不同的金融资源配置方式来提高资源配置效率。

在效率的测度方面，国外学者在进行效率分析时，主要运用因子分析法、随机前沿分析（Battese，1992；Ureta and Pinheiro，1993；Coelli，1995）和 DEA（Fried，2002）等方法，在分析其影响因素方面，多采用面板模型进行量化处理。巴亚尔赛汉和科埃利（Bayarsaihan and Coelli）（2003）利用随机前沿分析法（SFA）和数据包络分析法（DEA），用农场数据对蒙古国农业生产力增长效率进行实证分析，认为技术效率对农业生产率的影响比较显著。海和维扎拉特（Hye and Wizarat）（2011）利用回归分布滞后方法对农业发展进行了实证研究，发现金融自由化和农业增长之间有显著关系。沙赫巴兹等（Shahbaz et al.）（2013）实证分析了农业增长、金融发展、资本和劳动力之间的长期综合关系，认为金融发展促进农业增长，农业部门的资本和劳动力有助于农业增长。普雷舍斯等（Precious et al.）（2014）运用时间序列模型，对经济增长和金融自由化之间的相关性进行了分析，发现通胀对经济增长具有显著影响。阿金索拉和奥迪安博（Akinsola and Odhiambo）（2017）运用动态面板估计对发展中国家经济增长进行分析，认为银行危机与经济增长之间存在显著负相关。西赫姆（Sihem）（2017）利用面板数据静态模型分析农业保险发展与农业生产力增长之间的关系，发现高水平的农业保险市场渗透、农业信贷、农民教育减轻了农业保险市场发展对农业生产力增长的积极影响。

与国外学者实证方法相似，国内学者量化测度农村金融资源配置效率时，主要方法有主成分分析法（李明贤和向忠德，2011；安强身和姜占英，2015）、因子分析法和 Data Envelopment Analysis（DEA）（张庆君等，2015；戴伟和张雪芳，2016；李俊霞和温小霓，2019），多数学者认为我国东中西部地区农村金融资源配置效率存在明显差异，不同省份之间也有区别。①主成分分析法。唐青生和周明怡（2009）使用主成分分析方法测度了我国西部地区农村金融资源配置效率，发现西部地区的农村金融资源配置效率普遍较低，而且各省份之间存在明显差异。李明贤和向忠德（2011）利用主成分分析法，以我国中部地区为研究对象，实证分析出有效率的地区，其经济社会由于得到有效的金融支持而发展良好。②因子分析法。黎翠梅和曹建珍（2012）对区域效率差异进行分析，利用因子分析法测度发现东部地区明显高于中西部地区，而西部地区在政策扶持下其效率不断提升。刘璐璐和刘梦格（2021）运用因子分析法构建数字普惠金融风险综合指数，进而对我国数字普惠金融风险现状进行评估，最后提出相应的金融监管政策建议。③DEA 法。李洪侠（2021）采用 DEA 与 Malmquist 指数结合起来对我国 31 个省份的财政金融支农协同效率进行测度，发现财政自持度、城乡二元结构水平、财政支农力度、当地经济发展水平是影响财政金融支农协同作用的关键因素。刘安学等（2015）根据 2003—2012 年陕西省 87 个县域层面数据，通过 DEA 方法与回归分析法实证分析农村金融资源配置综合效率、纯技术效率及规模效率，发现县域涉农贷款规模与县域农村金融资金配置效率具有相关性。戴伟和张雪芳等（2016）运用 DEA 模型测度我国金融资源配置经济、社会和生态效率，运用 Malmquist 指数评价效率变化，指出我国金融资源配置效率总体水平不高，区域间差异明显，与经济发展水平具有一定相关性；同时，经济与生态效率总体呈上升趋势，但社会效率呈下降趋势，表明我国金融资源配置虽不断优化，但经济发展重点领域和薄弱环节仍需加强。彭耿等（2015）利用泰尔（Theil）指数测度了湖南省金融资源配置的区域差异，同样发现了金融资源配置存在较大的区域间差异，且该差异仍有扩大趋势。邓晓娜（2020）运用非径向 Epsilon Based Measure-Undesirable（EBM-Undesirable）模型和空间计量对农村金融机构效率进行评价，认为农村金融机构经营效率的提升能够带动农村地区实体经济的快速发展。

1.2.2 农民福利的相关研究

1.2.2.1 农民福利的内涵和测度

作为社会行动者，农民既是中国社会的基础成员，也是"三农"问题的能动主体。从"重农抑商"的经济指导思想，到"农民问题"作为中国革命的根本问题，再到农民的现代化被定格为中国现代化的关键变量，这些基本判断凸显了农民在中国社会中的特殊地位。但与之不相称的是，农民福利研究在中国福利研究乃至中国社会科学研究中的阙如。除了少数学者从广义福利视角对农民福利进行了相应研究（刘继同，2022），更多学者是从社会保障或公共产品的狭义角度展开研究的。毋庸置疑，后者单一视角的研究虽然也是农民福利改革的重要推力，但反映了当前中国社会福利研究领域中重保障轻福利的惯性思路。其弊端在于：一是碎片化的研究思路缺乏对农民福利之传统与现代的深度聚焦和贯通研究，这既制约了中国福利实践的理论提炼，又加剧了中国福利研究中长期存在的鲜明的西方中心倾向（周荣，2007）。二是福利整合论的缺失未能从整体上"深描"出农民这一特定群体福利的结构性获得，自然也不能从深层次上挖掘并激发农民在化解"三农"问题中的自主性和能动性；"头痛医头脚痛医脚"的线性思路无助于问题的根本解决，更不利于改革的深化。基于文献研究法，本书试图跳出以往狭义福利论的研究界限，从广义的社会福利视角出发聚焦中国农民福利。

福利和福祉是一对复杂的"孪生"概念。福祉侧重于定义一种状态，即感到健康、幸福或感到好的、健康的、满足的心理状态，有"存在意义"的含义。古希腊学者色洛芬最早开创性提出"福利"一词，他认为财富极具价值性，可以使人获得的福利不断增加；并且提出使用与交换是物品的两种不同功能，利用交换的方式，人们能获得极具价值的物品，持续增加财富，也就是提高福利水平。福利经济学家庇古（Pigou）（1920）认为福利是指特定福利主体获得的效用水平或感受到的满足程度，"福利"一词包括广泛的内容，如自由、公平、安全、友谊、家庭幸福等。福祉和福利两个概念相似又略有差异，很多研究将二者视为两个基本等同的概念，本书的"福利"概念既包括福利又包括福祉。

传统的主观福利理论中，福利被认为是个人或集体偏好的反映，是由于消费一定的商品或服务而得到的满足感，对于这种主观满足感则可以采用效用来进行衡量。在由边沁、艾奇沃斯、马歇尔、庇古等建立起来的这一传统效用理论框架中，效用反映的是一个人所获得的幸福、满足程度或者愿望的实现。这一概念主要的缺陷在于它把福利本质上看作一种心理特征［森（Sen），1982］，从而认为其是个高度主观的东西，因此得出的判断可能会产生误导性的结论。客观福利理论与主观福利理论相对，其摒弃用主观感受来衡量福利的做法，并且认为从"基数论"出发的效用较为主观，具有不可测性，主张从拥有的"物的数量"，如收入、财富、消费支出、基本物品和资源等角度来界定和测量福利（Hicks and Allen，1934；Hicks，1939；Boadway，1974）。不论是主观福利理论还是客观福利理论，其所考虑的福利概念较为狭义和单一，而且从"物的数量"衡量福利的富足情况也仅仅体现了部分的经济福利。对此，森（1980）基于"功能"和"能力"提出了可行能力福利理论。该理论认为生活是相互关联的功能性活动集合，对福利的评估可通过评估这些组成成分来实现。其中，能力反映了一个人可以获得福利的真正机会和选择的自由，是各种可能的功能性活动向量的集合，因而其选取政治自由、经济条件、社会机会、透明性保证和防护性保障作为功能性活动（森，2002）。福利的内涵从功利主义效用福利理论的效用到客观主义福利理论的偏好、再到森的可行能力福利理论的快乐与幸福及功能概念，尚未形成定论。

目前，学术界定量衡量社会福利的主要方法是构建社会福利指数，社会福利指数大致可分为两类：一类是经济福利规模指数、诺德豪斯和托宾（Nordhaus and Tobin）（1972）净经济福利指数、凯文（Kevin）（1977）基于修正后的 GDP 指数的净社会福利函数，这些指标往往是单一的经济福利指标。另一类是使用多维结构来衡量社会福利指标，如人类发展指数［Human Development Index（HDI）］、物质生活质量指数（Physical Quality of Life Index（PQLI））、阿莎（American Social Health Association（ASHA））指数、国民幸福指数［Gross National Happiness（GNH）］等，从而更全面、准、合理地衡量社会福利。在宏观层面，许多学者基于森的可行能力理论来衡量比利时公民（Lelli，2001）、英国家庭（Robeyns，2003）、非洲国家（Bérenger and Verdier-Chouchane，2007）、伊朗公民的福利水平（Mohaqeqi et al.，2015）；余谦和高萍（2011）从收入分配与公平、医疗保障、教育文化、农业生产等方面构建了中国农村社会福利综合指数;杨爱婷和宋德勇（2012）通过选择收入、消费、健康、教育、社会保障、环境等，构建了中国社会福利指标评价体系。农民福利具有多重标准，目前并没有哪一种定义被普遍认可，研究者通常以契合具体的研究需要为原则，去选择合适的福利内涵及衡量工具。国内较早关注农民福利并持整合观的学者是贺雪峰教授（2006），他认为农民福利不仅包含衣食住行等物质方面，也包括社会交往、娱乐、人生价值等多层面的个体发展的重要内容。芮洋（2010）认为农民福利不仅在物质生活方面要求生活的安全、富裕和快乐，也要关注精神和道德上的状态；同时，福利还与社会政治相关联，与治理状态和社会关系联系在一起。乜琪（2012）认为农民的福利保障可以归结为农民公民权的实现问题。常见的农民福利含义包括：农民的消费者剩余（王根芳和陶建平，2012）、农户的消费水平（聂荣等，2013；任石等，2019）、农户的收入水平（汤天铭和章明芳，2019）、农户的效用函数（李邦熹和王雅鹏，2016）、期望利润函数（罗向明等，2011）等。在其他领域的研究中，农民福利的内涵具有更多层次的延伸，包含经济状况、居住条件、生活环境、社会保障、就业、教育、医疗和养老等对农民多方面功能性活动的评价。

在农民福利的指标选取和测度方面，于晓华等（2023）认为收入（或支出）、食物消费与营养摄入、恩格尔系数是衡量农民福利的重要指标，在测度福利方面具有各自的优势和劣势；高进云等（2007）构建了家庭经济状况（农业收入、非农业收入和纯收入）、社会保障（农地面积、恩格尔系数和是否有社保）、居住条件（人均居住面积和房屋结构）、社区生活（治安状况）、环境（空气质量状况、噪声污染和自然景观破坏程度）、心理（夫妻感情）的农民福利指标体系；汪险生等（2019）选用家庭人均可支配收入、人均消费支出、人均工资性收入来测度农户的福利状况；而拉坎等（Lakhan et al.）（2020）则是选用消费支出、粮食产量和净收入作为农户福利指标。另外，有大量学者基于森的可行能力福利理论来构建农民福利指标。森（2002）考察了五种工具性自由：政治自由、经济条件、社会机会、透明性保证和防护性保障。这些工具性自由能直接扩展人们的可行能力，它们之间相互补充、相互强化。在发达国家，以单个人为福利的研究对象，一般选取的功能性活动主要包括 5 个方面：居住条件、健康状况、教育和知识、社交、心理状况。现有研究多选取家庭经济状况、社会保障、生活条件、环境状况等指标（Li et al.，2015；朱兰兰等，2016；高进云和乔荣锋，2016）来衡量农民的福利。对于家庭经济状况，现有研究选取家庭收入和消费支出指标（Li et al.，2013；Ggombe and Matsumoto，2016；Justice et al.，2017；上官彩霞和冯淑怡，2017；Li et al.，2015）、资产流动性（Li et al.，2015）、资产持有量等指标衡量；社会保障选取农业收入占比（魏玲和张安录，2016）、医疗保障和养老保障（周义和李梦玄，2014）作为衡量指标；生活条件指标则选取食物及营养安全（Justice et al.，2017）、居住条件（上官彩霞和冯淑怡，2017）等。还有部分文献将心理因素（周义和李梦玄，2014；魏玲和张安录，2016）、个人健康与休闲（魏玲和张安录，2016）、社会机会（丁琳琳等，2017）等纳入农民福利衡量指标体系。

1.2.2.2　农民福利的时空特征

第一，中国农民福利的时序特征。随着中国社会结构性变迁与制度性安排、农民福利状况与政策模式的转变，中国农民福利的发展经历了集体化福利模式（建国后至改革开放前时期）、家庭化福利模式（改革开放至20世纪末期）、市场化福利模式（21世纪以来）三个主要发展阶段（夏国永和郑青，2020）。20世纪50年代至70年代初期，中国农民福利主要以国家提供的基本物质保障为主，如粮食补贴、农村医疗、教育等，保障农民的基本生活需要。以农村土地制度变迁为标志，中国农民福利的发展经过了集体化时期的生存型福利，家庭承包制时期的生活型福利和新世纪以来的权利型福利三个阶段（乜琪，2012）。集体化时期，中国农村人地关系高度紧张，始终是制约农业劳动生产率提高和农业生产总体环境改善的最主要约束条件（刘继同，2003）。并且在户籍制度等的共同作用下，农民被紧紧地绑定在土地上，但没有生产自由，生产机制逐渐僵化，失去活力（王怀勇，2009）。20世纪70年代中期至80年代末期，中国农民福利开始向社会保障和公共服务方向转变，政府开始建立农村社会保障体系，建立农村卫生、文化、教育等公共服务机构，提高农民的生活质量和福利水平。20世纪90年代至21世纪初期，中国农民福利得到了较大的提高，政府加大了对农村地区基础设施建设的投入，如道路、电力、通信等，为农民提供了更好的生产和生活条件。21世纪初期至今，中国农民福利的变化更加注重人文关怀和社会保障，政府不断完善农村社会保障体系，如建立农村养老保险、医疗保险等，提高农民的社会保障水平（于晓华等，2023）。同时，政府也加大了对农村环境和生态保护的投入，改善了农民的生态环境，提高了农民的生活质量（李胜会和邓思颖，2020）。新时代背景下，新型农业经营主体因其具有规模经营、生产高效、管理规范等优势而成为国家重点扶持和发展的对象（陈锡文，2013），作为新型农业经营主体类型之一的农民专业合作社通过改善生产经营、提高个人能力和开展信用合作帮助农民节约生产和交易成本、助力农产品增产增值、实现规模经济（赵晓峰，2018；韩玉洁和徐旭初，2022），起到了服务农民、提升农民、富裕农民的作用。

第二，中国农民福利的空间特征。中国农民福利水平在稳步上升，而且总体发展速度较快，城乡居民福利差距正逐步缩小（梁丽冰，2020）。农民福利水平具有一定的空间依赖性和显著的空间相关性（吕勇斌和李仪，2016；李建伟，2017；张子豪和谭燕芝，2018），福利水平的区域内差异则呈现出东部—中部—西部递减的分布特征（张文彬和郭琪，2019），而且影响农民福利的经济发展水平、技术、农业技术人才等因素也存在空间流动性。相比中部和西部地区，东部沿海地区由于资源筹集的多样化（刘继同，2002）和公益事业的蓬勃发展（史耀波和温军，2009），农村居民个体福利和家庭福利水平普遍较高，中西部农村地区则由于集体经济基础薄弱和就业渠道的缺乏，农村居民的个人福利和家庭福利水平普遍较低（史耀波和温军，2009）。福利差距主要体现在居民福利的城乡差距和农民福利的区域间差距两个方面：一方面，1958 年《中华人民共和国户口登记条例》的颁布标志着农业户口和非农业户口的正式划分，将农民固定在土地上，保证城市粮食的低价供应，为城市的工业化发展服务（吴贾等，2015）。长期以来，我国财政投入明显偏向城市，大量的农村劳动力经历了向农业以外其他部门、向乡镇企业和跨省流动的过程，为城市提供优质、充足和低廉的劳动力，中国经济由此也得到了快速的发展（蔡昉，2007），但政府制定的带有城市倾向性的政策也使得他们在就业机会、子女教育、社会保障等各方面均享受不到与城镇居民同样的待遇（王美艳，2005）。农村移民大都就业于低层次的岗位，并且他们的工资水平远远低于当地劳动者（Meng and Bai，2007）。伴随着城镇化的发展，中国城乡福利差距在逐渐缩小，但西部地区城乡福利差距仍较大（金发奇等，2021）。另一方面，由于区域发展的不平衡性、环境的多样性、人际关系的差别、社会机会的不均衡和选择的自由性，再叠加上地域类型的多样性，同一地域类型内部、不同地域类型间农民间福利差距较大，综合表现为区域间的差异和省际的差异。就区域差距贡献而言，四大区域之间贡献最大但呈递减趋势，而区域内省际差距的贡献率呈递增趋势，内部差距由大到小依次为西部、东部、中部和东北地区（倪瑶和成春林，2020）。

总的来说，中国农民福利时间变化特征是从基本物质保障向社会保障和公共服务方向转变，再到人文关怀和社会保障的综合提高。政府加大对农民福利的投入和农村现代化建设，是中国农民福利得以不断提高的重要原因。从空间变化特征上看，经济福利存在空间依赖特征和空间集聚特征。经济福利水平呈现东—中—东北—西递减的空间分布特征，且"沿海—内陆"和"市区—县区"的二元特征显著（邓靖，2016）。中国城乡居民福利差距总体呈缩小趋势，东部地区差距缩小的速度更快（徐振宇等，2014）。

1.2.2.3 农民福利的影响因素

实际生活中影响农民福利的因素非常多，任何一点的变化都可能使得农民福利产生变化。关于农民福利影响因素的研究，主要围绕着这三个方面：

其一，农村金融发展。塞德姆等（Sedem et al.）（2016）认为农民获得信贷有助于提高生产力的投入，从而能获得更高的福利。勒福尔等（Lefore et al.）（2019）发现农村金融服务的缺失影响着农业的发展，进而降低了农民的福利水平。李锐和朱喜（2007）运用二元 Probit（Biprobit）模型和配给效应（Batch）模型，计量分析了农户金融抑制的程度及其福利损失的大小，得出建立多种所有制有机混合的农村信贷市场、增加农村信贷市场外部资金的输入、建立农村医疗保障体系和助学贷款机制、缓解农户金融抑制的程度、可大幅度地提高农户的福利水平。中国人民银行重庆营业管理部课题组（2006）将美国、日本、德国和法国等发达国家作为典型案例研究，肯定了农村金融机构在发展农村经济和提高农民福利的核心作用。郭峰和胡金焱（2012）在社会福利最大化的视角下，分析了正规金融机构与非正规金融机构的共生形式，并证明合作有助于提高社会福利水平。同时利用相关博弈模型，研究了两者合作能够稳定实现的条件。谭燕芝等（2016）提出农村小额贷款公司的设立和发展，有利于发挥金融的支农效应，提高农民的福利水平。刘玉丽和马正兵（2019）认为，短期农村数字普惠金融并不能为农民带来"立竿见影"的福利效应，但长期来看，其具有显著的正向影响。周振等（2011）以制度变迁为理论框架，讨论了作为农村金融诱致性变迁载体的农村资金互助社对农户福利的影响，并且认为对互助社福利效应的两个评估标准是：互助社是否增加了社员的收入和互助社是否增加了社员的信贷可得性。政策性农业保险政策实施对农民福利水平存在显著正向影响，其对农民具有一定的福利改善作用（陈燕和林乐芬，2023）。

其二，政府政策及行为。刘继同（2002）认为土地要素是农村居民经济保障与生活福利的关键，土地问题直接或间接地对农村居民收入、生活质量等产生影响。结合土地改革的背景，诸多学者关注了农地流转（陈飞和翟伟娟，2015；陈莹和张安录，2007；高进云等，2007；徐唐奇等，2011；游和远等，2013）、易地搬迁（高博发等，2020；胡小芳等，2020；冯应斌和辜磊，2023）、集中居住（贾燕等，2009）、宅基地置换（上官彩霞和冯淑怡，2017）等对农民福利的影响。高进云等（2010）基于 Sen 的可行能力理论框架，构建了组成被征地农民福利的功能性活动及其指标体系，对土地征收导致农民福利变化的程度进行了实证测度。袁方和蔡银莺（2012）、周义和李梦玄（2014）、丁琳琳等（2016）基于地方政府征地政策的背景进行研究，前两者持征地会使得农民福利遭受一定程度的损失的观点，而后者持征地后农民福利水平有所提高的观点。高博发等（2020）用模糊评价和分位数回归等方法得出，搬迁户总体福利状况与搬迁前相比略有下降，其中在经济状况、居住条件、社会保障、心理及健康等方面的福利状况提高，而在就业发展和社会参与等方面的福利状况降低。冯应斌和辜磊（2023）依据搬迁福利的传导变化，提出应从增进主体福利识别、加强福利延伸拓展、规避福利陷阱风险以及构建多元福利体系等方面提升农户福祉，推动城乡共同富裕。陈利根和成程（2012）从宅基地流转模式的研究角度出发，提出增加农民福利的有效途径在于实现政府主导、集体推动和农民自发三种模式向宅基地市场自由流转的转变。此外，还有学者对农村教育体制改革（陈鹏，2010；谢童伟和吴燕，2013）、新农合基本医疗（于长永，2012；马万超和汪蓉，2022）、农村居民养老保险财政补贴（刘中海，2020；曾之遥等，2020；文敏等，2019）、农村金融支持（陈燕和林乐芬，2023；温涛等，2020；张伟等，2020）等国家政策进行了研究。陈鹏（2010）认为我国农村义务教育尚处于选择性教育福利阶段，远未达到教育制度本身具有社会福利功能的现代社会福利阶段。谢童伟和吴燕（2013）提出农村劳动力的流动将使得教育投入表现出显著的外部性，教育人力资本溢出效应将会使劳动力输出地与输入地产生不同的社会福利效应。于长永（2012）用有序逻辑回归（Ordinal Logistic Regression）模型，实证分析了农民对于新型农村合作医疗的福利认同，发现新农合政策的福利性得到了大多数农民的认同。刘中海（2020）从保障农民基本生活、调节收入分配、促进农村消费和激励农民参保缴费四个维度对农村居民养老保险财政补贴的福利效应进行分析，发现当前补贴政策存在保障水平不高、地区分配不均、可持续性不强、激励约束不到位等问题。陈燕和林乐芬（2023）基于农民视角实证考察了政策性农业保险的福利效应，发现政策性农业保险通过分散农业生产风险、提供风险保障，有助于稳定农民收入，促进农业可持续发展，从而增强农村地区的经济安全和社会稳定。

其三，其他因素，如通货膨胀（陈彦斌等，2013；陈刚，2013；郭劲光，2009）、消费品供给（汪旭晖，2010；王非等，2010；周大超和朱玉春，2013；刘亚琳和戴觅，2022）、农资购买（Smale et al.，2012；Houeninvo et al.，2020）、基础设施建设（彭代彦和赖谦进，2008；于长永，2012）、气候变化（郑艳等，2016；孟一坤，2018）和国家安全等。陈彦斌和马莉莉（2007）提出中国的高通货膨胀率会使得农村居民有较大的福利损失。陈彦斌等（2013）从居民资产结构差异的角度进行分析表明，如果通货膨胀率从 0 上升到 5%，那么总体财产不平等程度将会加剧，城镇穷人家庭的净财产减持比例将达到富人家庭的 30 倍以上，农村家庭将遭受较城镇家庭更高的福利损失。汪旭晖（2010）从消费品市场购买便利性与安全性视角分析发现，便利性能够显著影响农民福利，而由于农村居民收入低，安全性并没有显著影响其福利。斯梅尔等（Smale et al.）（2012）从经认证的种子在农村市场流通的供应情况出发，提出其供求关系的不稳定使得农村居民的基本生存受到威胁，福利水平大大降低。霍埃尼沃等（Houeninvo et al.）（2020）和艾耶纽等（Ayenew et al.）（2020）均发现改良的农产品品种有利于农民福利的提高。彭代彦和赖谦进（2008）通过计量分析表明，农村新型合作医疗试点和村庄道路建设的不足分别显著提高和降低了农民的生活满意度，而灌溉困难降低了专业农户的生活满意度。苏亚特米科和伊萨尼亚提（Sujatmiko and Ihsaniyati）（2018）认为气候变化对咖啡生产和印度尼西亚的农民福利产生影响。

在农民福利效应的研究上，学者们从制度设计、农村金融系统、农户自身行为等角度提出增进农民福利的相关建议。在制度设计上，增进农民福利的建议包括社会福利体系的选择性制度设计要向全民性制度设计过渡，实现从物质需求福利向精神需求福利的过渡（韩克庆，2011）；Li et al.（2015）提出在保险制度上进行创新设计，将养老保险扩大至农村居民全面普及。从金融系统角度，农村金融应进一步加强供给侧改革，发挥普惠金融的供给作用，加强农村投资、教育、医疗等基础设施和服务的供给（陈晓声等，2016）。从农户自身金融行为来看，还未达成一致意见，有学者认为在普惠金融下，良好的消费者金融行为（肖经建，2011）可使农户福利得到提高，还有学者认为农户借贷行为（陈晓声等，2016）可使农户福利得到提高。

1.2.3　农村金融资源配置与农民福利关系的相关研究

相关文献多从金融发展、借贷行为的角度探讨福利效应，且多选取收入、消费等作为福利衡量指标，鲜有文献直接从农村金融资源配置的角度研究其与农民福利的关系。基于此，本部分对农村金融发展的福利效应、农村金融发展与农村居民收入及消费的关系等已有研究成果进行梳理。

1.2.3.1　农村金融发展的福利效应研究

部分学者认为发达的金融市场会提升个体福利（韩其恒和李俊青，2010），金融抑制将使得农户家庭福利水平降低（刘适等，2011；Li et al.，2013；常建新和姚慧琴，2015）。在宏观效应方面，金融包容可以促进贫困减少，推动经济增长，提高金融稳定（王修华等，2014）。沃森（Wossen）（2017）发现扩大农村金融市场可以最大限度地发挥推广和合作服务对农村居民生产力和福利的潜在积极影响。从微观层面来看，金融包容能够改善居民消费和支出、促进投资、提升健康水平和妇女权利（王修华等，2014），家庭金融包容通过作用于居民消费、家庭负债与主观幸福感受，可以有效改进家庭福利水平（田霖，2021）。

已有研究普遍认同借贷能够显著提升农户福利水平，用于生产性消费的正规信贷资金和民间融资会提升农户生产性固定资产投入，进而对产出、收入和福利水平的提升有正向影响（李锐和李宁辉，2004；周小刚和陈熹，2017）。信贷受限使得对微型和小型企业、制造业的经济活动的投资减少，从而影响产出（Duong and Izumida，2002）。农村家庭获得适当的信贷有助于减少贫困和提高家庭收入（Awotide et al.，2015；Kumar et al.，

2017），小额金融储蓄和贷款机构的增加在一定程度上缓解了农村家庭的融资约束，同样有助于提升家庭福利（Gertler，2009；Duong and Izumida，2002）。信贷渠道不足是印度东部地区提高农业生产率的最重要制约因素之一（Kumar et al.，2017），完善信贷获得渠道及扩展金融基础设施建设有助于改善印度农村家庭经济福利（Hartungi，2007）。

也有部分研究表明，金融发展对福利水平的影响具有不确定性，要结合实际情况进行研判（吴信如，2005）。Li（2011）认为小额信贷对中国农村家庭福利的作用并不显著，农村金融资源开发在短期内没有显著促进农村居民收入的增长。农村金融发展在短期内对高收入家庭福利提升有显著影响（平新乔和李淼，2017），且不同渠道信贷约束对农户福利的影响程度各不相同（李成友等，2018）。区域金融发展对经济福利的影响较小且存在区域差异（马雪彬和胡建光，2012）。FDI 作用于金融结构对社会福利的影响时，其作用效果取决于国内的金融和经济结构的发展阶段、融资成本等多种因素（万欣荣等，2010）。

1.2.3.2　农村金融与农村发展的关系研究

农村的发展需要两种支持：一是以产权、技术和组织等为核心的制度支持；二是以资本形成和资本配置为核心的金融支持。中国农村自 20 世纪 70 年代末进行市场化改革，放宽农村政策，实行家庭联产承包、统分结合的双层经营体制，从而极大地鼓励了农民的积极性，农村经济和农民福利都相应得到了发展。但是在目前的形势下，市场机制却使农村的金融资源发生了"逆向配置"问题，即大量的农村金融资源流向了城市的投融资市场，同时在农村内部，金融资源的配置存在着结构上的不平衡。温涛和向栩（2024）提出以深化金融供给侧结构性改革为目标导向，加快完善农村金融基础设施、构建"银行+市场"的互补合作机制、同时利用金融科技赋能金融服务实体经济，从而解决农村金融资源错配、融资深度和广度不够、金融服务效率低下等问题，为农业农村发展提供资金支持。

基于吴健（2022）、张林和温涛（2021）的分析，金融科技可以从三个方面推动农村金融和经济的发展。在宏观层面，金融科技赋能乡村振兴，推动农业农村数字化发展，助力农业经济高质量发展。黄卓和王萍萍（2022）提出，金融科技作为一种崭新的金融业态，依托大数据、人工智能等技术可以降低服务成本，使金融服务触达更多农村客户，从而更加有效解决数字农业发展中的融资问题，使融资环境得以适应乡村振兴的新形势、新要求。方观富和蔡莉（2022）发现数字普惠金融的发展显著提高了农业产业生产率。在中观层面，金融科技赋能农村金融环境，推进信息基础设施建设，完善农户信用评级，扩大征信覆盖面。李明贤和陈艳（2021）提出，通过金融科技各项技术的运用，涉农金融机构改进了信用评价、调查技术等方面的授信方式。在微观层面，金融科技赋能金融机构，促进金融产品服务创新，实现供求精准对接。庞艳宾（2020）则提出，在金融科技赋能农村金融环境的过程中面临着金融安全问题屡发、征信体系不完善、监管体制不完善等问题。

一些学者认为，金融市场化的升级是地方经济发展的表现之一。张雪芳和戴伟（2016）认为，农村金融市场化改革对实体经济资本配置具有优化作用，从而有利于产业结构升级。陈良敏和张伟伟（2022）研究发现，农村金融机构多样化和数字金融覆盖度对县域产业服务化升级、产业工业化升级和农业结构升级均具有显著促进作用，而且，农村金融市场发展对县域产业服务化升级的作用程度高于工业化升级和农业结构升级，从而促进了县域产业结构升级。赵宸宇和李雪松（2017）发现，金融市场化提高了农村家庭在非传统金融部门的信贷可得性。张珩等（2017）采用陕西省多年跟踪数据分析得出，农村信用社向农村商业银行改革改制显著提升机构本身支农支小水平。胡超和孙继国（2022）研究发现，数字普惠金融能够通过缓解农村信贷约束和促进科技创新来推动乡村振兴。

1.2.3.3 农村金融与农民收入的关系研究

从整体来看，农村金融发展能够显著促进农村居民增收（谢玉梅和徐玮，2016；杜江等，2017；李鹤和张启文，2019；武丽娟和李定，2019）。杜江等（2017）采用面板门槛模型和空间计量模型，实证分析了农村金融发展对农民收入的非线性影响。农民收入在空间上存在正向空间溢出效应，不同权重下的空间计量模型均表明农村金融发展在整体上能够显著地促进农民增收。张荣（2017）通过构建中国农村金融服务评价体系，利用线性回归方程与格兰杰因果检验发现，农村金融服务与农民收入具有长期稳定的协整关系，并且随着农村金融服务水平的进一步提高，农民收入将会大幅增加，其增速将远远超过农民金融服务的增速。刘琪等（2022）运用 VAR 模型实证分析了农村总贷款额、农业保险赔付额、农业保险保费、农村地区国家财政支出四项指标和农民收入增长之间的关系，得出农村金融发展水平对农民收入增长有促进作用，但并不十分明显，且在一定的时期内具有滞后性，不过随着稳健且持续的冲击后，农民收入状况得到改善。

农村金融发展可以通过缓解农业信贷约束、促进农业科技进步、改变农村资金流向等途径来影响农村居民的收入。余新平等（2010）的研究发现，中国金融存在"二元结构"，农村金融机构信贷比例长期以来严重低于全国平均水平，机构间未形成有效的竞争机制，金融扶持也存在总量不足和效率低下等问题，并没有从实际上缓解农业信贷约束和促进农民增收。张珩等（2018）利用固定效应模型，探讨了农地经营权抵押贷款对农户收入增长的影响效果。研究发现，在控制了农户户主个人特征和家庭特征等变量后，农地经营权抵押贷款能使农户农业收入提高。冯海红（2016）从农民创业的中介效应视角实证检验小额信贷的农民增收效应，认为小额信贷可以缓解农民的融资约束进而促进农民收入增长，而且农民创业在其中起到了显著的中介效应，政府应进一步推动小额信贷的发展以及加大对农民创业的金融支持力度。肖干和徐鲲（2012）认为在控制其他变量的前提下，农村金融发展的结构、规模和效率与农业科技进步贡献率呈正相关关系，农村金融发展水平的提升有利于提高农业科技进步贡献率。刘玉春和修长柏（2013）提出我国农村金融发展和农业科技进步（特别是农业科技进步）显著促进了农民收入增长。因此要加快农村金融市场建设，提高农村金融服务效率，加大农业科技投入，提高农业科技转化效益，通过金融与技术的有机结合来推动农民收入持续增长。黄颖和吕德宏（2021）的研究表明，农业保险可以改变农户的风险预期以及提高其风险承担能力，促进农户对农业科技的采纳和应用，提高农业生产率和农民收入。张立军和湛泳（2006）认为农村金融发展扩大了城乡收入差距，究其原因主要是农村资金的不断外流和非正规金融的不规范发展，加剧了城乡收入差距的扩大。

已有研究说明了农村金融发展对农民收入有一定的影响作用，但影响效应存在时间和空间差异性。从时间上来看，已有研究表明金融发展与收入差距呈现库兹涅茨倒"U"形曲线关系（Greenwood and Jovanovic，1990；孙玉奎等，2014）；也有研究认为二者之间关系较为复杂，金融发展对收入差距的影响存在不确定性（Beck，2007；Poon et al.，2015）。农村金融发展规模的扩大有助于提升农村居民非农收入，但农村金融发展结构仅在短期内能够促进农村居民非农收入水平提升，长期则具有负向影响（李鹤和张启文，2019）。从影响效应的空间差异来看，东部地区金融发展有助于促进农村居民收入水平提升并缩小城乡居民收入差距，但这一促进作用在中西部地区并不明显（孙玉奎等，2014；张秀娟，2015）。与金融发展不同，中西部地区金融可得性的发展对缩小城乡收入差距的积极作用高于东部地区（肖端等，2020）。中西部地区数字普惠金融发展水平偏低，且城乡收入差距有扩大趋势（殷贺等，2020）。

1.2.3.4 农村金融与农村居民消费的关系研究

根据金融深化理论（McKinnon，1973），金融发展通过缓解居民受到的信贷约束进而刺激消费（Carroll，1992；Bayoumi，1993；Andrei and Levchenko，1993）。已有研究多认为农村地区金融发展将有效扩大农村居民消费需求、促进农村居民消费增长（龚晓菊和刘奇山，2010；郭英和曾孟夏，2011；戴序和董亚文，2019）。刘纯彬和桑铁柱（2010）提出应通过放宽农村金融市场准入，允许多种新型农村金融机构设立等手段加快农村金融深化，同时积极开展农村消费信贷，增强农村金融深化对农村居民消费增长的促进作用。肖忠意（2015）认为城镇化水平与农村金融深化对农村居民消费结构的作用程度各异，表明继续推进城镇化进程和农村金融深化将对农村居民消费结构升级产生具有十分重要的作用。农村金融的存款、贷款和保险产品及服务均能促进消费，其中以保险的促进作用更强（齐红倩和李志创，2018）。互联网金融可以通过缓解流动性约束来提高农村居民消费，其中主要通过影响利率期限结构进而影响非耐用品消费（刘彤彤和吴福象，2020）。郭华等（2020）认为数字普惠金融发展能够显著促进农村居民消费，扩大数字金融覆盖广度、使用数字支付服务和数字投资服务都能够有效提升农村居民消费。

农村金融发展可以通过增加居民收入、改善消费环境、建立保险保障来促进农村居民消费。首先，金融对农村居民消费的直接影响体现在消费信贷上，消费信贷可以缓解农民的短期流动性约束，为平滑收入和跨期消费带来更多的选择自由，使得当期消费得以增加（陈东和刘金东，2013；郭华等，2020）。其次，农村金融的发展也可以通过促进农村经济发展进而增加农民各方面收入，促进农村居民消费（谭燕芝，2009；孙玉奎等，2014）。一方面，金融为农业生产和农业科技进步提供资金支持，从而带来农业生产效率的提高，提升农民的生产性收入；另一方面，有效的农村金融资源配置也会更多地为社会资本找到投资出口，带来农村地区二、三产业的发展，提升农民的工资性收入。最后，农村金融的变革深刻影响着居民的消费支付方式，保险保障的完善也悄然改变着农民的消费理念和消费倾向，最终带来整个农村地区消费环境的改善和农村居民的消费升级（齐红倩和李志创，2018；戴序和董亚文，2019）。

然而，当前中国农村金融发展对农村居民消费具有诸多抑制效应（戴序和董亚文，2019）。李芳琴和杨洁（2015）以中国农村金融和农村居民消费的数据建立计量经济学模型，通过研究二者之间的变化关系得出，目前农村金融发展对农村居民消费的影响力有限，在促进各个类别的消费结构方面具有差异性而且还没有形成良好的互动机制。此外，农村金融深化对农村居民消费增长的影响存在时滞效应和地区差异。在长期，农村金融深化显著提升居民消费增长，但短期内影响不显著（刘纯彬和桑铁柱，2010）。张万兴和郭晓梅（2016）通过 VAR 模型分析农村金融发展对农村居民消费及结构的影响，实证结果表明，农村金融深化是农村居民消费增长的格兰杰原因，农村金融变量变动时对农村居民消费的影响具有较明显的时滞效应。地区差异中，农村金融集聚对居民消费有显著的正向效应，而中西部地区由于农村金融市场不完善、金融供给不足、信贷配给严重，导致金融集聚对农村居民消费具有明显的非对称"门槛效应"（董秀良等，2019），中部地区金融集聚对居民消费的拉动作用在农民收入越过门槛值后才体现出来，西部地区的正向效应在跨过门槛值之后变大。肖忠意和李思明（2015）提出农村居民持有储蓄、投资、住房和保险对消费有促进作用，但是作用大小及显著性存在地区差异。储蓄对东部地区的农村居民消费影响大于中西部地区，而投资对中西部地区农民消费的拉动作用更强。

1.2.4　系统耦合的相关研究

从已有研究来看，国内外学者对于系统耦合的相关研究主要集中在耦合理论的应用、耦合关系的分析、系统耦合水平研究三个方面。

1.2.4.1　耦合理论的应用

耦合起源于物理学概念，是指两个以上的电路元件在输入输出端的关联关系，后来耦合概念被用来反映多个系统之间或者系统要素间相互影响的现象和规律。耦合度是对于模块间关联程度的度量，衡量系统或要素之间的影响程度，它只反映作用强弱而无法体现耦合的优劣。耦合度高表现为关联性强，独立性低，一方的发展会极大影响其他部分和整体的发展；反之，耦合度低则表现为系统或要素之间相互独立、依赖性低，一方的发展对其他部分和整体的发展影响小。

维克（Weick）（1976）是最先利用耦合理论对经济社会问题进行研究的学者之一，提出了松散耦合关系，国内此类研究起步较晚，吴大进等（1990）将耦合理论应用于经济管理学科中。耦合理论逐渐从物理学领域应用于社会科学问题研究（Weick，1976），反映多个系统间相互独立却保持紧密联系的关系。祝影和王飞（2016）认为任何系统不能孤立地存在，必须与环境交换物质、能量和信息才能生成、存在与发展，系统功能的发挥不但取决于系统自身的状态水平，还取决于其与其他系统的协同效应，这也是系统耦合效应产生的前提，据此将创新驱动发展解构为创新和发展两个系统的耦合关系。耦合协同是经济学中的一个合成概念，耦合是指系统内部两个或两个以上子系统之间相互作用、彼此影响的关联关系；协同是指系统之间相互作用后形成的整体表现，包括协调和共同两个因素，刘明和王燕芳（2022）以产业发展为例，指出产业耦合是产业协同发展的前提，产业协同发展是产业耦合的主要目标。张旺和白永秀（2022）认为耦合协调度表征两个或两个以上子系统相互作用影响的程度，耦合作用和协调程度决定了耦合系统演化发展状况，数字经济系统与乡村振兴系统通过要素、结构、功能实现耦合现象，两者之间相互作用、相互影响形成一个有机的耦合整体。从城市扩张的角度切入，白忠菊等（2013）指出城市扩张速度与经济发展水平往往共同作用，相互影响，前者通过改变用地结构来作用城市经济发展，后者通过对劳动力结构、产业结构等经济结构的调整来影响城市扩张速度，研究二者关系的本质是研究具有响应关系的两个或多个系统之间的相互关系的存在和消亡。除了上述对两系统或多系统之间耦合关系、耦合协调关系的分析，耦合理论现也被广泛应用于测算两类及以上系统在时空维度演变中的协调程度（Wei，2015；谭伟，2011；杨艳等，2018；李小云等，2017；郭远智和刘彦随，2019；Zeng et al.，2019）。

1.2.4.2 耦合关系的分析

学者对耦合机制的研究多侧重于自然科学微观方面的分析，而对社会经济领域机制的研究相对较少。已有文献主要集中于物理学领域（Sazanov，2014）、生物学领域（Ma'ayan and Duan，2014）、生态经济系统（黄金川和方创琳，2003；齐振宏和王培成，2010）等方面。

在耦合关系的现状分析层面，逯进和周惠民（2013）基于系统耦合原理构建了人力资本与经济增长的耦合模型，实证测算与解析两系统的耦合变动特征，通过借鉴适宜性理论对各区域的适宜性耦合跃迁模式进行了初步探讨，认为地区间耦合度呈现出由东至西递减的态势，并存在耦合趋同。高培培（2024）运用耦合协调度模型量化数字经济综合发展水平与实体经济综合发展水平的协调发展状况，结果表明数字经济综合发展水平与实体经济综合发展水平的耦合协调度虽然整体偏低，但均随时间推移而持续提高。周成等（2016）利用耦合理论，将区域经济—生态环境—旅游产业看成一个内涵广泛、结构复杂且具有耦合特征的开放性三系统，并在其研究中得出长江经济带沿线各省市区域经济和旅游产业系统具有较高关联性，三大系统耦合协调度从时间上看以保持稳定和波动上升为主，空间上大致呈东高西低的发展格局，且耦合发展主要制约因素东中西部各有不同。通过对交通优势度与县域经济的耦合及协调度进行测度，孟德友等（2012）发现中原经济区交通优势度区域差异突出，呈现出以郑州为中心向外围递减的圈层状空间格局，指出中原经济区应充分依托现有的交通支撑优势，加快推进县域经济发展，实现经济与交通的协调发展。

近年来，学者们对金融发展与经济增长（颜洪平和陈平，2016；周惠民和逯进，2017）、金融支持与农业生产（彭建刚和徐轩，2019）、金融与科技创新（王仁祥和杨曼，2018；刘程军等，2019）、金融与城镇化（文先明等，2019；Dong et al.，2021）、金融集聚与生态效率（白彩全等，2014）等耦合关系进行研究，发现耦合协调度在时空发展上均存在显著差异（王仁祥和杨曼，2018；文先明等，2019）。农村金融发展规模和效率与农村经济增长呈正耦合相关，农村金融结构与农村经济增长呈负耦合相关（张爽爽，2016）。长江三角洲城市群的金融发展和经济增长保持了快速增长，但耦合程度的空间分布呈现"中心—外围"特征，相邻地区金融资源会影响本地区经济增长（周惠民和逯进，2017）。东部地区金融与生态环境的耦合协调度高于西部地区（Geng and Tan，2020），东部地区绿色城镇化与绿色金融的耦合协调度明显高于中部、西部和东北地区，绿色城镇化与绿色金融耦合协调程度存在空间依赖性和空间异质性（Dong et al.，2021）。经济发展与生态环境处于中级耦合协调阶段，生态滞后型主要集中在东部发达地区，经济滞后型主要集中在中西部地区（Tao et al.，2020）。在对绿色金融与绿色创新效率耦合协调的研究中，宁译萱和钟希余（2023）发现在研究时间范围内长江中游城市群的二者耦合协调关系呈现由低到高、由混乱到稳定的趋势，政府干预、人力资本、经济基础、地区科技支出、产业结构在不同程度上影响着区域绿色金融与绿色创新效率的耦合协调程度以及空间演变格局。Qiu and Shao（2015）的研究发现江苏省科技金融与科技创新的耦合协调水平相对较低，科技金融表现出滞后性，在一定程度上制约了科技创新的发展。

1.2.4.3 系统耦合水平的研究方法及其因素的研究

在系统耦合水平的研究方法上，多运用耦合度模型（刘贺贺等，2015；刘雷和张华，2015；徐佳萍等，2018）、耦合协调度模型（姜嫣等，2012；戢晓峰，2017；赵雪雁等，2018；卢新海等，2018；王先柱和刘彩珍，2018；彭建刚和徐轩，2019）、灰色关联分析法（毕其格等，2007；吴连霞等，2015；谷国锋和王雪辉，2018；陈灿明和何春博，2018）以及与空间自相关相结合的方法（郭付友等，2015；刘玉等，2017；卢新海等，2018；赵雪雁等，2018）对耦合水平进行测算。同时，还有部分研究对耦合度的时空演变进行研究（窦银娣等，2016；黄睿等，2018，Chakrabarti and Tatavarthy，2019）。具体而言，耦合度模型简单易操作、直观易理解，可以较为准确地反映出各子系统之间的相互影响程度，但只考虑了各子系统之间的相互影响程度，对各子系统内部的影响和作用没有充分考虑。耦合协调度模型较之耦合度模型进一步考虑了各子系统之间的相互影响程度和内部的作用及影响，能够更全面地反映出系统的耦合水平，但在实际应用中需要大量的数据支撑，对数据的质量要求比较高，其模型参数的选择更加困难。与空间计量模型相结合的方法能够将空间效应纳入分析考虑范围，能够更全面地反映出各子系统之间的相互作用和影响，但是同样需要大量的数据支撑，且计算过程较为复杂，对数据的质量要求较高。相比而言，灰色关联分析法对数据的质量要求不高且不受数据量大小的限制，可以在数据较少的情况下进行分析，但只能反映出各子系统之间的相关程度，不能很好地反映出各子系统之间的具体作用和影响。

从系统协调发展的影响因素来看，社会文化、制度环境（王仁祥和杨曼，2018；刘程军等，2019）、金融效率（文先明等，2019；冯锐等，2020）、区位优势（刘程军等，2019）、系统内部的结构和功能、自然环境、技术等多重因素都会对耦合协调度产生影响。在探索差异化地区数字普惠金融推广的研究中，谭燕芝等（2021）发现数字普惠金融之所以不能够很好地服务于乡村振兴建设，是因为乡村基础设施建设缓慢，尤其是数字信息基础设施建设，影响着农村居民数字金融可得性。陈文婷等（2023）在分析绿色普惠金融和乡村振兴之间的耦合协调关系中，总结了创新绿色普惠金融产品、降低金融服务门槛、通过高科技手段分析乡村资金需求等举措可以对绿色普惠金融水平产生影响；同时，培育新的经济增长点、对农村基础设施建设及涉农中小微企业的金融支持适度倾斜能对乡村振兴带来积极的作用，从而促进二者的耦合。洪学婷等（2020）在其文化资源和旅游产业耦合协调度研究中指出，二者的耦合协调度受到经济发展水平、市场需求、基础设施、城市环境、人才因素的正向影响，并且中度和低度耦合协调地区偏离较大，更受到地区的经济、人才、创新等因素的影响。

1.2.5　研究动态评述

文献综述从农村金融资源配置、农民福利、农村金融资源配置与农民福利之间的关系、系统耦合相关研究四个大方面对国内外相关研究成果进行了梳理。通过对金融发展、金融资源配置、农村金融以及福利经济学等理论的历史演进进行归纳和分析，为本书中农村金融资源配置与农民福利的内涵、定义以及农村金融资源配置的福利效应提供了很好的理论基础。在对现状、问题和影响因素的研究中，学者们普遍认为随着乡村振兴战略的持续推进，中国农村金融资源配置水平得到明显提升，但整体配置效率仍不高，存在金融资源有效供求失衡、区域间和区域内金融资源配置效率差异大、农村金融基础设施不完善等问题，可通过健全农村金融市场体系、优化金融机构空间布局、提升金融人力资源水平、改善农村金融政策环境等方式来提升农村金融资源配置水平和配置效率。改革开放以来，中国农民福利完成了从集体福利、家庭福利到市场福利的转变，总体农民福利水平得到了极大提升，但仍然存在着较为明显的城乡差距和东中西农民福利依次递减的空间失衡问题，学者们从政府政策（特别是土地制度、农村发展规划、农村教育医疗保险等政策方面）、农村金融发展、农户行为等方面分析了制约农户福利提升的原因并提出了相应的改进措施。在对农村金融资源配置与农民福利的关系研究中，学者们多从农村金融对农村发展、农民收入和消费的影响层面展开分析，也有学者关注到更加微观的层面，如信贷与小微企业投资、小额信贷与家庭收入、信贷渠道与家庭福利等，对于农村金融与农民福利之间的关系，学者们之间经常观点各异。

本书将探讨农村金融资源配置与农民福利的时空耦合机制，现有研究成果为本书奠定了重要的理论基础，并且通过对现状、问题、影响因素、政策建议、研究方法等层面的文献梳理，帮助本书进一步明晰了研究方向、确定了研究方法。本书将针对该研究领域目前仍存在的一些问题进行解决。第一，现有文献多侧重于农村金融资源效率的分类评价，定性分析农村金融资源配置存在的问题，但缺乏对农村金融资源配置时空演变特征的归纳，鲜有定量研究资源配置差异性的问题。第二，在农民福利的方面，现有的农民福利相关研究仅从定性分析的视角出发来探讨农民福利的变迁过程，对于农民福利效应的研究目前还局限于对问题的列举、对制度政策等的归纳总结，而缺乏在农民福利时空上演变特征的基础上的深入研究。第三，通过对文献进行梳理，发现鲜有文献直接从农村金融资源配置的角度研究其与农民福利的关系，从系统性视角研究二者时空耦合问题的文献更为匮乏。同时，已有研究对金融资源配置与农民福利时空耦合的机制检验讨论也不一。农民福利与农村金融资源配置的相关耦合机制理论体系仍旧有待完善，需要在二者耦合机制分析基础上对优化农村金融资源配置、提升农民福利的相关政策做进一步完善。

综上所述，中国农村金融资源配置与农民福利的研究在系统性、理论性方面还存在着较大不足。针对已有研究中存在的不足，本书选择对农村金融资源配置与农民福利耦合关系进行全面系统研究，构建农民福利指标评价体系，探讨金融资源配置与农民福利的时空耦合影响，在二者耦合机制的分析基础上对优化农村金融资源配置、提升农民福利的相关政策做进一步完善。

1.3 研究内容与研究方法

1.3.1 研究内容

本书主要研究内容分为五个部分，分别为：①农村金融资源配置与农民福利耦合机制的理论框架构建；②农村金融资源配置、农村金融资源配置效率与农民福利的时空演变特征研究；③测算农村金融资源配置与农民福利的耦合度、耦合协调度，并探究其时空演变特征；④厘清农村金融资源配置与农民福利之间的关系，识别影响两者耦合协调关系的主要因素，并检验农村金融资源配置对农民福利的影响机制；⑤为优化农村金融资源配置与农民福利的耦合协调度提出政策改进。研究思路见图1-1。

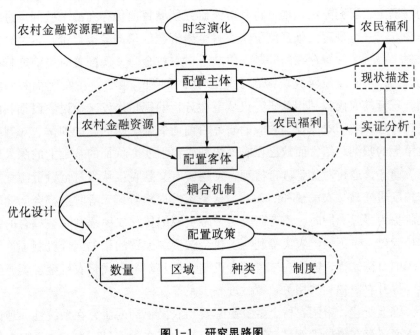

图1-1　研究思路图

第一部分，农村金融资源配置与农民福利耦合机制的理论框架构建。基于金融资源配置理论、不完全竞争市场理论、福利经济理论以及系统耦合理论，在已有文献对于农村金融资源以及农民福利的分类和界定的基础上，梳理和总结农村金融资源和农民福利的划分和具体内涵，从二者的时空耦合条件出发，搭建起农村金融资源配置与农民福利双系统的耦合框架，接着从财政性金融资源和市场性金融资源两个方面分析其与农民收入、消费和福利的耦合机制，最后形成农村金融资源配置与农民福利耦合机制的完整理论框架。

第二部分，拟构建农村金融资源配置与农民福利的指标评价体系。其一，从农村金融资源配置的绝对数量和相对数量两个方面，归纳总结农村金融资源配置水平的时空演变特征。其二，从收入水平、消费水平、城乡收入水平差距、城乡消费水平差距以及农民生活质量五个方面衡量农民福利，并对其在时间维度的演变过程，在空间维度的分布特征进行分析。具体研究内容包括：①农村金融资源配置的时空演变特征分析基于本书构建的农村金融资源配置指标体系，运用全国（除港澳台和西藏以外）[①] 30 个省级行政区的农村金融资源数据，从财政性金融资源在财政支农的直接投入和农村固定资产投资两方面，市场性金融资源在涉农贷款、农村金融机构总量、农村金融机构从业人员数、农业保险保费收入四个方面，开展时空配置的演变历程和基本特征研究。②农村金融资源配置以客观赋权法中的熵值法和变异系数法计算得出的综合指标为分析依据，综合评价农村金融资源配置水平在时间维度的演变过程，在空间维度的特征及差异。③采用超效率 SBM 模型和 Malmquist 指数测度农村金融资源配置效率，并分析其时空特征。④农民福利的时空演变特征分析基于农民收入水平、消费水平、城乡居民收入差距、城乡居民消费差距以及农民生活质量水平五个方面构建的农民福利水平评价体系，对农民福利时空演变历程基本特征进行研究。⑤农民福利水平评价部分将基于农民福利的指标体系，使用欧几里得距离对农民福利水平进行评价，以分析农民福利水平在时间维度的演变过程，在空间维度的特征差异。

第三部分，将对农村金融资源配置与农民福利的耦合协调度进行测算，并揭示其时空演变特征。具体研究内容有以下两点：①运用耦合度模型对农村金融资源配置与农民福利的耦合度进行测算和分析，若耦合度程度较高，进一步对其耦合协调度进行分析，区分二者耦合协调度高低。②耦合协调度时空特征分析从静态、动态和空间三个方面进行探讨。静态耦合协调度分析将根据农村金融资源配置与农民福利的整体耦合协调、区域耦合协调的不同形态，划分为极度协调、高度协调、中度协调和失调阶段 4 个类型。动态耦合协调度分析将根据农村金融资源配置与农民福利的耦合协调程度、相互作用状态，划分为低级耦合、协调发展、加速消耗和系统崩溃 4 个类型。空间耦合协调度分析则将农村金融资源配置与农民福利在空间上集聚和发展情况划分为资源配置滞后于农民福利、资源配置与农民福利协调耦合发展、资源配置超前于农民福利 4 个类型。

---

① 考虑到数据样本的可得性和适用性，本书的样本中不含西藏及港澳台地区，后文不再赘述。

第四部分，基于农村金融资源配置与农民福利之间的理论耦合关系和耦合机制，结合两系统间的时空耦合特征，进一步识别耦合协调度的影响因素，以及对系统间的耦合机制进行实证检验。耦合协调度的影响因素研究在二者耦合机制分析框架的基础上，运用宏观面板数据，采用空间面板计量模型等多种计量经济学方法检验二者耦合协调度的主要影响因素。耦合机制的实证检验利用2000—2019年30个省份的宏观经济金融数据，使用因子分析法对数据进行降维处理，最后采用路径分析模型分别从财政性金融资源配置和市场性金融资源配置两个方面实证分析农村金融资源配置对农民福利的影响机制和存在的异质性。

第五部分，将运用前四部分的理论实证结论，从政策性金融财政部门、金融机构、农户多视角出发，提出提高农村金融资源配置效率、优化农村金融资源配置与农民福利耦合协调度、畅通农村金融资源配置与农民福利耦合机制的政策措施，搭建更为科学、理性、务实地提升农村金融资源配置效率以增进农民福利的政策体系。

1.3.2 研究方法

1.3.2.1 耦合度模型

耦合度是衡量系统之间相关程度的指标，本书采用耦合度模型（逯进和周慧民，2013；刘春林，2017；王淑佳等，2021）来分析农村金融资源配置与农民福利之间的耦合关系。其表达式如下：

$$C = \left\{ \frac{(F(x)W(x))}{[(F(x)+W(x))/2]^2} \right\}^k \tag{1-1}$$

$F(x)$ 和 $W(x)$ 分别为各省市农村金融资源配置水平、农民福利综合水平，k 为调节系数。C 为农民福利与农村金融资源配置两系统之间的耦合度，其大小由农民福利综合水平 $W(x)$ 和农村金融资源配置 $F(x)$ 决定，C 越大，表示农民福利与农村金融资源配置耦合性越好，当 $C = 0$ 时，表明农民福利与农村金融资源配置不相关。考虑到 C 值分布的均匀性，且本书度量的是农民福利与农村金融资源配置两个系统构成的耦合度模型，因此本书取 $k = 1$，对实证结果影响误差较小（刘春林，2017）。耦合度划分标准见表1-1。

表 1-1　耦合度划分标准

耦合度 C	取值区间	耦合程度
	$C = 0$	系统之间无关联
	$0 < C \leq 0.3$	低度耦合
	$0.3 < C \leq 0.5$	中度耦合
	$0.5 < C \leq 0.8$	良性耦合
	$0.8 < C \leq 1$	高度耦合

1.3.2.2　耦合协调度模型

由于耦合度 C 值只能衡量系统之间的相关程度，而无法反映系统的发展水平。如当两系统的综合得分都很低时，其耦合度 C 值也很大。为了区分两系统是高水平的耦合还是低水平的耦合，本书在耦合度模型基础之上，进一步引入耦合协调度模型（逯进和周惠民，2013；刘耀彬等，2005），用来衡量农村金融资源配置和农民福利之间的耦合协调度，通过耦合协调度值 D 来反映系统的整体发展水平。耦合协调度表达式如下：

$$D = \sqrt{C * T}, \quad T = F(x)^{\alpha} W(x)^{1-\alpha} \tag{1-2}$$

D 为农民福利与农村金融资源配置的耦合协调度，D 值越大表明农村金融资源配置与农民福利的耦合协调性越好，发展水平越高。T 为农民福利与农村金融资源配置的综合协调指数，反映两系统的综合发展水平对协调度的贡献；α 和 $1 - \alpha$ 分别衡量农村金融资源配置与农民福利的重要程度，一般认为两系统同样重要，所以，α 这里为 0.5（周惠民和逯进，2017）。与耦合度 C 值的阶段划分类似，耦合协调度 D 也划分为不同阶段，分别为失调阶段（包含"严重失调"、"中度失调"与"低度失调"三个等级）、中度协调（包含"勉强调和协调"和"调和协调"两个等级）、高度协调（包含"初级协调"、"中级协调"与"良好协调"三个等级）、极度协调（包含"优质协调"与"极度协调"两个等级）四个阶段（颜洪平和陈平，2016；方传棣等，2019；姚建建和门金来，2020），其阶段界定如表1-2 所示：

表 1-2　耦合协调度划分标准

耦合协调度指数划分区间	协调度等级	所处阶段
$0.000 \leq D \leq 0.099$	严重失调	失调阶段
$0.100 \leq D \leq 0.199$	中度失调	
$0.200 \leq D \leq 0.299$	低度失调	
$0.300 \leq D \leq 0.399$	勉强调和协调	中度协调
$0.400 \leq D \leq 0.499$	调和协调	
$0.500 \leq D \leq 0.599$	初级协调	高度协调
$0.600 \leq D \leq 0.699$	中级协调	
$0.700 \leq D \leq 0.799$	良好协调	
$0.800 \leq D \leq 0.899$	优质协调	极度协调
$0.900 \leq D \leq 1.000$	极度协调	

1.3.2.3　空间面板计量模型

使用空间计量模型验证金融资源配置效率对农民福利影响的空间效应。

（1）空间自相关分析法

本书分别采用全局莫兰指数（Global Moran's I）和局部莫兰指数（Local Moran's I_i）来衡量省（市、区）单元的全局空间关联和局部关联，借此说明该地区金融资源配置、农民福利的总体相似程度和局部集聚程度。Global Moran's I 指数的表达式为：

$$Global\ Moran's\ I = \frac{\sum_{i=1}^{n} \sum_{j=1}^{n} w_{ij}(x_i - \bar{x})(x_j - \bar{x})}{S^2 \sum_{i=1}^{n} \sum_{j=1}^{n} w_{ij}} \qquad (1-3)$$

式（1-3）中的数值范围在［-1，1］之间，当 I 大于 0 时表示空间正相关，当 I 小于 0 时表示空间负相关；x_i 和 x_j 分别表示第 i 和第 j 空间单元的观测值；$\bar{x}$ 表示样本均值；w_{ij} 表示空间权重矩阵，空间相邻为 1，空间不相邻为 0；$S^2 = \sum_{i=1}^{n} (x_i - \bar{x})^2 / n$ 表示样本方差，其中 n 为样本数。Local Moran's I_i 指数的表达式为：

$$Local\ Moran's\ I_i = \frac{(x_i - \bar{x})}{S^2} \sum_{j=1}^{n} w_{ij}(x_j - \bar{x}) \qquad (1-4)$$

（2）空间滞后模型（SLM）

空间滞后模型（Spatial Lag Model，SLM）最先是针对截面数据的研究分析提出的，它描述的是空间实质相关，经常被假设是空间自回归过程，因而又被称作是空间自回归模型。其表达式为：

$$y = \rho Wy + \beta X + \varepsilon \qquad (1-5)$$

其中，y 是因变量农民福利，X 是自变量农村金融资源配置，W 是空间权重矩阵，Wy 是因变量空间滞后项，体现了邻近省域的因变量对省域因变量的影响，ρ 是空间自回归系数，β 是自变量的参数，ε 是残差项。

（3）空间误差模型（SEM）

空间误差模型（Spatial Error Model，SEM）是用于分析误差项之间是否存在序列相关的模型，它能够体现邻近省域因变量的随机误差冲击对省域因变量的空间影响。当省域之间的互相作用由于所在的相对位置的区别而存在差别时，一般会使用此模型。其表达式为：

$$y = \beta X + \mu, \ \mu = \lambda W\mu + \varepsilon \qquad (1-6)$$

其中，y 是因变量农民福利，X 是自变量农村金融资源配置，W 是空间权重矩阵，ε 是回归残差向量，λ 是自回归系数，用来计算样本观测值中的空间依赖性，也就是邻近省域因变量的随机误差冲击对省域因变量的影响方向和影响程度。

（4）空间杜宾模型（SDM）

空间杜宾模型（Spatial Durbin Model，SDM）是在空间滞后模型的基础上发展起来的，它不仅考量了因变量的空间相关关系，还涉及了自变量的空间相关关系。该模型的数学表达式为：

$$y = \rho Wy + \beta X + \theta WX + \varepsilon \qquad (1-7)$$

其中，y 是因变量农民福利，X 是自变量农村金融资源配置，W 是空间权重矩阵，Wy 是农民福利空间滞后项，它体现了邻近省域的农民福利对省域农民福利的影响，β 是自变量的参数，ρ 是空间滞后项 Wy 的系数，WX 是自变量空间滞后项，θ 是自变量空间滞后项的系数，它体现了邻近省域的解释变量对省域因变量的空间影响，ε 是残差项。当 $\theta = 0$ 时，SDM 模型转换为 SLM 模型。当 $\theta + \rho\beta = 0$ 时，SDM 模型转化为 SEM 模型。

1.3.2.4　结构方程模型

结构方程模型，又称为协方差结构模型，因为该模型可以解决潜变量被观测变量测量的问题以及分析潜变量之间的关系，所以在心理学（韩鹏鹏等，2023；洪德帆等，2024）、社会学（吴开霖等，2023）、教育学（方建华和时晓青，2023；李鹏和曹丽华，2021）等领域得到广泛应用。结构方程模型具备允许变量存在测量误差、外生变量可以有相关关系、可以存在多个因变量等优点，近年来也常被经济学领域的众多学者使用来分析各种宏微观经济变量、经济主体决策之间的复杂关系（王新红和孙美娟，2023；陈宇翔等，2022；周明生和赵杉杉，2023）。该模型先根据理论文献或经验法则构建具有因果关系的假设模型图，然后从一种假设的理论架构出发，通过采集变量数据，来验证这种设定的结构关系或模型假设的合理性和正确性，也就是检验样本实际协方差和理论协方差之间的差距，并试图将其缩到最小的过程。实际上，它是建立在传统分析方法的基础上，对验证性因素分析、路径分析和因子分析等统计分析方法进行的综合运用和整合改进，研究变量之间的关系，从微观个体出发探索事物间的宏观因果规律，并将这种关系用路径分析图反映出来的一种模型。在结构方程模型中，若是各潜在变量均只有一个观察变量或测量指标，则所有测量指标均能100%地解释其潜在变量的变异，测量误差为0，各自只有一个观察变量的潜在变量之间的结构方程模型，即路径分析或者径路分析。

路径分析是一种分析因果关系的技术，主要用于分析多个指标变量之间的关系，特别是变量间存在间接影响的情况，它包括三部分：路径图、路径系数和效应分解。利用路径分析，可确定影响方向、作用的大小及解释的能力，它是一种非常实用的分析工具，也是结构方程模型重要组成部分。路径图是将客观事实表现出来的最直观的工具，它用图形反映各变量之间存在的关系，因其简单明了的特性为人们广泛使用；路径系数是路径分析模型的回归系数，用以衡量变量之间的影响程度或变量的效应大小，通常分为标准化系数和非标准化系数两种，而一般情况下，路径系数是模型的标准化系数，即将所有观测变量都标准化后的回归系数，标准化系数没有测量单位，可以在同一模型中进行不同系数的比较，系数为正，表明变量对因变量的影响是正向的，系数为负，表明其影响是负向的，系数的绝对值越大表明其影响作用越大。

对于路径图中的任意两个变量 x 和 y，存在四种可能的关系：

（1）若 x 影响 y，y 不影响 x，则它们之间是一条由 x 指向 y 的单箭头线；

（2）若 y 影响 x，x 不影响 y，则它们之间是一条由 y 指向 x 的单箭头线；

（3）若 x 影响 y ，y 同时也影响 x ，则 x 和 y 之间是一条双箭头线；

（4）若 x 和 y 之间没有确定的因果关系，而有相关关系，则 x 和 y 之间由一个带箭头的弧线相连。

在路径分析中，对于具有因果关系的变量，在计算协方差时，通常将可测变量标准化，由此得到的协方差就是相关系数。为了弄清变量之间如何作用，一般将相关系数进行分解，分成直接效应、间接效应和总效应三种。直接效应反映的是原因变量对结果变量的直接影响；间接效应反映的是原因变量通过一个或多个中间变量对结果变量产生的影响；总效应是原因变量对结果变量的效应总和，总效应=直接效应+间接效应。在对各变量之间的影响效应进行分析时，既要考虑总效应大小又要兼顾直接效应和间接效应的大小。这样得出的结论更具有解释力。

1.4 技术路线

本书以探究农村金融资源配置与农村居民福利的时空耦合关系为研究目的，通过构建农村金融资源配置与农民福利耦合机制的理论框架，基于2000—2019 年全国 30 个省份的面板数据进行时空演变特征分析，并根据研究样本，利用耦合度模型分析二者的耦合关系，进一步利用空间计量模型识别两者耦合协调度的影响因素，采用路径分析模型检验农村金融资源配置对农民福利的作用机制，以期为从政府、农村金融机构、农村经营主体等多角度出发，提出优化农村金融资源配置与农民福利耦合协调度的对策建议。本书思路对应的技术路线图如图 1-2 所示。

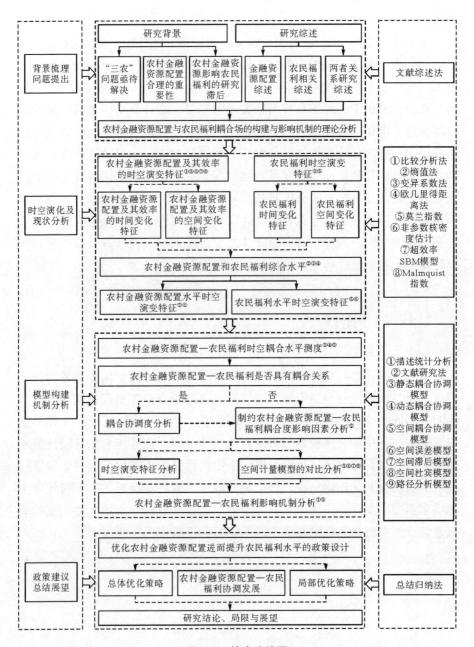

图 1-2　技术路线图

1.5 研究创新

本研究的主要特色体现在紧密结合我国乡村振兴和金融供给侧结构性改革背景，系统性分析农村金融资源配置与农民福利在时空上的演变特征以及二者耦合机制。运用耦合协调度模型和空间面板计量模型等分析方法检验了农村金融资源配置与农民福利之间的耦合关系和动态变化特征，为我国农村金融资源配置优化改善提供了具有实践指导意义的参考框架，同时也为提升农民福利、促进农村金融资源优化配置开辟了新路径。本书的创新之处主要体现在以下方面：

第一，扩展了金融资源理论和福利经济理论的深度和广度。本书从时空视角出发，构建相对完整的农村金融资源配置与农民福利耦合机制的理论分析框架，丰富了金融资源理论和福利经济理论，为解决"三农"问题提供理论依据和指导。已有评价与研究多局限于农村金融发展的福利效应，如农民增收、促进消费等，对农村金融资源配置与农民福利耦合的关注较少。本书以农村金融资源配置为切入点，构建了农村金融资源配置与农民福利水平耦合机制的理论分析框架，对二者之间的关系进行了理论分析和实证检验，在一定程度上补充和完善了传统的金融资源理论。

第二，将农村金融资源配置和农民福利纳入时空维度的分析框架，弥补了现有研究的不足。本书基于时空维度的研究视角，将农村金融资源和农民福利的耦合关系研究纳入时空维度的分析框架，分别对农村金融资源配置和农民福利的演变特征进行研究，总结归纳二者耦合水平的时空演变特征，弥补和拓展了农村金融领域的相关研究，为政策制定提供科学参考。

第三，揭示了农村金融资源配置和农民福利之间耦合机制，进一步深化了对农村金融资源配置与农民福利耦合协同作用的认识。目前鲜有关于农村金融资源配置与农民福利之间耦合机制的定量研究，一方面对于科学判断二者关系缺乏足够的经验证据，另一方面对于优化农村金融资源配置的政策缺乏理论依据。本书弥补了上述缺陷，将物理学中的"耦合"引入到农村金融研究领域，对农村金融资源配置与农民福利的耦合协调度进行测算，并识别耦合协调度的主要影响因素，揭示二者之间的影响机制，进一步深化了对二者关系的科学认识。

2 概念界定与理论分析

2.1 概念界定

2.1.1 农村金融资源配置

理论界并没有提出专门的农村金融资源配置的概念，相关研究一般是将金融资源配置的概念放在农村地区使用。Goldsmith（1969）首先提出了"金融资源"一词，但囿于时代局限，他没有对金融资源概念及其相关理论开展系统且深入的研究。白钦先（1998）最早系统性提出"金融资源"，认为金融资源不仅包含资金资本等以货币计价的狭义资源，如流动的货币资金、证券等，还包括金融工具、金融产品、金融机构、金融人力资源等可具体量化的金融集合，而且还涉及监管层面的金融制度以及金融经济关系层面的金融功能等，是一个整体性概念。

农村金融资源是金融资源的重要组成部分，一般是指一个国家一定时期内可用于农村发展的金融总量，特指满足农业生产和生活需要、满足农村经济与社会发展需要的金融资源，以及这些资源在农村地区的分配和利用情况。农村金融资源有广义和狭义之分。广义上可以指农村货币资源、资本资源、农村金融制度资源、农村金融人力资源等。但狭义上，一般主要指农村的货币、资本资源，主要有三部分：一是农村的自我积累部分，主要由农村的储蓄转化而来；二是政府的农村资金投入包括政策性金融、政府的转移支出等；三是国外资金的输入。

资源配置是经济运行、经济发展的核心问题之一，是指对相对稀缺的资源在各种用途之间进行的选择、安排和搭配的过程。资源配置的目标是实现最优化，即通过对资源的合理选择、安排和搭配，使配置过程获得最佳效率。金融资源配置是涉及配置主体、配置客体、配置方式和配置途径的行为金融体系（王永龙，2006），是金融主体通过选择一定的方式对客体资源进行有效的资源配置行为。具体来说，金融主体就是那些掌握金融资源或是能起到引导资源配置领域地区的政府部门或是金融机构；配置客体是指所配置的具体事物，具体说就是财政资金或信贷资金，是被配置对象，如政府机构作为配置主体，其配置客体就是财政用于三基建设支出、农林牧渔支出、给予农业相关部门的支援性支持；配置方式是指主体选用何种方法如何对其掌握的金融资源进行配置，目前配置方式主要有三种选择：计划、市场及政府干预的形式。具体选择何种方式要视一国或地区的金融市场、金融资源以及经济金融制度的具体情况而定，当前我国金融资源配置主要采用市场和政府混合调节配置方式；配置途径则是主体根据客体的不同而进行的配置选择。金融资源的配置不仅要结合市场运行机制，也要考虑社会需求。

农村金融资源的配置是农村金融运行的核心，农村金融资源的有效配置是任何经济制度都面临的共同问题，其理想的配置是实现经济合理性和社会合理性的双重目标。前者指实现经济效益，后者指维护公平。因此，我国农村金融资源配置的目标不仅仅是效率最优的问题，还应该考虑公平及我国农业、农村、农民在经济发展中的重要性地位问题。具体来说，农村金融资源配置是指农村金融机构的资本、存款、贷款、人员、技术、信息、设施等各种资源，以及这些资源在农村地区的分布、配置和利用情况。农村金融资源的基本特征表现在农村金融资源的配置性、脆弱性和中介性，其中，配置性体现农村金融资源的资金配置功能，农村金融资源的有效配置是其他资源充分发挥作用的前提和基础；由于农业生产的长周期性以及对自然环境的强依赖性特点，农村金融具有内在的脆弱性；中介性表现为农村金融资源中的金融组织和金融工具为金融供需主体搭建信息交流平台。

基于农村金融资源配置的概念与已有研究，本书认为农村金融资源配置包括三个部分：一是货币资金型金融资源的配置，包括政府支持农业发展通过财政渠道投入的各类资金以及金融机构向农村或涉农行业发放的贷款。二是金融组织机构资源配置，包括与农村经济生产有关的各种金融组织。三是人力资源，指从事涉农金融机构工作的各类人员。

2.1.2 农民福利

根植于特殊的社会制度和发展背景，中国农民福利研究在吸收借鉴国外研究的基础上发展出自己的特殊性。新中国成立以来，中国农民福利经历了由"生存福利"到"生活福利"，再到"权利福利"（乜琪，2012）。由于社会发展和学科发展的进程与西方国家不同，中国的农民福利研究历程较短，经历了萌芽阶段（新中国成立初期—改革开放前）、初步发展阶段（20 世纪 80 年代—20 世纪末）和快速发展阶段（21 世纪以来）。改革开放以前，中国农村实行集体化，农民福利绝对水平低，这种低水平是普遍且广泛的，农民福利是一种"生存福利"，也有学者称其为集体化福利模式阶段，这一阶段主要依托于调控集体资源（夏国永和郑青，2020）。20 世纪 80 年代至 20 世纪末，家庭联产承包责任制的实行对农村和农民具有深远的影响，以家庭为单位的农民内部开始分化，绝大部分农民已经实现了温饱，农民福利是一种"生活福利"。这一时期，政府没有较好地承担起农民福利的责任，农民福利责任落到自己肩上，文化、教育、卫生等领域的市场化给农民家庭带来沉重的负担（张纯元，1984；杜乐勋，1985）。2000 年以来，随着城市化进程的加快，农村土地制度在坚持家庭承包经营制度基础上进一步放开，确定了家庭承包经营权的流转。此外，一系列农业生产补贴、工业反哺农业、城市支持农村、城乡一体化等政策的出台和实施，推动农民福利跃升至新的历史发展阶段。

福利的内涵主要是与功利主义效用福利理论和客观主义福利理论、Sen的可行能力福利理论相关，具体如下：①功利主义效用福利理论。Pigou（1920）提出福利是一种抽象的意识形态。显然，作为一种主观感受，福利可以在或大或小的范畴内产生，对福利的全部组成成分进行广泛的探究是很难实现的。因而，其提出以效用的大小来衡量狭义福利，即经济福利。②客观主义福利理论主张从收入、财富、商品、消费支出、基本物品和资源等角度来界定和测量福利。③Sen（1980）的可行能力理论不再以"偏好"或"效用"为基础，也拒绝单纯用拥有"物的数量"来衡量福利水平，转而以寻求个体实现潜在能力的自由或机会为目标。该理论认为个人的发展是以实现各种功能性活动的自由为根本目的的，功能性活动或功能性自由是指一个人认为有价值，并且有能力且愿意去实现的一种生活状态，这种状态从内容上看是多层次的，如初级阶段的功能性自由可包括基本的衣食住行、教育、医疗、健康等方面，高级阶段的则涉及成功的事业和婚姻、闲暇时间、愉悦的心情、尊重的满足程度等更加高级的快乐；而一个个体的可行能力便体现在实现上述功能性自由集合过程中对个体多方面能力的开发和应用（森，2002）。相较而言，可行能力理论对福利的考察更为广义和全面，一是既考察了实现功能性自由所需要的经济或物质基础，又强调个体的选择、机会和能力；二是既体现出个体在追求福利过程中的一般规律，又包含福利所具有的个体差异；三是可行能力理论更强调人的选择和主观能动性。

广义的社会福利表达了国家和社会为达到某种良好的个人或社会状态而做出的努力，强调了社会福利制度在促进和实现人类共同福利中的作用（尚晓援，2001；杨伟民，2008）。它指的是由不同的福利主体或制度所形成的收入和价值生产、相关服务、转移支付与津贴、政府补贴或基础投资等（Hebel，2003），具体由国家福利和社会福利构成（Midgley，1997；杨伟民，2008）。其中，前者指由国家或政府承担的旨在增进公民福利的职能行动，后者则指公民社会中向私人领域提供现金、实物、服务等各种有组织和非组织化的活动。相应地，基于广义社会福利视角下的所定义的"农民福利"，则是指面向农民所建构的福利体制以及通过不同福利主体的相应行动而形成的福利体系，包括多层含义，不仅包括经济福利，还包括环境福利，即可享受田园景观、清新空气、生物多样性等带来的效用，以及狭义的社会福利，即社会保障、国家粮食安全等功能带来的效用。从内涵上理解，"农民福利"是指农民个体对生活的满足状况及其必备要素，在本质上表现为一种良好的生存状态与生活支持系统。在外延上，它是指农民在直接劳动所得之外由不同福利主体所提供的福利总和，涵盖了相关的福利行动、措施、政策和制度等内容，具体包括社会保障、社会服务与精神文化福利等（韩央迪和李迎生，2014）。如史耀波和温军（2009）将农民福利定义为居住在农村或乡镇政府行政区域内从事农业的这些农户个体的福利。汪旭晖（2010）提出农民福利是指其各种各样的欲望或需要的满足而感受到的生理或心理的幸福。周伟和米红（2013）认为，农民福利是指农民的幸福与利益，更多的是基于物质层面的利益。胡帮勇（2014）认为，农户福利是指拥有农村户籍，完全或部分从事农业生产的活动主体的幸福与利益。

中国农民福利研究内容逐渐拓宽，涉及失地农民、可行能力、乡村振兴等，农民福利的研究内容与国家和社会发展同步变化。本书从收入、消费和城乡差距三个方面阐明农民福利，具体又分为收入水平、消费水平、城乡居民收入差距、城乡居民消费差距以及农村居民恩格尔系数，通过主观与客观福利的结合描述时间和空间特征，由定性向定量转变。

2.1.3 耦合机制

耦合是一个物理学上的概念，是指两个或两个以上的系统或运动方式之间，通过各种相互作用而彼此影响，以至联合起来产生增力，协同完成特定任务的现象（张亚斌，2001）；耦合关系是在各子系统间的良性互动下相互依赖、相互协调、相互促进的动态关联关系。对具有耦合关系的系统采取措施加以引导和强化，可以促进两个系统相互作用、相互影响，激发各自的内在潜能，实现优势互补和共同提升（吴大进等，1990）。耦合的关键是打破原有系统的界限，将关联要素根据经济要素的自然关联和信息的自由流动为原则，进行重新组合，形成具有自组织结构的、系统内各要素具有能动性的"活"的主体的系统（杜志平和穆东，2003；杜志平和穆东，2005）。子系统之间的耦合主要体现在两方面：一方面，打破原有的子系统之间的条块分割，同时打破系统内部各个主体原有的各自独立的运作模式，将各个主体的功能结构与运作机制加以有效耦合形成一个有机整体；另一方面，突出子系统及各要素之间的耦合关系，而非各系统之间简单地叠加。它描述了一种动态相关关系，度量了两个或多个系统相互依赖程度。当系统之间发生互利发展时，就会形成一种良性耦合，一方的发展会促进另一方系统内部或整个系统的积极发展；相反，恶性耦合使系统之间相互制约。

格拉斯曼（Glassman）（1973）率先提出松散耦合理论，随后 Weick（1976）首次将耦合理论运用到经济社会问题的研究中。此后，系统耦合理论成为系统工程学的研究热点，广泛应用于机械、电子、物理、化工、软件、生态等领域。系统耦合理论是通过多系统的相互作用，耦合形成一个新的更高一级的耦合系统，在系统论、控制论、协同学、耗散结构理论和系统动力反馈理论的基础上，研究耦合系统的协同发展机理（董孝斌等，2005）。耦合系统的形成也就意味着新的结构—功能体的诞生，新的结构—功能体作为一个整体具有了更高的活力和缓冲能力（任继周和万长贵，1994），其内部各构成要素潜能的释放与系统的结构、功能和特征，以及外部环境紧密相关，人们可以通过系统的科学管理提高耦合系统的综合效应。

耦合系统具有脆弱性特征，有学者从时间尺度和实际结合方式的角度出发，将耦合模式划分为泛耦合模式、内部化耦合模式、直接耦合模式、平台耦合模式和一体化耦合模式五种类型（王仁祥和黄家祥，2016）。不同的耦合模式存在一定的关联，但在效率及稳定性上又存在明显的差异，因此耦合系统脆弱性程度也存在区别。

金融发展与农民福利都具有时空动态演化的特征，它们通过相互独立、相互影响的关系形成耦合。"农村金融资源配置—农民福利"时空耦合机制是指农村金融系统和农民福利系统之间的互动机制以及每个系统的内部要素之间相互制约和影响的关系。农村金融资源配置与农民福利的交互耦合的关系，就是在农村金融资源发展过程中，农村金融资源配置与农民福利相互作用、相互影响的非线性关系的总和。从现实的生产生活过程来看，其耦合作用主要表现在以下方面：农村金融资源配置通过经济发展外部环境、农业生产效率、产业结构、金融市场交易效率等对农民福利产生影响。一般来说，农村金融资源配置与农民福利相互耦合时序不一定相同，如果区域农村金融资源配置发展速度过快，超出农民福利难以消化与承载的能力，那么农村金融资源配置进程会被遏制；如果农民福利增长速度过快，农村金融资源配置的正常发展速度因资金的缺乏而不能跟上，那么农民福利也将最终失去增长的依托。

2.2 理论基础

2.2.1 金融资源理论

金融资源理论以金融结构理论、金融深化论和金融功能观理论为基础。国内外学者从不同视角对金融资源理论进行深化。Goldsmith（1969）最早在金融结构论中提出，金融资产数量即为金融资源，而金融结构的变化就是金融发展。金融抑制论与金融深化论（Mckinnon，1973；Shaw，1973）则关注到发展中国家的信贷资源配置与金融自由化问题，认为利率的严格管制会带来整体储蓄的降低，从而导致金融资源配置效率低下和投资的减少，进一步制约经济发展。该理论认为发展中国家要想实现金融和经济的良性互动发展就必须放弃"金融抑制"，进行金融自由化改革，消除包括利率、汇率管制以及信贷配给在内的政府干预政策，使金融能自动发挥价格发现、资金动员和投资转化的作用。进一步地，金融中介功能观（Levine，1997；Merton，1995）为金融资源配置论的提出奠定了基础，金融功能观强调金融具有的促进交易、资金动员、资源配置、风险分散、降低交易和监督成本等功能在金融发展的不同阶段中具备较强的稳定性和重要的经济推动职能，其中资源配置功能最为重要，金融市场将资金配置到最有效的部门和行业进而促进经济发展（林毅夫，2003）。白钦先（1998）最早系统地提出金融资源论，金融资源论注重金融的资源属性，并强调通过促进金融与经济发展的协调性，才能促进经济发展，认为金融是具有核心性、战略性和跨地区极高流动性的稀缺资源。从金融资源属性视角，崔满红（1999）对金融资源理论进行系统性研究，认为金融资源包含货币、资本、制度和商品四类资源。从金融资源的划分层次视角，白钦先（2001；2006）认为金融资源可划分为基础层次、实体中间层次和整体功能性高层次。进一步地，从广义和狭义视角来看，狭义的金融资源仅包括货币资金类的金融资产与负债，广义视角下的金融资源包含了金融环境、制度、工具以及科技人才等整个金融体系（王纪全，2007）。曾康霖（2005）从金融资源功能视角，认为金融资源包括具备增值特征的经济发展要素。从金融资源的形态划分，金融资源应包括货币、信贷、投资三种形态的资源（林镇凯，2012）。本书基于金融资源论，从货币资金、组织机构及人力资源三个方面分析农村金融资源时空配置情况，为提升金融资源的配置水平、推动农村金融改革提供理论依据。

2.2.2 不完全竞争市场理论

在金融领域，不完全竞争市场理论的发展是一个渐进的过程，涉及多位经济学家的贡献。20世纪中叶以来，许多经济学家对不完全竞争市场进行了开创性的研究。在不完全市场竞争理论发展的早期，Keynes（2018）对市场不确定性的讨论为后来的不完全竞争理论奠定了基础，他认为由于未来的不确定性，投资者的行为会影响资产价格，这在一定程度上预示了信息不对称和市场失灵的概念。Knight（1921）强调了不确定性在经济决策中的作用，为后来关于市场不完全性的研究奠定了基础。Akerlof（1970）在其研究中讨论了逆向选择问题，揭示了当卖家比买家拥有更多关于产品质量的信息时市场如何失灵，这是不完全竞争市场理论的一个重要组成部分。Stiglitz（Stiglitz and Weiss，1981；Stiglitz，1989；Stiglitz and Weiss，1992）在信息不对称和市场失灵方面的研究，特别是在金融市场的应用，对不完全竞争市场理论做出了重要贡献。他的研究强调了信息不对称对市场效率的影响，并探讨了政府干预的可能性和必要性。该理论认为，发展中国家的金融市场不是一个完全竞争的市场，尤其是贷款一方对借款人的情况根本无法充分掌握，如果完全依靠市场机制就可能无法培育出一个社会所需要的金融市场，因此，有必要采用诸如政府适当介入金融市场以及借款人的组织化等非市场要素。

不完全竞争市场理论在农村的运用主要体现在对农村金融市场的改革和发展上，关注解决信息不对称和市场力量不均衡问题，以提高农村金融市场的效率和满足农户的金融服务需求。在发展中国家农村地区，信息不对称是金融供给不足的重要原因（梁杰等，2020），这种不平等可能导致多种市场失灵现象，如逆向选择和道德风险。在农村信贷市场上，通常以设置抵押品来降低借贷双方交易成本和解决逆向选择问题（徐章星和张兵，2020）。基于农村社会网络的监督机制和声誉机制可有效弥补农户抵押品的不足，可成为农村抵押替代融资的发展方向。针对农村金融市场可能存在少数金融机构垄断，导致金融服务的供给不足和价格不合理现象，谢平（2001）、冯兴元等（2004）提出要允许农村金融机构多元化，促进农村金融机构之间的相互竞争。不完全竞争市场理论强调，借款人的组织化等非市场要素对解决农村金融问题是相当重要的，陈剑波（1995）强调了农民组织化在促进农村金融市场发展中的积极作用，指出了由于市场的不完全性，乡镇企业无法完全依靠市场机制获取资源，认为如果农民能够更有效地组织起来，可能会提高与政府及其他市场主体的谈判能力，改善资源获取方式，从而可能提升资源配置的效率；冯兴元等（2019）认为发展中国家应该采用借款人的组织化作为补充性机制，这种组织化可能包括社区贷款小组和贷款中心的活动，这有助于推动农村金融的改革与发展。除此之外，不完全竞争市场理论将政府的适当介入看作是对失效市场纠正的必要手段。政府要适时引导农村金融模式的变迁，确保金融模式的创新与有序更替，进一步完善多元化农村金融供给模式。任碧云和刘进军（2015）认为农村金融市场的非完备性与资本逐利性决定了政府干预是必要的与可行的。从金融服务的可获得性看，农村金融本身外部性强、风险高、利润低带来的道德风险和逆向选择是导致农村金融普遍存在供给不足的根本原因，只有在政府的干预作用下，农户和农村正规金融机构双方的利益诉求才能得到有效满足，从而带动农村金融的良性发展（李喆，2013）。

农村地区的金融理论发展过程，经历了由农业信贷补贴论到农村金融市场论，再到为弥补市场的失效部分而演进的不完全竞争市场论。不完全竞争市场理论在中国农村地区的应用，对解决农村金融问题、促进农村经济发展和实现乡村振兴具有重要的现实意义。只有政府的适当介入和市场机制的有机结合，才能有效地解决农村地区的金融供给配置效率不高等问题，推动农村经济的全面发展。

2.2.3 福利经济理论

福利是人类在生存和发展过程中持续追寻的一种美好生活状态，也是经济学由来已久的研究课题。经济学家 Pigou（1920）对福利的概念、分类、衡量方法、福利最大化等进行的相关研究成为福利经济学理论体系发展的开端。福利经济学的发展历史并不久远，但争论却始终不断。无论是福利内涵的界定、福利的度量还是福利改进的判断标准，学者们各持己见，争论不休。但到了 20 世纪五六十年代，由于阿罗不可能性定理的提出，使得作为福利经济学理论基础的帕累托标准受到质疑，并认为社会福利函数根本不存在，至此，对福利经济学的研究几乎处于停滞状态。森（2004）通过对偏好结构、投票机制、议案过程等原假设条件进行修改，解决了阿罗提出的"投票悖论"问题，学者们对福利经济学的研究兴趣被重新燃起，对其研究和讨论的热度也得到逐步恢复。

福利经济理论的发展主要经历了三个阶段：旧福利经济学、新福利经济学和现代福利经济学，具体如下：①旧福利经济学。该理论以庇古和边沁为代表，建立在传统效用理论框架（效用基数论）中，认为福利是通过消费某种商品或服务而带来的效用，以效用或偏好来代替福利，追求效用最大化（Marshall，1890；Pigou，1920）。而效用是个人对消费物品或服务的满意程度，这是一种心理评价，存在个体的异质性。同时，该理论只关注选择的结果而忽略了选择的本身。②新福利经济学。该理论以帕累托和马歇尔为代表，在一定程度上是物质论的体现，主张从收入、财富、商品、消费支出、基本物品和资源等角度来界定和测量福利，追求帕累托最

优 (Mathewson and Winter, 1984), 但它体现的并不是真正意义上的福利, 其大大简化了福利的内涵, 过分强调 "量", 忽视了获取福利的手段与目的。③现代福利经济学。不同于前两个理论的观点, 该理论认为, 非经济福利很容易受到获取收入方式的影响, 且收入支出方式很可能会改变非经济福利。因而经济福利不能作为总福利的晴雨表, 不能由一部分的变化来测度整体的变化。但这部分的变化也是可以通过自身对整体的变化产生影响, 也就是说经济指标与非经济指标间会相互影响 (Brown, 1948)。

2.2.4 系统耦合理论

耦合, 是指多个不同系统在彼此相互作用的过程中逐渐生成关联的状态。该概念最初起源于物理学, 而后快速推广至经济、文学、社会等各学科领域。其中系统耦合相关研究的目标是各系统彼此间相互影响、相互促进、相互制衡, 进而发展生成一个新的有机整体, 这种新型关系可在某种程度上弥补单个系统存在的缺陷, 消除彼此间的不和谐因素, 从而达到一种相对稳定和谐的交互状态。系统耦合理论揭示了系统之间的相互作用最终共同改善的机制。在早期阶段, 各个子系统的开发程度各不相同, 随着时间的增长, 各个系统的发展趋于成熟并相互结合, 形成一个全新的复合系统 (任继周和万长贵, 1994), 复合系统的整体效果取决于系统的合理性和环境条件。通过调整制约系统耦合的因素, 可以提高系统整体的活力和综合效果。从系统耦合机制的角度来看, 应从 "协调" 和 "发展" 两个方面定义耦合。协调是一个截面概念, 主要考察在特定时间点的两个或多个系统之间的相互协作程度; 发展是关注随着时间变化的多个系统之间的动态进化过程的时间序列概念。耦合要综合考虑协调发展, 在保持自身良好发展状态的同时, 综合考察多个系统之间的协调程度和一致性。

农村金融资源配置和农民福利的耦合过程, 指农村金融资源配置和农民福利在耦合关系形成与进化过程中更好地实现匹配与协调发展。农村金融资源配置与农民福利的耦合包括 "发展" 与 "协调" 两部分, "发展" 过程是指系统向高级状态进化的过程, "协调" 过程是指子系统之间的协调和收敛。因为发展是系统或系统要素本身的一种演化过程, 所以某一系统或要素的发展, 可能是以其他系统或要素的破坏甚至毁灭作为其发展条件 (或代价) 的。由于资源的有限性, 农村金融资源配置在发展初期必然会占有一部分用于农村实体经济发展的资源, 如土地、资金、人力资源等，这意味着在农村金融资源配置发展的同时牺牲了一定程度的农业甚至是农民福利的发展。但随着社会的不断进步，单一的、片面的经济发展观已渐渐落伍。因此，必须树立一种兼顾各方、共同提高的多元发展观。而要实现多元发展就得树立协调观念。协调不同于发展，协调是两种或两种以上系统或系统要素之间一种良性的相互关联，是系统之间或系统内要素之间配合得当、和谐一致、良性循环的关系。农村金融资源配置在发展过程中虽对实体经济造成了短暂的负面影响，但从长期来看，农村金融优化资源配置、分散转移风险等功能能够提高实体经济运行效率，从而带来农民福利的提升，农民福利子系统在获得更高阶段发展的同时，又会反过来刺激农村金融的创新以与之协调共进，农村金融资源配置与农民福利的这种在共同约束下的相互促进，即协调的集中体现。

2.2.5 金融地理学相关理论对耦合演变的解释

金融地理学（Leyshon，1998；Laulajainen，2005）不仅关注自然地理环境的作用，还突出强调经济因素以及社会、文化等非经济因素对金融发展的作用。Tobler（1970）认为在空间上任何事物都与其他事物相关，但这种相关性的大小随距离而衰减，这也就是地理上的空间相关性。在地理学中，探讨的内容往往聚集在两个方面，一个方面是从空间角度来看地理环境是怎样发生变动的；另一个方面是地理环境和人类行为间的关联。在地理环境中，人类的行为有很多，如生产、文化、经济等，同时也涉及人口规模的变动、密集程度、民族的分化等。经济地理学的研究对象围绕着人类经济活动在地理空间上的布局、发展以及变动规律，是地理学的一个分支，其分析问题的思想与方法均来源于地理学，中国的金融地理学理论包括人地关系理论、地域系统论、地域分工理论、宏观区位理论。

自20世纪80年代开始，社会经济发展面临新的严峻形势，传统经济学由于自身的局限性不能很好地解决经济发展面临的问题，经济地理学开始与经济学相互渗透、相互融合，空间经济学得到了较大的进展，在重新研究空间经济现象的基础上，分析研究了空间因素带来的影响，逐渐将传统经济学、区域经济学和城市经济学等学科都相互统一成一个体系理论，从而逐渐形成了新经济地理学（罗瑞欣等，2022）。全球化使得世界范围内的经济活动可以超越国界和区域的限制，通过经济贸易、资本流动、技术转移、相互依存和联系，全球所有文明意识得以形成一个有机的经济整体（罗士虎，2019）。在全球化的进程中，中国经济实力不断增强，在世界范围内的影响力和地位正在不断提高，已经成为全球市场经济体制发展的一个重要组成部分。通过对中国金融地理学的研究，学者们将探索出金融发展在地理层面的新的理论见解，但研究进程中也存在着包括因果复杂性和计量方法的一些挑战，尽管存在这些不平凡的挑战，但近年来金融地理学的研究取得了长足的进步。

从目前来看，金融地理学越来越关注某一微观金融主体的具体分析和地理学表述，帮助人们更加清晰地了解微观金融主体的地理分布及其流动演化，旨在恰当解释服务业和金融中心的集聚过程。刘军等（2007）研究发现金融集聚通过金融集聚效应、金融扩散效应以及金融功能促进实体经济增长。金融集聚通过外部规模经济效益、网络效益、创新效益、加速技术进步效益和自我强化机制效益影响经济增长；金融扩散通过"涓流效应"和"极化效应"促进经济活动；金融通过风险管理功能、信息揭示功能、公司治理功能、储蓄集聚功能和便利交换功能影响和促进经济增长。同时，从金融地理学的视角来看，金融排斥是造成金融资源配置非均衡态势的一个重要原因，金融基础设施薄弱、金融服务需求不足的空间区域构成了金融排斥的"地理空洞"。金融分支机构在空间分布格局上的不均衡，更多地体现在贫困化城市和低收入群体聚集内金融机构的急剧缩减，中国金融排斥的现实情况也给予了充分的证明。近年来农村信用社从集约经营的理念出发，对农村一些偏远、业务量小的网点进行撤并。银行分支机构大量从不发达地区、县域撤出，客观上形成农村金融市场中介缺位、机构锐减，农村金融服务出现盲区，其最终结果必然造成中国金融资源空间分布的不合理与非均衡态势。

经济活动和金融活动密切相关，相互影响、相互促进并相互制约。因此，金融问题必须结合社会系统和经济系统综合研判，并需考虑系统内部和系统之间的动态协调。金融地理学理论为本书提供了分析思路。当金融发展的研究深入到区域层面，研究者要使用空间和地理视角来考察区域金融问题。本书基于金融地理学的视角，探索农村金融资源配置与农村居民经济福利耦合协调度的空间演进趋势与空间相关性特征。金融地理学的研究角度可以归纳为三个层次：空间差异、空间过程与空间的相互作用（王修华和黄明，2009）。空间差异是二者的静态分析，中国农村金融资源分布、经济发展水平、经济政策等均存在着区域的非均衡态势，必然也会对农村金融资源配置与农民福利的耦合协调度产生不同的效率；空间过程旨在描绘二者的动态演进，揭示了二者在相互制约、相互促进过程中的空间规律；空间的相互作用则强调二者的协调和优化，既包括一个区域内部结构的协调发展，又要考虑对相邻区域发展的影响和联动效应，其最终目的就是要实现二者的空间优化配置。在金融地理学领域中，空间的相互作用，往往指各种资源的跨区域流动，其中也包括了文化的交流、人员的移动和技术的传播和溢出等。这些因素的流动造成了区域的演化，使空间集聚和扩散机制发生作用，导致区域金融资源的竞争与协调以及福利水平的差异。差异是协调的前提，我们可以利用各个区域的差异和互补共生性来实现农村金融资源配置和农民福利的协调与优化，形成区域间互补型的金融资源空间分布结构，从而最有效地发挥金融的功能，提高区域农民福利的整体水平。所以，这种相互作用过程其实质是金融效率的空间调整和提高的过程，也是金融功能的空间深化和完善的过程。

2.3 农村金融资源配置与农民福利时空耦合的理论分析

已有研究较多关注农村金融资源配置与农民福利之间的单向作用机制，缺乏对农村金融资源配置与农民福利耦合的阐述，本节拟对两者之间的关系作深入探讨。

2.3.1 农村金融资源配置与农民福利的耦合条件

农村金融资源配置与农民福利两个子系统发生耦合的必要条件是两者必须具备目的、时间、空间上的一致性。

首先，从目的上讲，农村金融资源配置的发展内生于农村地区的经济需求，农村金融的健康发展是支持和促进农村经济社会进一步发展的重要基础，所以，农村金融资源配置的根本目的是服务农村经济社会的发展需要。具体来说，包括促进就业、增加收入、减少贫困、优化农村地区产业结构、增加农民福祉等方面。这些目的归结起来就是：服务于"三农"，这和农民福利的内在本质是一致的，"三农"问题便是农民福利提升的问题，农民福利的提升既是中国特色社会主义发展的内在要求，也是农村地区获得持续健康发展的必然途径。因此，农村金融资源配置和农民福利两个子系统在发展目的上具有一致性，具备了耦合发展的第一条必要条件。但是，子系统根本目的上的一致性不能保证在发展全过程中的利益捆绑机制不被破坏，例如，农村金融资源配置要实现服务农村更好发展的目的，就必须让自身先获得优质资源和环境以支撑系统完善发展和高效运行，在这一过程中，由于金融自身的逐利性，可能会出现为获得更高利润而损害农民福利的情况，从而破坏了子系统目的一致性的原则，损害了耦合发展中子系统的关系纽带，不利于整体系统的良性发展。

其次，农村金融资源配置系统和农民福利系统在时间上的一致性指两个子系统在发展阶段上的相互匹配。2000年后，中国农村地区金融业改革进入深化阶段，体现在金融体系的逐步完善和服务业务的战略性转变，即除了为常规的农业生产缓解融资约束，开始支持农业产业化和产业融合的发展，但当前的农村金融发展仍然处于增量不够、供需匹配不佳、分配效率和服务水平仍有待提高的中低级发展阶段。从农村福利制度层面来看，中国农民福利体系建设在20世纪初进入深化期，2003年在全国范围内试点实施新型农村合作医疗制度，又先后出台了新型老年保险试点、城乡居民医疗保险等制度，但城乡居民在福利保障制度层面仍有较大差距，农民公积金和职业年金、农村地区不动产权和农民基本养老金等方面还有待完善和全面推行。从农民经济福利水平层面来看，20世纪初，农村产业结构加速调整，农民收入来源从原来的从事第一产业经营增加到一二三产业，收入水平获得较大提升，但大多数从事兼业经营的小农户的收入增长来源是二三产业，农业及相关产业的贡献有限，小农户从事农业生产的效率相对较低，在产业融合发展中的融入度也不够，小农户与专业大户、小农户与城市居民的收入差距仍然较大。所以，当前农民福利发展处于制度调整乏力、增量不够、动力不足、结构亟须优化的中低发展阶段。因此，农村金融资源配置和农民福利两个子系统在发展时间上具有一致性，具备了耦合发展的第二条必要条件。

最后，农村金融资源配置系统与农民福利系统在空间上的一致性，既包括地理空间上依托于相同的地理区位而形成的相互作用所需条件，也包括在产业服务空间上因具备相同的对象而产生的一致发展联系。传统的农村金融发展和农民福利发展均依托于农村这一同样的地理区位进行发展，但随着城镇化和互联网信息技术的快速发展，农村金融机构在农村地区的撤点、将农村资金转出城市和用于非农领域等，农民进城务工将土地撂荒、消费逐渐趋于城市化等，农村金融资源配置系统与农民福利系统在地理区位上的一致性正在弱化。农村金融资源配置依托农村产业发展并为其提供金融服务，农民福利的提升也建立在乡村产业振兴的基础之上，总体上两个子系统发展在产业服务空间上具备相同对象。但从更加细致的层面来看，农村金融资源配置对农业科技和农业产业优化升级的资金支持不够、金融创新不足，导致农村金融机构在农村产业融合中的贡献较低、农民对农业产业的暂时脱离、产业结构调整和生产模式转变对农民从事农业生产的短暂冲击，这些都会使得农村金融资源配置系统与农民福利系统在产业服务空间上的一致性遭到破坏。但总的说来，两个系统仍具备在地理空间和产业服务空间上的一致性，具备耦合发展的第三个必备条件。

正是由于农村金融资源配置与农民福利两个子系统在目的、时间、空间上具备一致性，两个系统拥有了耦合发展的理论基础，但同时又局限于上述一致性在两个子系统发展过程中由于内外在的各种原因，而受到冲击继而产生对原有状态的偏离，系统间耦合的关系纽带被加强或松解，也即农村金融资源配置与农民福利组成的整个系统在发展过程中出现的高水平耦合或低水平耦合等状态。

2.3.2 农村金融资源配置对农民福利的影响机制

上述耦合条件阐述了农村金融资源配置与农民福利之间存在耦合的关系纽带，接下来分析子系统内部建立在关系纽带上的作用力方向和大小。

前面的概念界定中提到农村金融资源配置子系统包含农村金融货币资金、机构配置与人力资源配置。但鉴于财政性货币资金和政策性金融安排对农村经济发展所产生的作用与市场性金融资源配置有所区别，我们将整个农村金融资源配置系统组件分为财政性资源配置和市场性资源配置，从直接影响和通过农业生产率、农村产业融合两种间接影响机制分别细致考察其对农民福利子系统中的农民收入和消费的影响过程。

2.3.2.1 农业生产率

农业现代化和农民福利提升是相辅相成、相互促进的，农业现代化是农民福利提升的重要手段，农民福利提升是农业现代化的评判标准。农业现代化的重要手段之一便是提高农业生产率。随着农业工业化的快速发展、农业经营管理方式的不断优化，农业生产对农业基础设施的依赖性越来越强，包括良好的交通基础设施、充足的灌溉水源和排水系统、可靠的电力供应和通信网络支持等。农业基础设施的健全是农业生产效率提高的前提条件，但对资产规模弱小的农户来说，优化农业生产基础设施既不现实，也不经济，同时，由于农业基础性设施存在强烈的正外部性，仅仅依靠市场的力量无法达到最优产量。因此，农村财政投入等财政性金融资源需要在此方面予以补充。具体说来，农村财政投入可以用于改善农村地区的灌溉系统、便利道路交通条件、扩大通信网络覆盖面等。其中，良好的灌溉系统可以保证农田水源充足和灌溉条件稳定，保障农作物获得生长和发育的良好外部条件；便利的道路交通条件可以使得农户的交通成本、运输成本下降、销售渠道畅通以及为大型机械作业提供基础条件；畅通的信息和网络在为农业机械化提供了发展的必要条件的同时也可以使得农户用更加低廉、便捷的手段获取农业生产所需要的各种信息。因此，通过加大对农村地区的财政投入力度，可以使得农业基础设施得以完善和优化（张志新等，2020）、农业生产降本增效、农业生产率得以提升，农业生产率的提高在促进农民农业经营性收入增加的同时，也能解放一部分劳动力从事兼业活动，进一步增加收入来源（刘晓丽和韩克勇，2023）。农业科技进步为农业生产率的提高以及可持续发展提供重要支撑（陈鸣和周发明，2016），生物化学技术在农业方面的应用，如基因编辑、病虫害防治、选择育种、肥料改良、农药培育等，可以提高农产品的产量和质量，从而提升农业生产率；工业机械化和自动化在农业方面的应用，如机械代替人工进行大规模的播种、灌溉、施肥、收割等，一方面可以节约大量劳动力，另一方面又能够大幅缩短农业劳作过程的时间，降低恶劣天气所带来的风险，进而提高农业生产效率，促进农户增产增收。由于农业科技产品的公共物品属性，用于农业科技研发和推广的资金大多由国家财政拨款而来，据农业农村部 2024 年部门预算表数据显示，2024 年度用于农业科技的支出达到 215.08 亿元，占全部支出的 59.59%。财政性金融资源对农业科技的资金支持有助于加速农业科技创新、建设高标准农田、拓宽机械化应用场景、培育出适应当地环境和市场需求的新品种等，通过在农村地区进行新技术的推广和对经营主体进行技术培训，有助于科技成果的快速转化、提升经营主体的生产技能，进而提高农业生产效率和经营性收入。此外，财政农业科技投入力度的增强以及对农业效率产生的提升作用还会通过示范效应在一定程度上影响农户的消费结构升级。一方面，农业效率提升从而增加经营性收入可能会使得农户将更多的可支配资金投入生产领域，影响农户的消费水平；另一方面，示范效应的存在还会使得农户在消费时倾向于减少食品、衣着等生存型消费比例，而增加教育、交通等发展型消费支出，从而推动农户的消费结构升级。

农业的高效、可持续发展离不开金融资源的资金支持。农村市场性金融资源一般包括信贷、保险等货币资金型金融资源，银行、保险等组织机构资源以及在农村地区从事金融工作的金融业人力资源。农业生产中，农户需要考虑购置种子、化肥、农药、农机设备等生产资料，储藏、运输、销售等服务性支出的资金筹集问题，特别是在大规模农业生产中，还需要考虑雇佣劳动力的费用，对于资产规模小的农户来说，内源性融资往往不足，需要借助外源性融资，通常是农村金融机构贷款，来保证农业投资和生产的可持续进行。但一般说来，由于农业生产的弱质性、高风险性和农村金融市场存在严重的信息不对称，使得农村金融机构对农业信贷长期存在严重的"金融排斥"。为了解决上述问题，政府在农村综合改革财政投入中加大对农村金融发展的支持力度，完善农村信用体系、融资担保体系、建立风险分担机制，对涉农贷款进行贴息、税收优惠，使用差别化存款准备金率、差异化监管等金融支持政策，进而使得农村金融机构有充足的动因愿贷、能贷，引领金融机构回归支农初衷，从而有效缓解农业生产中遇到的融资约束，支持农户进行扩大生产和再投资，提升农业生产效率（尹雷和沈毅，2014）和农户收入（顾宁和王灏威，2021），进而带动消费增长。此外，农业生产经营中农产品的产量、品质、价格经常面临极大的不稳定性，需要农业保险予以充分保障，在缓解风险厌恶农户对农业生产和投资采取谨慎性行为、促进农业生产效率稳步提升的同时，也保证了农民获得稳定性的经营收入。金融机构网点在农村地区进行广泛分布以及不同类型的金融机构，如国有商业银行、农村信用合作社、农村商业银行、村镇银行、小贷公司、资金互助组等，在农村地区开展业务和提供金融服务，一方面，会增加农村居民的金融可及性，降低农户办理金融业务的交易成本，金融集聚带来的农村地区金融机构的良性竞争也会使得贷款利率合理有度，降低农户的融资成本，提升农业投资的可持续性；另一方面，金融中介有效的资金配置也能够盘活农村地区的闲置资金，引导其流向农业生产的不同过程，从而提升农业的生产效率，使得农户的经营性收入获得长效增长机制，提振农户的消费水平和加速消费升级。

2.3.2.2 农村产业融合

2020年，中国全面建成小康社会，历史性地解决了绝对贫困问题，开启了中国特色社会主义现代化的新篇章。现代化进程中，最艰难最繁重的任务在农业现代化的实现，最复杂最辛苦的工作在乡村振兴的持续推进，中国扶贫战略已从消除绝对贫困转向缓解相对贫困和防止发生规模性返贫。追求保障农民持续增收，进一步缩小城乡收入差距，提升农民整体福利水平。改造传统农业进而实现农业农村农民现代化是关键的解题思路。中国的传统农业制度改革自1978年家庭联产承包责任制推行后，虽然极大地解放了生产力，激发了广大农民的生产热情，但由于农业附加值低、农产品需求价格弹性小、小农户抵抗风险能力差等，大批农业"后备军"在城镇化浪潮中纷纷涌入城市，不仅造成了城市极度拥挤和相对承载力下降，而且农村土地撂荒、农村空心化、农民老龄化等问题在近几年也愈演愈烈。农村的产业不兴旺、结构不优化、环境不友好，就不能吸引农村劳动力，尤其是优质人力资源回流，更无法吸引外部资金、资源进驻农村继而推动乡村振兴。探寻农业生产过程中更高附加值的获取途径，推动现代化工业、科技、管理模式更好地服务于农业生产，促进农村产业融合，是实现乡村产业振兴的重要推手。

根据资源互补理论，传统农业生产方式属于粗放式经营，土地、劳动力此类传统生产要素的投入过于充足，造成资源要素浪费、生产效率低下和农业附加值不高等问题。传统农业要想获得转型升级，就必须融入技术、资金、人力资源等现代生产要素。这些生产要素往往来自非农部门，为农业带来了先进的生产技术、充足的资金以及高效的管理模式，与传统的农业生产要素形成了优势互补，从而共同推动农业农村的可持续发展。农村的产业结构升级以及产业融合正是农业部门与非农业部门资源互补理论的现实写照。农村的财政性资金支持可以为农业部门引入新的生产要素，从而促进农村地区产业融合，加速实现产业结构升级（张林和温涛，2019）。财政性资金支持包括财政投入和政策性金融支持两部分，财政投入一般以农业生产、农村建设等大型项目为依托，国家现代化农业产业园、农业产业强镇建设以及优势特色产业集群是财政支持乡村产业融合的"三驾马车"。国家现代化产业园、农业产业强镇建设将农业规模化生产、标准化初加工、精加工以及专业化物流配送进行统筹结合，并引入科学技术、高精尖人才等现代化生产要素，使得农业产业链得以延长、一二三产业得以深度融合，而且非农部门生产要素与农业部门形成优势互补也会带来一定程度上的城乡融合；优势特色产业集群项目通过扶持具有比较优势的特色产业，加入农产品加工、营销等下游增值过程形成全产业链增长点，并且国家财政支持的产业集群项目更容易形成规模效应和正向辐射作用，带动更多的产业和现代化生产要素加入进来，从而促进农业产业化发展，助推农村产业结构升级。政策性金融支持主要从经营主体、经营项目和农村金融环境三个方面来助推乡村产业融合。第一，新型农业经营主体在生产经营中更多地利用现代化机械设备、科学监测和管理技术等先进生产要素，是农村产业结构升级和产业融合过程中的主力军，而其经营发展过程中面临的关键掣肘，即传统农村金融市场难以解决的融资问题，政策性金融支持通过税收优惠、贷款贴息、政银担风险担保模式等为新型农业经营主体缓解融资压力、降低融资成本，使其在产业融合中能更加积极地发挥带动作用；此外，新型农业经营主体之间往往会通过业务合作而形成农业产业化联合体，国家成立联合体专项融资风险补偿基金、提供"人钱贷"直通车服务等政策性金融支持在降低其融资风险的同时可以吸引更多资金参与，为农业全产业发展更好助力。第二，从经营项目方面来看，农业发展银行通过多元化信贷产品、融资模式和差别化信贷政策为优质农村产业融合项目提供资金倾斜，并鼓励更多的金融机构参与进来，发挥产业融合的带动效应。第三，建设政策性信用体系、信用信息服务平台、农村三产融合主体的信用信息档案有利于改善农村金融环境，也为更多商业银行等社会资本的积极参与奠定基础，从而优化农村产业融合的外部环境，助推产业融合更加可持续发展。

农村金融机构的资金支持是产业融合过程中缓解融资约束、匹配融资需求的中坚力量。数字经济在金融中的应用使金融机构在搜集客户信用信息、监测信贷资金流向等过程中的交易成本大幅降低（赵巍等，2023）。首先，在农业生产到农产品价值实现的过程中，农户、农产品加工企业、销售企业会形成稳定的价值链。农村金融机构可以基于产业价值链中主导企业的信用担保为价值链中的其他主体提供信贷，即"银行+企业+农户"的供应链金融模式。通过充分利用产品及资金周转过程中有价值的信用信息，供应链金融不仅可以为农业产业链的纵向延伸提供资金支持，也能够加强产业链中各经营主体的利益联结，进而推进农村上下游产业之间的深度融合（李明贤和彭晏琳，2023）。其次，农村金融机构通过创新各类产业链上的金融产品为农业产业化发展缓解融资约束，如各种形式的抵押担保贷款，农产品抵押贷款、土地经营权抵押贷款、农机融资租赁、农业产业化项目贷款等。此类创新金融产品可以以各地的特色产业发展为依托，利用大数据充分挖掘资金需求方各个方面有效的信用信息，打破金融市场中融资双方的信息壁垒，更好盘活农村资金，进而引导其高度涉农化，为农业产业化进程中的各个环节提供资金支持，推动农村产业融合。最后，缺乏担保义务主体是农业生产经营过程中缓解融资约束的重要障碍，农村金融机构通过拓宽信贷担保主体、创新抵押担保贷款模式，如供应链金融中的主导企业信用担保、政银担模式下的"整村授信"和"整村担保"、银担模式下的"总对总"批量担保业务等，有效破解农户和农业小微企业获取金融服务时缺乏担保的难题，保障经营主体有充足资金在农业纵向和横向领域进行深耕，带动农村产业融合。

首先，农村产业结构升级和产业融合对农民的增收作用体现在农产品价值链的延伸上，农业价值链的延长使得农民的收入来源从过去的生产初级农产品拓展到粗加工、深加工农产品甚至销售服务等环节，农业生产附加值从过去的单一低附加值跃升到多环节高附加值，使得农民得以分享加工、销售等环节的利益增值。其次，一二三产业融合极大激发了农民的经营、创业的热情，活跃了农村的产业发展，更加推动了农村地区从过去的单一产业向多样性产业转变。产业的多样性带来了更多的就业岗位，农民在农闲季节可以就近务工，避免了外出兼业带来的居住、交通等高额生存成本，增加了农民的工资性收入。此外，具有非农产业生产比较优势的农民可以将土地流转给专业大户或农场，自己从事加工业、手工小作坊、运输、销售等行业的工作，在获得财产性收入的同时又实现了自身资源禀赋的最优配置（郭军等，2019）。再次，农村产业融合本质上是传统农业生产资料和现代化生产要素的相互融合、相互渗透、共同发展，产业融合催生出的设施农业、智慧农业、观光农业、体验农业、生态农业等农业新业态为农村产业发展、农民增收致富提供了新思路、创造了更多可能。最后，农村产业融合和产业结构优化一定是要建立在基础性农业稳步高效发展的基础之上，如果只关注非农要素，如技术、资金、人力资本的大批量投入，而忽略当地特色产业的传统生产模式在产品特性和质量上的优势，只关注发展壮大新型农业经营主体，而忽略其对广大小农户的带动作用，最终农村实际发展与乡村产业融合的顶层设计背道而驰。实际上，农村产业、生产经营方式在发生巨大变革的过程中，那些懂技术、有资金、善管理的经营主体能够从产业融合中极大获利，而一些小农户在未经引导和培训的情况下有被挤出市场的风险，出现产业融合过程中的"精英俘获"（温涛等，2016），从而使得收入差距进一步扩大，不利于农民福利的提升。从消费的角度来看，农村产业结构升级和产业融合能在一定程度上带动农民实现消费升级，一方面，产业融合使得农村产业多元化发展的同时，也带来了农村消费市场的扩大，农民的消费便利性、多元化消费产品的可获得性得到极大提升，从而带动农村地区的消费增长；另一方面，近几年随着电子商务、直播带货的快速发展，农村产业在加强与外界非农产业联系的同时，网购、线上服务等消费新业态也在持续加速向农村地区下沉，推动居民消费水平扩大和消费结构升级。

2.3.2.3 农村金融资源配置对农民收入和消费的直接影响

近年来，随着新农村建设、脱贫攻坚农村发展政策和乡村振兴战略的持续推进，国家财政金融资金对农村农户的转移支付和农业补贴力度极大增强，对贫困户的转移支付有利于缩小农户之间的收入差距，农业补贴，如农作物良种补贴、畜产品良种补贴、农机购置补贴等，既可以提高农户的生产积极性，又能在短期内直接增加农户的可支配收入。从市场性金融资源的角度来看，农村金融机构网点和从业人数的增长使得金融覆盖面更广、机构间的竞争业态趋于良好，可以增加农村居民的金融可得性、降低金融交易成本，居民在金融机构积累闲散资金的意愿得到增强，财产性收入也会进一步增加；创新金融产品和服务、增加金融投资产品的多样性、提升与农户投资需求的适配性，如多期限低门槛的农村信用社理财产品、投资基金，以及各类保险机构与银行共同推出的理财类保险产品，均有助于农民充分利用闲散资金，合理配置家庭资产，拓宽财富增加渠道，从而提高其收入水平（涂爽等，2022）。从消费层面来看，市场性金融资源的扩张可以助推农村居民消费升级。一方面，金融机构的信用卡、消费性小额信用贷款、分期付款等各类消费信贷工具可以帮助农户缓解短期消费资金短缺风险，打破跨期消费约束，从而使得农户可以在更长期限内配置消费以达到效用最优；另一方面，金融机构支付体系的完善，特别是网银、手机银行、银行+第三方支付等新型支付方式的快速发展，不仅使得居民消费的便利性极大增加，而且还扩大了农村的消费市场，"线下+线上"的消费场景更是扩充了农村居民的消费边界，丰富了居民的消费类型，促使农民消费水平和结构升级。

2.3.2.4 农村金融资源配置对农民福利的影响路线

上述理论分析阐述了农村金融资源配置对农民福利的直接和间接影响

机制。农村金融资源配置可以通过提高农业生产率和促进农村地区产业融合来增加农民的收入和消费水平。具体说来，财政性和政策性金融资源配置通过完善农业基础设施建设、推动农业科技进步来提高农业生产率，从而促进农民增产增收；市场性金融资源配置通过缓解农业生产中遇到的融资约束、为农业生产经营全过程提供风险分担、提升农业再生产过程中的金融可及性来提高农业生产率和农户收入水平。助力农村地区产业融合的过程中，财政性和政策性金融资源配置通过财政投入来建设国家现代化农业产业园、农业产业强镇建设以及优势特色产业集群等产业融合项目，为产业融合过程中的经营主体、经营项目提供政策性金融支持，优化农村金融环境来推动农村产业融合发展；市场性金融资源配置主要通过创新金融服务、金融产品、担保模式、拓宽金融主体等微观层面来促进农村地区产业融合。产业融合可以通过提高农产品附加值、扩大农村劳动力市场需求、催生农业新业态等途径来提升农民的经营性收入、工资性收入和拓宽农民致富渠道，但要注意产业融合过程中可能会出现的"精英俘获"；产业融合通过扩大农村地区消费市场、推动消费新业态向农村地区下沉，从而提升农民的消费水平和促进消费升级。农村金融资源配置也能够通过直接效应来影响农民的收入和消费，财政性金融资源配置中财政支出通过对贫困户的直接转移支付、对农户生产提供农业补贴等方式来提高农户收入；财政投入通过增加对农村消费设施建设、农村地区医疗、教育保障等方面的开支来提振农民的消费热情、优化农民的消费结构；市场性金融资源配置一般通过创新匹配需求良好的投资性金融产品和服务，提升农村居民的金融可得性，进而增加居民的财产性收入；同时，金融机构的消费信贷产品可以帮助农户缓解预算约束、提升跨期消费能力，促进消费升级。具体的影响路线如图2-1所示。

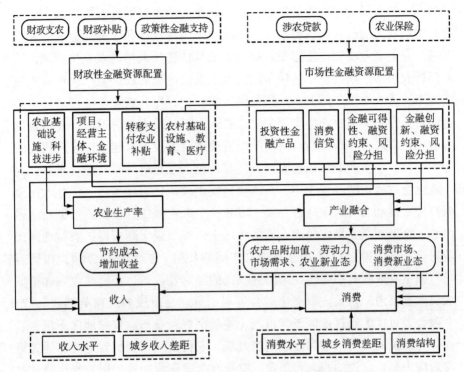

图 2-1　农村金融资源配置—农民福利影响机制图

3 农村金融资源配置的时空演变特征分析

3.1 农村金融资源配置的指标体系及测度方法

3.1.1 农村金融资源配置的指标体系构建说明

农村金融资源的配置需要遵循效益与公平相结合的原则，既要充分发挥政府的调控手段和市场机制对金融资源的调配，引导资金、资本等金融资源流向投资高、收益高的领域，促进经济发展，又要兼顾区域经济发展的平衡，通过开发性金融以及财政支农等方式，向资源禀赋差的区域注入金融资源，扶持以及支持这些地区的金融市场发展，促进弱势地区农村产业的升级以及经济的发展，积极引导建立健全农村金融和经济发展的生态环境，防治经济差距过大带来的一系列问题，促进区域经济良性发展。

农村金融资源配置水平的评价指标体系见表 3-1，本书借鉴已有对金融资源配置的相关研究（崔满红，1999；温涛和熊德平，2008；李明贤和向忠德，2011；杨希和罗剑朝，2014），构建农村金融资源配置的指标体系，涵盖货币资金型金融资源及组织机构和人力资源金融。本书以各省份农村金融机构密度衡量组织机构投入情况，以农村金融机构从业人员密度衡量人力资源投入，以财政支农、农户固定资产投资和农村信贷投入综合衡量货币资金型资源投入情况（温涛和熊德平，2008；李明贤和向忠德，2011）。

表 3-1 农村金融资源配置水平评价指标体系

资源类别	评价指标	说明	变量名
财政渠道	财政支农投入	农村居民人均财政支农值（元/人）	f_1
	农村固定资产投资	农村居民人均固定资产投资（元/人）	f_2
金融机构渠道	农村金融机构贷款额	农村居民人均涉农贷款额（元/人）	f_3
	农业保险投保情况	农村居民人均农业保险保费（元/人）	f_4
组织机构资源	农村金融机构密度	农村居民每万人拥有的农村金融机构数（个/万人）	f_5
人力资源	农村金融机构从业人员密度	农村居民每万人拥有的从业人员数（个/万人）	f_6

由于本书样本期跨度较大，存在部分年份有个别省份指标数据缺失和统计口径不一致的问题。为保持研究时期的连贯性，相关指标数据处理说明如下：①缺失值采用增长率法补齐。假定缺失年份前一年的增长率与前若干年增长率相同，补齐缺失指标数据，具体包括：2001—2003年农村金融机构网点数和就业人员数，2017年陕西、海南等省份农村金融机构网点数和就业人员数。②样本期内财政支农数据的统计口径发生变化，为尽可能保持指标一致性，本书数据处理如下：2000—2006年财政支农投入为涉农支出之和（其中2000—2002年为农村生产支出、农业综合开发支出和农林水利气象等部门的事业费支出三者之和；2003—2006年为农业支出、林业支出和农林水利气象等部门的事业费支出之和）、2007—2019年的财政支农投入为农林水事务支出。

3.1.2 农村金融资源配置的测度方法

（1）全局熵值法赋权。本书构建 $k(k = 20)$ 个年份的 $n(n = 30)$ 个样本省份和 $m(m = 6)$ 项指标的 20×30×6 阶评价矩阵，数据的离散度越大，信息熵越小，提供的信息越多，指标的权重越大，即对综合评价结果的影响越大。

首先对指标进行标准化处理，使不同量纲和数量级的指标具有可比性，详见式（3-1）。

$$f'_{kij} = \frac{f_{kij} - \min\{f_{kij}\}}{\max\{f_{kij}\} - \min\{f_{kij}\}} \tag{3-1}$$

式（3-1）中，f_{kij} 为第 k 年第 i 个省份第 j 项指标的原始数据，f'_{kij} 为标准化后的指标值，$k = 1, 2, \cdots, 20$；$i = 1, 2, \cdots, 30$；$j = 1, 2, \cdots, 6$。

第 k 年第 j 项指标下第 i 个省份在此指标中所占的比重为 p_{kij}，表达式为式（3-2），信息熵 e_j 为式（3-3），第 j 项指标的差异系数 $g_j = 1 - e_j$，对差异系数做归一化处理，熵值法确定第 j 项指标权重 a_j，见式（3-4）。

$$p_{kij} = \frac{f'_{kij}}{\sum_1^k \sum_{i=1}^n f'_{kij}} \tag{3-2}$$

$$e_j = -\frac{1}{\ln(n*k)} \sum_1^k \sum_{i=1}^n p_{kij}\ln(p_{kij}) \tag{3-3}$$

$$a_j = \frac{g_j}{\sum_{j=1}^m g_j} \tag{3-4}$$

（2）变异系数法赋权。变异系数是根据各个指标在所有被评价对象上观测值的变异程度大小来对其赋权（徐建新和闫旖君，2007；郑玉，2019）。指标取值差异越大，越能反映被评价单元的差距，对综合评价的影响也越大。第 j 项基础指标的变异系数见式（3-5）。

$$Y_j = \sigma_j / \bar{f}_j \tag{3-5}$$

其中，σ_j 和 $\bar{f}_j$ 分别表示第 j 项基础指标的标准差和均值。第 j 项基础指标变异系数的权重见式（3-6）。

$$h_j = Y_j / \sum_{j=1}^m Y_j \tag{3-6}$$

（3）组合赋权。组合赋权后的权重为式 3-7：

$$d_j = \lambda a_j + (1 - \lambda)h_j \tag{3-7}$$

其中，λ 为均衡系数，且 $0 < \lambda < 1$，采用算术平均法进行组合赋权（郑玉，2019）。按照上述赋权及计算方法，可以得到各省份样本期内的农村金融资源配置水平 F_{ki}，详见式（3-8）。F_{ki} 越大，表明该省份农村金融资源配置水平越高。

$$F_{ki} = \sum_{j=1}^m d_j \times f'_{kij} \tag{3-8}$$

3.1.3 农村金融资源配置的时空演变特征分析方法

非参数核密度估计用于考察各省份 2000—2019 年农村金融资源配置水

平的动态演进特征，以连续密度曲线描述随机变量的分布形态和演进特征（李子奈和叶阿忠，2000；卢新海等，2018）。设密度函数 $f(x) = f(x_1, \cdots, x_n)$，则 $f(x)$ 的核密度估计函数为式 3-9：

$$\hat{f}_n(x) = \frac{1}{nh} \sum_{i=1}^{n} K[(x_i - x)/h] \qquad (3-9)$$

其中，x_i 为样本观测值，函数 $K[(x_i - x)/h]$ 为核函数，h 为带宽。本书选取的核函数为已有研究中最为常见的伊番科尼可夫（Epanechnikov）核函数，$K(u) = \frac{p(p+2)}{2S_P}(1 - u_1^2 - u_2^2 - u_p^2)_+$。其中，$S_p = \frac{2\pi^{\frac{p}{2}}}{\Gamma(\frac{p}{2})}$，$(\cdot)_+$ 为零化算子，当 $p = 1$ 时，$K(u) = 0.75(1 - u^2) \cdot I(|u| < 1)$，其中 $I(\cdot)$ 是示性函数（郭庆旺等，2005；李涛和傅强，2011），同时，以均方误差最小为原则确定最优带宽。核密度曲线重心位置可刻画配置水平大小演进特征，曲线主峰高度可刻画配置水平差异演进特征，曲线波峰数量可刻画配置水平多极化演进特征，曲线拖尾长度可刻画出处于高（低）配置水平区的配置水平演进特征，曲线拖尾厚度可刻画高（低）配置水平值省份数量占比的演进特征。

本书通过空间探索性分析方法对农村金融资源配置水平的时空演变特征及空间相关性进行研究。采用分位数分段法将全国农村金融资源配置水平分为不同等级，更为直观地呈现时空演变过程；通过空间自相关分析方法探索农村金融资源配置水平的空间相关性与差异性特征。用式 1-3 中的 Global Moran's I 衡量中国各省份的农村金融资源配置水平总体空间关联程度和空间差异程度，如果该值显著大于 0，则表明农村金融资源配置水平较高（较低）的区域在空间上显著集聚，值越接近于 1，说明空间分布的相关性越强，总体空间差异越小；反之，则总体空间差异越大；如果近似为 0，表示观测值之间相互独立，在空间上服从随机分布；用式 1-4 中的 Local Moran's I_i 测算各省份的配置水平与周边邻近省份的局部空间关联程度，Local Moran's I_i 的划分标准如表 3-2 所示。

表 3-2 局部空间自相关指数取值说明

$LocalMoran's\ I_i$	$Z_i(Z_i = x_i - \bar{x})$	地区 i 所属类型	说明
$I_i > 0$	$Z_i > 0$	HH（涓滴效应区）	自身与邻接省份效率均较高，空间差异程度小
	$Z_i < 0$	LL（低速增长效应区）	自身与邻接省份效率均较低，空间差异程度小
$I_i < 0$	$Z_i > 0$	HL（回波效应区）	自身效率高，邻接省份低，空间差异程度大
	$Z_i < 0$	LH（过度增长效应区）	自身效率低，邻接省份高，空间差异程度大

3.2 农村金融资源配置的时空演变特征

3.2.1 农村金融资源配置各维度的时空演变特征

3.2.1.1 农村金融资源配置中的财政维度

各省份人均财政支农投入和人均农村固定资产的时序演变特征详见图 3-1，年均增速及排名情况详见附表 1。

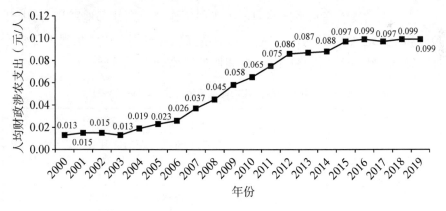

（a）2000—2019 年间农村居民人均财政支农时序演变图

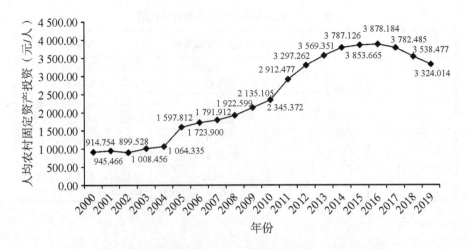

（b）2000—2019 年间农村居民人均固定资产投资时序演变图

图 3-1　2000—2019 年间财政渠道配置农村金融资源的时序演变图

数据来源：根据《中国统计年鉴》中数据计算整理所得。

中国人均财政支农投入在样本期内由平稳到增长至平稳，从 2000 年的 0.013 元/人提升至 2019 年的 0.099 元/人，年均增长率为 11.28%；人均农村固定资产投资在样本期内先增长后下降，从 2000 年的 914.754 元/人提升至 2019 年的 3 324.014 元/人，年均增长率为 7.03%。

人均财政支农高水平区趋向集中于中国西北及东北部地区①，向中部地区和沿海地区扩展，各省份间人均财政支农在空间上始终呈现正自相关性。Global Moran's I 检验见附表 4，时空演变情况见表 3-3②。

表 3-3　中国各省份人均财政支农投入水平时空演变

	2000 年	2019 年
高水平区	无	新疆、青海、甘肃、内蒙古、宁夏、陕西、山西、黑龙江、湖北、上海、贵州、北京、天津
次高水平区	无	吉林、辽宁、河北、山东、江苏、浙江、江西、福建、云南、广西

---

① 文中出现的所有地区表述，具体划分标准参见附表 13，下同。

② 基于分位数分段法将人均财政支农投入划分为五个配置水平区，从低到高依次为：低水平区（0.001-0.012 元/人）、次低水平区（0.013-0.032 元/人）、中等水平区（0.033-0.054 元/人）、次高水平区（0.055-0.084 元/人）和高水平区（0.085-0.384 元/人）。

表3-3(续)

	2000 年	2019 年
中水平区	吉林、北京	河南、安徽、四川、重庆、湖南、广东、海南
次低水平区	云南、广西、广东、浙江、青海、内蒙古、黑龙江、辽宁、宁夏、上海	无
低水平区	新疆、甘肃、陕西、山西、河北、山东、河南、江苏、安徽、湖北、湖南、重庆、四川、贵州、江西、福建、海南、天津	无

数据来源：所用数据根据《中国统计年鉴》中数据计算整理所得。

表 3-4　中国各省份人均农村固定资产投资的时空演变

	2000 年	2019 年
高水平区	无	北京、天津、河北、山东、河南、江苏、湖北、浙江、上海、福建、
次高水平区	北京、浙江	青海、四川、陕西、宁夏、重庆、安徽、江西、湖南、广东、广西
中水平区	河北、吉林、广东、广西、江苏、天津、上海	吉林、内蒙古、新疆、云南、贵州
次低水平区	辽宁、山东、河南、湖北、湖南、重庆、福建、宁夏	甘肃、山西、辽宁、黑龙江
低水平区	黑龙江、内蒙古、新疆、甘肃、青海、四川、云南、山西、陕西、江西、贵州、安徽、海南	海南

数据来源：所用数据根据《中国统计年鉴》中数据计算整理所得。

　　人均农村固定资产投资高水平区趋向集中于中国环渤海地区和东南沿海一带，并逐步向中部地区扩散，各省份间人均固定资产投资在空间上始终呈现正自相关性。Global Moran's I 检验见附表4，表 3-4 为 2000 年和 2019 年中国各省份的人均农村固定资产投资时空演变情况①。

---

　　① 基于分位数分段法将人均固定资产投资划分为五个配置水平区，从低到高依次为：低水平区（0.001-607.620元/人）、次低水平区（607.621-1 229.089元/人）、中等水平区（1 229.090-2 201.138元/人）、次高水平区（2 201.139-3 895.005 元/人）和高水平区（3 895.006-10 504.776元/人）。

3.2.1.2　农村金融资源配置中的金融机构维度

中国人均涉农贷款额在样本期整体呈增长趋势，仅在 2015—2017 年有小幅下降，从 2000 年的 2 935.480 元/人提升至 2019 年的 13 546.082 元/人，年均增长率为 8.38%。中国人均农业保险投保额在样本期内先小幅下降后逐步提升，从 2000 年的 1.183 元/人提升至 2019 年的 28.936 元/人，年均增长率为 18.33%，在各类农村金融资源提升速度最快。农村居民人均涉农贷款额和人均农业保险投保额的时序演变特征详见图 3-2，各省份人均涉农贷款额和人均农业保险投保额年均增速及排名情况详见附表 2。

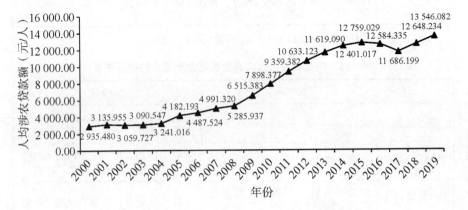

（a）2000—2019 年间农村居民人均涉农贷款额时序演变图

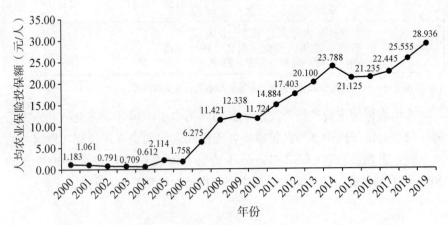

（b）2000—2019 年间农村居民人均农业保险投保额时序演变图

图 3-2　2000—2019 年间金融机构渠道配置农村金融资源的时序演变图

数据来源：根据《中国农村统计年鉴》、Economy Prediction System（EPS）区域经济数据库计算整理所得。

人均涉农贷款高水平区省份趋向中国沿海地区以及西北内陆地区,并逐步向中部和西南地区扩散;各省份间人均涉农贷款水平在空间上始终呈现正自相关性。Global Moran's I 检验见附表 4,人均涉农贷款额的空间分布见表 3-5①。

表 3-5　中国各省份人均涉农贷款额的时空演变

	2000 年	2019 年
高水平区	浙江	新疆、青海、宁夏、内蒙古、山西、北京、天津、山东、江苏、浙江、福建、湖北
次高水平区	吉林、北京	黑龙江、吉林、辽宁、河北、甘肃、陕西、安徽、江西、贵州、广西、上海
中水平区	江苏、天津	河南、四川、重庆、湖南、云南、广东
次低水平区	黑龙江、辽宁、山西、山东、宁夏、新疆、福建、广东、广西	海南
低水平区	内蒙古、甘肃、青海、陕西、河北、河南、安徽、江西、湖北、湖南、重庆、云南、贵州、四川、海南、上海	无

数据来源:根据《中国农村统计年鉴》、EPS 区域经济数据库计算整理所得。

人均农业保险投保额高水平区省份趋向集中中国北部地区省份,呈现自北部边境省份向东南沿海省份递减的阶梯状分布特征,各省份间人均农业保险投保额在空间上始终呈现正自相关性。人均农业保险投保额的时空演变见表 3-6②,Global Moran's I 检验见附表 4。

---

① 基于分位数分段法将 2000—2019 年间各省份人均涉农贷款额划分为五个配置水平区,从低到高依次为:低水平区(0.001~2 061.582 元/人)、次低水平区(2 061.583~4 527.171 元/人)、中等水平区(4 527.172~8 541.239 元/人)、次高水平区(8 541.240~13 327.087 元/人)和高水平区(13 327.088~34 005.474 元/人)。

② 基于分位数分段法将 2000—2019 年间各省份人均农业保险投保额划分为五个配置水平区,从低到高依次为:低水平区(0.001~0.135 元/人)、次低水平区(0.136~1.396 元/人)、中等水平区(1.397~9.669 元/人)、次高水平区(9.670~20.757 元/人)和高水平区(20.758~93.073 元/人)。

表 3-6 中国各省份人均农业保险投保额的时空演变

	2000 年	2019 年
高水平区	无	新疆、青海、宁夏、内蒙古、甘肃、陕西、河北、北京、天津、黑龙江、吉林、辽宁、上海、广西、海南
次高水平区	新疆	山西、山东、河南、江苏、安徽、湖北、重庆、四川、贵州、湖南、江西、广东
中水平区	云南、吉林	浙江、福建、云南
次低水平区	黑龙江、辽宁、北京、天津、甘肃、宁夏、陕西、湖北、江苏、上海、浙江、福建、湖南、广西、广东、海南	无
低水平区	内蒙古、山西、河北、山东、河南、安徽、江西、青海、四川、重庆、贵州	无

数据来源：根据 EPS 区域经济数据库、《区域金融运行报告》原始数据计算整理所得。

3.2.1.3 农村金融资源配置中的其他维度

农村金融机构密度和农村金融机构从业人员密度在样本期内先小幅提升后下降，之后逐步提升。其中，农村金融机构密度从 2000 年的 1.203 个/万人提升至 2019 年的 1.647 个/万人，年均增长率为 1.67%，在各类农村金融资源中提升速度最慢；从业人员密度从 2000 年的 9.334 人/万人提升至 2019 年的 21.433 人/万人，年均增长率为 4.47%。农村金融机构密度和从业人员密度的时序演变特征详见图 3-3，中国各省份农村金融机构密度和从业人员密度年均增速及排名情况详见附表 3。

（a）2000—2019年间中国整体农村金融机构密度时序演变图

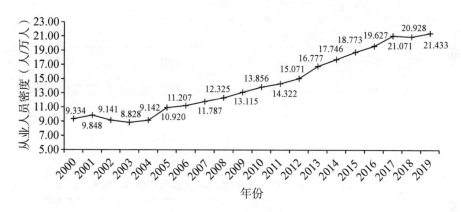

（b）2000—2019年间中国整体农村金融机构从业人员密度时序演变图

图3-3　中国各省份农村金融机构密度及从业人员密度时序演变图

数据来源：根据《区域金融运行报告》原始数据计算整理所得。

农村金融机构网点密度高水平区省份趋向集中于中国北部地区省份，最终形成以湖北为中心、周边逐级提升的阶梯状分布特征。农村金融机构网点密度在空间上始终呈现正自相关性，且波动提升。表3-7为各省份的农村金融机构网点密度的时空演变①，Global Moran's I检验见附表4。

---

① 基于分位数分段法将各省份的农村金融机构网点密度划分为五个配置水平区，从低到高依次为：低水平区（0.001-0.908个/万人）、次低水平区（0.909-1.157个/万人）、中等水平区（1.158-1.392个/万人）、次高水平区（1.393-1.768个/万人）和高水平区（1.769-4.888个/万人）。

表 3-7　中国各省份农村金融机构网点密度的时空演变

	2000 年	2019 年
高水平区	内蒙古、吉林、北京、广西	内蒙古、吉林、辽宁、北京、天津、山西、陕西、宁夏、重庆、上海、浙江、广东、
次高水平区	山西、广东、浙江	河北、山东、江苏、福建、湖南、贵州、四川、青海、甘肃、
中水平区	辽宁、甘肃	黑龙江、河南、安徽、江西、广西
次低水平区	河北、陕西、青海、四川、重庆、江西、湖南、福建、天津、宁夏	新疆、湖北、云南
低水平区	黑龙江、新疆、山东、河南、江苏、湖北、安徽、贵州、云南、上海、海南	海南

数据来源：根据《区域金融运行报告》原始数据计算整理所得。

　　农村金融机构从业人员密度高水平区省份趋向集中中国西部和东部地区，形成中部塌陷的空间分布特征，从业人员密度在空间上始终呈现正自相关性且波动提升。从业人员密度的时空演变见表 3-8[①]，Global Moran's I 检验见附表 4。

表 3-8　中国各省份农村金融机构从业人员密度时空演变

	2000 年	2019 年
高水平区	吉林	吉林、辽宁、北京、浙江、上海、广东、内蒙古、江苏、海南、天津、宁夏、山西
次高水平区	广西、浙江、北京	黑龙江、河北、山东、陕西、甘肃、青海、四川、重庆、贵州、江西、福建
中水平区	内蒙古、山西、广东	新疆、河南、安徽、湖北、湖南、广西
次低水平区	宁夏、湖北、天津、黑龙江、辽宁	云南

---

　　① 基于分位数分段法将从业人员密度划分为五个配置水平区，从低到高依次为：低水平区（0.001—7.627 人/万人）、次低水平区（7.628—10.807 人/万人）、中等水平区（10.808—14.646 人/万人）、次高水平区（14.647—20.741 人/万人）和高水平区（20.742—47.818 个/万人）。

表3-8(续)

	2000 年	2019 年
低水平区	新疆、甘肃、青海、陕西、河北、山东、江苏、河南、安徽、四川、重庆、云南、贵州、江西、湖南、福建、海南、上海	无

数据来源：根据《区域金融运行报告》原始数据计算整理所得。

3.2.2 农村金融资源配置水平的测度结果

基于全局熵值法和变异系数法综合赋权后计算农村金融资源配置各项指标的组合权重见表3-9。

表 3-9　农村金融资源配置水平指标体系权重

目标层	准则层 1	权重	准则层 2	权重	基础指标	组合赋权
农村金融资源配置	货币资金	0.849	财政渠道	0.373	财政支农投入（f_1）	0.199
					农村固定资产投资（f_2）	0.174
			金融机构渠道	0.476	农村金融机构贷款额（f_3）	0.163
					农业保险投保情况（f_4）	0.312
	非货币资金	0.151	组织机构	0.062	农村金融机构密度（f_5）	0.062
			人力资源	0.089	农村金融机构从业人员密度（f_6）	0.089

数据来源：基于原始数据计算整理所得。

货币资金型金融资源在农村金融资源配置水平测度中占较大权重。货币资金型金融资源权重为 0.849，其中财政渠道配置资源权重为 0.373，金融机构渠道配置资源权重略高于财政渠道，为 0.476。基础指标中农业保险投保情况（f_4）占比最大，所占权重为 0.312，这是由于 f_4 在样本期内在各类农村金融资源提升速度最快，其数据的离散度和变异程度均较大，致使其所占权重较高；其次为财政支农投入（f_1），占比 0.199，与唐青生和周明怡（2009）使用主成分分析法所得权重排序基本一致，大部分省市农村经济的发展对财政支出依赖程度较高。非货币资金型金融资源权重为 0.151，其中人力资源权重高于组织机构，分别为 0.089 和 0.062。

基于组合权重结果，分别计算 2000—2019 年中国 30 个省份的农村金融资源配置水平，部分样本年份的计算结果见表 3-10。样本期间全国农村金融资源配置水平的均值不断提升，从 2000 年的 0.059 提升至 2019 年的

0.293，年均增长 6.76%，增速排名为 26，说明样本期间大多数省份的农村金融资源配置水平均保持较高速增长，但有个别省份出现极度低速增长的情况。

表 3-10　中国各省份部分样本各年份农村金融资源配置水平的测度结果

省份	2000 年	2005 年	2010 年	2015 年	2019 年	年均增速（%）	排名
北京	0.161	0.283	0.535	0.615	0.559	6.76	26
天津	0.071	0.159	0.250	0.449	0.443	10.13	15
河北	0.044	0.054	0.117	0.226	0.242	9.34	21
山西	0.050	0.071	0.125	0.237	0.258	9.02	23
内蒙古	0.063	0.081	0.337	0.535	0.497	11.47	7
辽宁	0.058	0.102	0.160	0.291	0.243	7.85	25
吉林	0.269	0.089	0.219	0.239	0.281	0.22	30
黑龙江	0.043	0.068	0.171	0.270	0.293	10.57	12
上海	0.036	0.452	0.418	0.409	0.394	13.50	3
江苏	0.061	0.100	0.233	0.367	0.379	10.11	16
浙江	0.162	0.210	0.350	0.436	0.386	4.66	29
安徽	0.023	0.028	0.109	0.176	0.196	11.81	6
福建	0.052	0.066	0.144	0.283	0.309	9.80	19
江西	0.033	0.044	0.112	0.186	0.209	10.24	14
山东	0.041	0.116	0.178	0.315	0.318	11.42	9
河南	0.028	0.036	0.072	0.168	0.210	11.10	11
湖北	0.032	0.037	0.093	0.227	0.247	11.32	10
湖南	0.032	0.046	0.100	0.170	0.189	9.89	18
广东	0.075	0.097	0.147	0.216	0.202	5.38	28
广西	0.083	0.029	0.084	0.174	0.234	5.61	27
海南	0.022	0.030	0.038	0.085	0.144	10.32	13
重庆	0.031	0.046	0.086	0.157	0.173	9.52	20
四川	0.031	0.041	0.117	0.185	0.191	10.07	17
贵州	0.015	0.021	0.057	0.127	0.191	14.34	2

表3-10(续)

省份	2000年	2005年	2010年	2015年	2019年	年均增速（%）	排名
云南	0.027	0.029	0.070	0.117	0.134	8.74	24
陕西	0.032	0.044	0.097	0.205	0.276	11.93	5
甘肃	0.027	0.033	0.077	0.172	0.212	11.47	8
青海	0.032	0.048	0.148	0.298	0.471	15.29	1
宁夏	0.048	0.069	0.185	0.371	0.461	12.67	4
新疆	0.085	0.078	0.232	0.358	0.452	9.19	22
均值	0.059	0.087	0.169	0.269	0.293	6.76	26

数据来源：基于原始数据计算整理所得。

3.2.3　农村金融资源配置水平的时序演变特征

第一，中国农村金融资源配置水平在样本期内经历了平稳演进到快速增长的演变过程。农村金融资源配置水平从2000年的0.059提升至2019年的0.293，年均增长率为8.80%。具体来看，农村金融资源配置水平的时序演变可划分为两个阶段，第一阶段为2000—2004年，该阶段农村金融资源配置水平相对较低，在0.058-0.063之间小幅波动，为样本期内农村金融资源配置水平最低的时期。第二阶段为2004—2019年，该阶段农村金融资源配置水平实现较快提升，尤其以2004—2014年提升最快，自2004年的0.063提升至2014年的0.266，年均增速达15.49%。2019年农村金融资源配置水平达到样本期内最高值0.293。农村金融资源配置水平的时序演变特征详见图3-4。

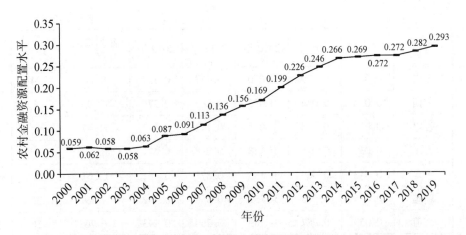

图 3-4 2000—2019 年间中国整体农村金融资源配置水平时序演变图

数据来源：基于原始数据计算整理所得。

第二，样本期内以青海、贵州、上海、宁夏和陕西农村金融资源配置水平的年均增速位居全国前 5 位，除上海外均为西北地区省份。其中青海年均增速最高，为 15.29%；吉林的农村金融资源配置水平年均增速最低，为 0.22%，远低于其他省份。中国各省份农村金融资源配置水平年均增速及排名情况详见表 3-10。

第三，各省份之间农村金融资源配置水平差距逐步扩大，样本期内曲线主峰波峰高度波动降低，且至 2019 年逐渐出现"双峰"。高值区省份配置水平和数量占比均提升，曲线右侧拖尾呈现加长、变厚趋势，这在一定程度表明配置水平较高省份的配置水平仍在提升，且省份数量增多。根据非参数核密度估计计算公式，本书使用 Stata17 软件绘制 2000 年、2005 年、2010 年、2015 年和 2019 年各省份农村金融资源配置水平的核密度曲线，见图 3-5。

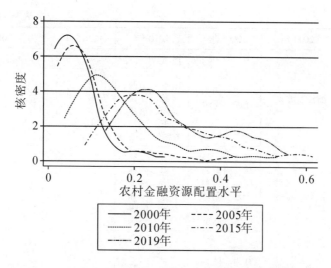

图 3-5　各省份农村金融资源配置水平时序动态演进特征

数据来源：基于原始数据计算整理所得。

3.2.4　农村金融资源配置水平的空间演变特征

为详细探讨中国农村金融资源配置的时空演变特征，表 3-11①报告了样本期间 5 个关键年份各省份农村金融资源配置水平的情况。

表 3-11　2000—2019 年间中国整体农村金融资源配置水平时空演变

	2000 年	2005 年	2010 年	2015 年	2019 年
高水平区	无	北京、上海	内蒙古、北京、上海、浙江	内蒙古、辽宁、北京、天津、山东、江苏、上海、浙江、福建、青海、新疆、宁夏	黑龙江、内蒙古、北京、天津、山东、江苏、上海、浙江、福建、青海、新疆、宁夏
次高水平区	吉林	浙江	吉林、天津、江苏、新疆	黑龙江、吉林、河北、山西、陕西、湖北、广东	吉林、辽宁、河北、河南、山西、陕西、湖北、湖南、安徽、江西、广东、广西、甘肃、四川、贵州

---

① 基于分位数分段法将 2000—2019 年间各省份的农村金融资源配置水平划分为五个配置水平区，从低到高依次为：低水平区（0.001-0.046）、次低水平区（0.047-0.097）、中等水平区（0.098-0.185）、次高水平区（0.186-0.281）和高水平区（0.282-0.615）。

表3-11(续)

	2000 年	2005 年	2010 年	2015 年	2019 年
中水平区	浙江、北京	辽宁、山东、江苏、天津	黑龙江、辽宁、河北、山东、山西、安徽、江西、湖南、福建、广东、四川、青海、宁夏	重庆、云南、甘肃、河南、安徽、四川、湖南、江西、贵州、广西	重庆、云南、海南
次低水平区	内蒙古、新疆、宁夏、山西、天津、江苏、福建、广东、广西、辽宁	黑龙江、吉林、内蒙古、河北、山西、宁夏、新疆、青海、重庆、福建、广东	甘肃、陕西、河南、湖北、重庆、贵州、云南、广西	海南	无
低水平区	黑龙江、河北、山东、河南、陕西、甘肃、青海、四川、重庆、湖北、安徽、江西、贵州、云南、海南、上海	甘肃、陕西、河南、安徽、湖北、四川、湖南、江西、贵州、云南、广西、海南	海南	无	无

数据来源：基于原始数据计算整理所得。

表中结果显示中国农村金融资源配置存在以下特征：

其一，高水平区省份趋向集中于中国北部边境省份及东部沿海省份，呈现自沿海地区、北部边境地区向西南内陆地区等级递减的阶梯状分布特征。从各年份特征来看，2000 年呈现以吉林、北京和浙江为顶点，自北部边境省份及沿海地区省份向中西部内陆省份递减的空间分布特征。吉林、北京和浙江的农村金融资源配置水平分别为 0.269，0.161 和 0.162。低水平区连片分布于中国中部和西部大部分省份，占总样本的 56.67%。2005 年仍呈现自北部边境省份及沿海地区省份向中西部内陆省份递减的空间分布特征，形成北京和上海两个高水平区，农村金融资源配置水平分别为 0.283 和 0.452。次高水平区和中等水平区省份均邻接高水平区省份分布，包含上海周边的浙江和江苏、北京周边的辽宁、山东和天津。次低水平区向北部边境地区及沿海地区省份及部分内陆省份扩散。低水平区仍在中西部大部分省份，呈连片分布。2010 年高水平区省份进一步扩展，农村金融资源配置水平自沿海地区、北部边境地区向中西部内陆地区递减，形成等级邻接式的阶梯状分布特征。与此同时，与高水平区邻近的吉林、江苏、天津以及新疆提升至次高水平区。中等水平区则多与次高水平区和高水平区省份邻近，呈连片分布，占总样本的43.33%。2015年自沿海地区、北部边境地区向中西部内陆地区等级递减的阶梯状分布特征更加明显，另外，高水平区省份数量居多，占总样本的40.00%。2019年次高水平区省份提升至15个，占总样本的50%，除了云南、海南和重庆，均为次高水平区省份。

其二，各省份之间农村金融资源配置水平在空间上始终呈现正自相关性，且Global Moran's I波动提升，从2000年的0.239提升至2019年的0.466，2004年到2005年指数波动幅度最大，从0.259到0.498，全局以2017年达到最高峰值0.512，2005—2019年指数波动幅度较为均衡，见图3-6。农村金融资源配置水平存在较强的空间正自相关性。

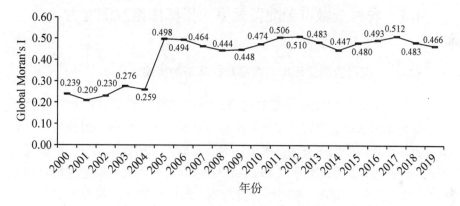

图3-6　2000—2019年间农村金融资源配置水平Global Moran's I变化图
数据来源：基于原始数据计算整理所得。

4 农村金融资源配置效率的时空演变特征分析

4.1 农村金融资源配置效率的指标体系及测度方法

4.1.1 农村金融资源配置效率指标体系的构建

农村金融资源配置效率是农村金融改革成效是否显著的重要评价标准，准确刻画农村金融资源配置效率整体情况、所处阶段和时空特征能为提升资源配置效率明晰方向。本书借鉴《政府主导的农业信贷、财政支农模式的经济效应》《改革开放 40 周年中国农村金融制度的演进逻辑》研究（温涛和熊德平，2008；李明贤和向忠德，2011）构建农村金融资源配置效率评价指标体系，涵盖组织机构、人力资源（李明贤和向忠德，2011）与货币资金（温涛和熊德平，2008）三类农村金融资源，综合测度农村金融资源配置效率，详见表 4-1。

其中，本书以各省份农村金融机构密度衡量组织机构投入情况；以农村金融机构从业人员密度代表与金融业直接相关的人力资源投入情况。农村金融资源的资金投入指标是各主体的投入，包含农村地区的财政支农、农业信贷投入、农户自主固定资产投资以及农业保险（温涛和熊德平，2008）。农村金融资源配置旨在满足农村经济社会发展的金融需求（温涛和熊德平，2008；李明贤和向忠德，2011），因此从农村经济发展（人均农业 GDP）、社会发展（城镇化率）以及居民生活（农民收入和恩格尔系数）三方面表征农村金融资源的产出情况。若一个地区农村金融资源配置有效率，则金融资源投放地区的经济社会由于得到有效的金融支持而发展良好；反之，则农村金融资源未能有效发挥对农村经济、社会发展的促进作用，农村地区会因金融抑制而发展缓慢（李明贤和向忠德，2011）。

表 4-1　农村金融资源配置效率评价指标体系

类别	评价指标	指标说明	变量名
投入变量	组织机构	农村金融机构密度（个/万人）	T1
	人力资源	农村金融机构从业人员密度（人/万人）	T2
	货币资金	政府财政支农支出人均值（元/人）	T3
		农村人均固定资产投资（元/人）	T4
		农村人均金融机构贷款①（元/人）	T5
		人均农业保险保费（元/人）	T6
产出变量	经济发展	人均农业 GDP（元/人）	C1
	社会发展	城镇化率（%）	C2
	居民生活	1-恩格尔系数（%）②	C3
		农村居民人均可支配收入（元/人）	C4

4.1.2　农村金融资源配置效率的测度方法

本书采用超效率 SBM 模型测度农村金融资源配置静态效率。非径向 SBM 模型将松弛变量直接纳入目标函数之中，避免径向和角度选择差异所造成的偏误，有效解决存在松弛变量时径向 DEA 模型高估效率值的问题，即 SBM 所测得的效率值为满效率的（Tone，2001）。在传统 SBM 模型基础上，超效率 SBM 模型（Tone，2002）能够进一步将效率值为 1 的有效决策单元进行再分解，避免有效决策单元信息的损失，更适用于各省份之间效率值的横向比较。因此，本书构建非导向超效率 SBM 模型，测度产出既定条件下农村金融资源配置静态效率，详见下式③：

---

① 由于涉及农业贷款的统计口径在 2009 年发生变化，因此本书 2005—2008 年使用农业贷款/乡村人口作为农村人均金融机构贷款指标，在 2009—2015 年使用涉农贷款/乡村人口作为农村人均金融机构贷款指标。

② 借鉴李明贤和向忠德（2011）的研究，将恩格尔系数进行正向化处理，以反映居民生活质量。

③ 由于本书中不涉及非期望产出，故公式和约束条件中未包含非期望产出的部分。

$$\rho = min \frac{1 + \frac{1}{m}\sum_{i=1}^{m}(s_i^-/x_{ik})}{1 - \frac{1}{q}\sum_{r=1}^{q}(s_i^+/y_{rk})}$$

$$s.\ t. \begin{cases} x_{ik} \geq \sum_{j=1,\ \neq k}^{n} x_{ij}\lambda_j - s_i^- \\ y_{ik} \leq \sum_{j=1,\ \neq k}^{n} y_{rj}\lambda_j + s_i^+ \\ \lambda_j,\ s_i^-,\ s_i^+ \geq 0 \end{cases} \qquad (4-1)$$

式中 ρ 为农村金融资源配置超效率值，当 $\rho>1$ 时，表明农村金融资源配置有效，值越大表明配置效率高，农村金融资源配置合理。λ 代表投入产出权重，x_{ik} 和 y_{rk} 分别代表第 i 种投入要素和第 r 种产出要素投入向量和产出向量；s_i^- 代表投入松弛变量；s_i^+ 代表产出松弛变量。模型中共有 n 个决策单元，每个决策单元由 m 项投入和 q 项产出组成，$i = 1, 2, \cdots, m$ ；$r = 1, 2, \cdots, q$ ；$j = 1, 2, \cdots, n$ 且 $j \neq k$，本书取 $n = 30$，$m = 6$，$q = 4$。

Malmquist 全要素生产率模型考察了不同时期效率和技术的相对变化，该部分借此衡量农村金融资源配置动态效率。本书以中国各省份为决策单元，观察两个时期全要素生产率增长的 Malmquist 指数，同时可以得到技术效率的变化（EC）和技术进步率的变化（TC）。从 t 到 $t + 1$ 时期的农村金融资源配置动态效率 MI 为：

$$MI(x^{t+1},\ y^{t+1},\ x^t,\ y^t) = \sqrt{\frac{E_i^t(x^{t+1},\ y^{t+1})}{E_i^t(x^t,\ y^t)}\frac{E_i^{t+1}(x^{t+1},\ y^{t+1})}{E_i^{t+1}(x^t,\ y^t)}} \qquad (4-2)$$
$$= EC \times TC$$

其中，在第 t 期 $(x^t,\ y^t)$ 的距离函数为 $E_i^t(x^t,\ y^t)$，在 t 期 $(x^{t+1},\ y^{t+1})$ 的距离函数为 $E_i^t(x^{t+1},\ y^{t+1})$，同理，在第 $t + 1$ 期 $(x^t,\ y^t)$ 和 $(x^{t+1},\ y^{t+1})$ 的距离函数分别为 $E_i^{t+1}(x^t,\ y^t)$ 和 $E_i^{t+1}(x^{t+1},\ y^{t+1})$，$i = 1, 2, \cdots, n$，为决策单元。$t$ 到 $t + 1$ 时期农村金融资源配置技术效率变动为：

$$EC = \frac{E_i^{t+1}(x^{t+1},\ y^{t+1})}{E_i^t(x^t,\ y^t)} \qquad (4-3)$$

t 到 $t + 1$ 时期前沿面的移动表示农村金融资源配置技术进步率的变化，即：

$$TC = \sqrt{\frac{E_i^t(x^t, \ y^t)}{E_i^{t+1}(x^t, \ y^t)} \frac{E_i^t(x^{t+1}, \ y^{t+1})}{E_i^{t+1}(x^{t+1}, \ y^{t+1})}} \qquad (4-4)$$

当 $MI > 1$，表示农村金融资源配置动态效率增长，$MI < 1$ 则表示农村金融资源配置动态效率降低，$MI = 1$ 则表示动态效率在该时期内保持不变。其中 MI 可分解为 EC（综合技术效率）和 TC（技术进步）。若 $EC > 1$，则技术效率上升，若 $TC > 1$，则表示为技术进步。

4.1.3 农村金融资源配置效率的时空演变特征分析方法

本书通过非参数核密度估计考察各省份 2000—2019 年农村金融资源配置效率的动态演进特征；空间探索性分析方法对农村金融资源配置效率的时空演变特征及空间相关性进行研究，与第三章农村金融资源配置水平时空演变特征的研究方法一致，不再赘述。

4.2 农村金融资源静态配置效率的时空演变特征

4.2.1 农村金融资源静态配置效率的时序演变特征

基于超效率 SBM 模型测度的农村金融资源静态配置效率，其在时序演变中呈现如下特征：

一是农村金融资源整体处于低效率配置状态，且静态配置效率波动降低，规模效率制约农村金融资源静态配置效率提升。图 4-1 为 2000—2019 年中国 30 个省份农村金融资源配置静态效率均值、纯技术效率及规模效率均值的时序演变图，样本期内静态效率均值均低于 1，各省份综合效率均值自 2000 年的 0.882 下降至样本末期的 0.340，静态效率的时序演变可划分为三个阶段，第一阶段为 2000—2004 年，该阶段静态效率除在 2000—2001 年大幅降低外，其余各年份效率值稳定在 0.800 左右，这与温涛和熊德平（2008）对 2001—2005 年农村资金配置技术效率的测度结果基本一致。第二阶段（2004—2013 年）静态效率持续下降，从 2004 年的 0.804 下降至 2013 年的 0.364。第三阶段（2013—2019 年）静态效率保持基本稳定在 0.340~0.364 之间。从配置效率的分解结果来看，农村金融资源配置效率主要受规模效率的影响，规模效率与配置效率的时序演变趋势相一致。已有研究表明，由于农村资金投入规模与农村经济社会发展状况并不适应，导致农村资金配置的规模效率不断下降（温涛和熊德平，2008），由此制约农村金融资源配置效率的提升。

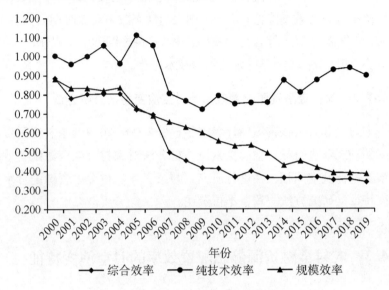

图 4-1　农村金融资源静态配置效率均值

数据来源：基于原始数据计算整理所得。

二是各省份间农村金融资源静态配置效率差异趋于缩小，且高效率省份数量占比降低。2000 年、2005 年、2010 年、2015 年和 2019 年各省份农村金融资源静态配置效率核密度曲线图见图 4-2。核密度曲线形状总体上由 2000 年的双峰分布演变为单峰分布，波峰高度逐步增高，波峰形态由扁平状态趋向陡峭状态演进，农村金融资源配置静态效率两极分化现象减弱，各省份间静态配置效率差异趋于缩小，效率值分布越来越集中，地区间非均质性有所减缓。核密度曲线左侧拖尾逐渐缩短，右侧拖尾加长并降薄，这在一定程度表明配置效率较高省份的效率值虽提升，但省份数量占比降低。

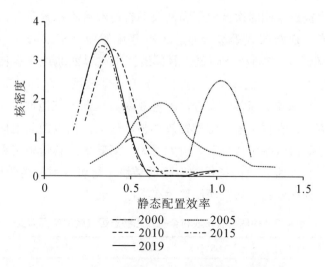

图 4-2 农村金融资源静态配置效率时序动态演进

数据来源：基于原始数据计算整理所得。

4.2.2 农村金融资源静态配置效率的空间演变特征

农村金融资源静态配置效率空间分布格局先呈现中部高效率区连片分布特征，后扩散为多极点分布，并逐步演化为"南高西北低"的空间分布特征。本书绘制 2000 年、2005 年、2010 年、2015 年及 2019 年各省份农村金融资源配置静态效率分布表（表 4-2①）以进一步分析静态配置效率的空间演变特征。

具体来看，2000 年高效率区（19 个）呈现连片分布，以河南等中部省份向外扩散至四川、重庆、贵州、甘肃、青海等西部地区和北部地区，以河南效率值最高为 1.206，北京、吉林和浙江为次低效率区。2005 年高效率区省份数量骤减至 6 个，由连片分布演变为三极点分布，分别为中部的河南和安徽、西南的贵州以及北部的甘肃和内蒙古等极点，并与其他省份形成等级跳跃，贵州以 1.342 的效率值位居第一位，上海则降至低效率区，效率值为 0.262。2010 年和 2015 年单极点特征凸显，分别以海南和湖

---

① 鉴于现有研究中多以效率值高于 1 对金融资源配置有效性进行判断（温涛和熊德平，2008），但对效率等级无明确划分。本书借鉴孟雪等（2020）对于生态绩效 SBM 超效率值的等级划分，将农村金融资源配置效率分为五个等级：高效率（$\rho \geqslant 1.000$）、次高效率（$0.800 \leqslant \rho < 1.000$）、中等效率（$0.500 \leqslant \rho < 0.800$）、次低效率（$0.300 \leqslant \rho < 0.500$）和低效率（$0 < \rho < 0.300$）。

北为高效率极点，同时次低效率和低效率省份数量不断提升并形成连片分布，与极点呈现断层式等级分布。2019年配置效率仍以海南为极点，但"南高西北低"的空间特征凸显，北部地区中尤以西北地区省份配置效率多处于低效率区，次低效率区连片分布于南部地区、北部京冀及东北地区，山东、江苏和浙江等沿海省份配置效率值也低于其他地区，为低效率区。除海南外，农村金融资源配置效率整体偏低，尤以西北地区和部分东南沿海地区省份效率亟待提升。由此可见，高效率区省份由集聚到逐步分散且减少，且以西北地区省份效率降低最快，与唐青生和周明怡（2009）测度的西部地区农村金融资源配置效率结论一致。

表4-2 中国各省份农村金融资源静态配置效率空间演变

	2000年	2005年	2010年	2015年	2019年
高效率	海南、广西、贵州、湖南、江西、福建、四川、重庆、湖北、安徽、江苏、河南、青海、甘肃、山西、河北、内蒙古、黑龙江、上海	内蒙古、甘肃、河南、安徽、贵州、广西、	海南	湖北	海南
次高效率	陕西、山东	湖北、海南	无	无	无
中效率	云南、广东、新疆、辽宁、天津、宁夏	黑龙江、辽宁、河北、天津、山西、山东、陕西、江苏、新疆、青海、四川、重庆、湖南、江西、福建、广东、云南	广西、贵州、河南	海南	无
次低效率	浙江、吉林、北京	浙江、吉林、北京、宁夏	黑龙江、吉林、辽宁、天津、山东、江苏、新疆、青海、湖北、湖南、福建、云南、上海、河北、山西、陕西、甘肃、四川、重庆、安徽、江西、广东、	黑龙江、吉林、辽宁、山东、安徽、上海、海南、四川、重庆、广东、福建、河北、河南、江苏、新疆、云南、贵州、湖南、广西、	黑龙江、吉林、辽宁、北京、安徽、上海、四川、广西、江西、福建、河北、河南、湖北、重庆、湖南、广东、

表4-2(续)

	2000 年	2005 年	2010 年	2015 年	2019 年
低效率	无	上海	浙 江、宁 夏、内蒙古、北京	内蒙古、甘肃、青 海、宁 夏、陕 西、山 西、浙 江、北 京、天津	内蒙古、新疆、甘 肃、青 海、陕 西、宁 夏、山 西、山 东、江 苏、浙 江、贵 州、天津

数据来源：基于农村金融资源静态配置效率数据整理所得。

4.2.3 农村金融资源静态配置效率的空间关联特征

农村金融资源静态配置效率呈现全局空间自相关性，且由弱相关向强相关演变。表 4-3 中静态配置效率的 Global Moran's I 在 2000 年、2002 年、2004 年和 2005 年未通过显著性检验，之后各年份均显著为正，静态配置效率存在较强的空间正自相关性，本省份农村金融资源静态配置效率不仅会影响到邻近省份，而且也会受邻近省份的影响。Global Moran's I 从样本初期的 0.132 波动提升至 0.500 以上，空间正自相关性逐渐增强，效率相近的省份逐渐呈现连片分布。Local Moran's I_i 结果[①]显示，静态配置效率在局部范围内呈现显著的高—高型空间分布，2000 年的河北和湖北，2005 年的安徽、河南和贵州等，2010 年的海南，2015 年的湖北、海南和宁夏以及 2019 年的海南和宁夏等均呈现显著的高—高型空间分布，即自身与周边省份效率值均相对较高，空间差异小。

表 4-3　农村金融资源静态配置效率的全局空间自相关性分析

年份	*Global Moran's I*	Z-value	p-value
2000	0.132	1.554	0.120
2001	0.150*	1.712	0.087
2002	0.059	0.866	0.386
2003	0.177**	1.969	0.049
2004	0.085	1.103	0.270
2005	0.138	1.643	0.100

---

① 因篇幅受限，文中仅对检验结果进行描述。

表4-3(续)

年份	*Global Moran's I*	Z-value	p-value
2006	0.228**	2.506	0.012
2007	0.430***	4.789	0.000
2008	0.504***	6.207	0.000
2009	0.513***	7.149	0.000
2010	0.534***	7.240	0.000
2011	0.546***	6.161	0.000
2012	0.200***	4.365	0.000
2013	0.465***	5.161	0.000
2014	0.535***	6.150	0.000
2015	0.300***	3.888	0.000
2016	0.309***	3.933	0.000
2017	0.486***	5.519	0.000
2018	0.536***	8.340	0.000
2019	0.532***	8.714	0.000

注：基于农村金融资源静态配置效率，使用 Stata17 计算所得，*、**、*** 分别表示在10%、5% 和1%的水平上显著。

4.3 农村金融资源动态配置效率的时空演变特征

4.3.1 农村金融资源动态配置效率的时序演变特征

利用 Malmquist 全要素生产率模型对中国 2000—2019 年农村金融资源动态配置效率进行测算以及效率分解，得到表 4-4 的结果。

表 4-4 2000—2019 年农村金融资源动态配置效率及其分解结果

年份	动态配置效率	综合技术效率变化	技术进步变化
2000—2001 年	0.999	1.015	0.985

表4-4(续)

年份	动态配置效率	综合技术效率变化	技术进步变化
2001—2002 年	1.062	1.011	1.049
2002—2003 年	0.999	0.980	1.019
2003—2004 年	1.043	0.963	1.083
2004—2005 年	0.944	0.990	0.950
2005—2006 年	0.960	0.993	0.968
2006—2007 年	0.634	1.063	0.590
2007—2008 年	0.826	1.002	0.823
2008—2009 年	0.925	1.017	0.909
2009—2010 年	1.073	0.986	1.089
2010—2011 年	0.905	1.009	0.897
2011—2012 年	0.994	0.991	1.003
2012—2013 年	0.948	0.999	0.952
2013—2014 年	0.994	0.993	1.001
2014—2015 年	0.946	1.008	0.940
2015—2016 年	1.003	0.993	1.010
2016—2017 年	0.987	1.034	0.954
2017—2018 年	0.960	0.999	0.963
2018—2019 年	0.945	0.988	0.957
均值	0.955	1.002	0.955
年均增速	-0.29%	-0.14%	-0.15%

数据来源：基于原始数据使用 Malmquist 全要素生产率模型测度所得。

表 4-4 的结果显示农村金融资源动态配置效率在时序演变中呈现如下特征：

一是农村金融资源动态配置效率均值为 0.955，呈小幅波动递减；技术进步成为动态配置效率提升的主要驱动力。基于 Malmquist 模型，2000—2019 年间中国农村金融资源动态配置效率（TFP）及其效率分解详见表 4-4。动态配置效率仅在 2001—2002 年、2003—2004 年、2009—2010 年以及 2015—2016 年这四个时段内提升。动态配置效率、综合技术效率以及技术进步在样本期内波动递减，其中以动态配置效率年均变化最大，年均降低为-0.29%。技术进步指数与动态配置效率波动趋势基本一致，动态配置效率在2006—2007年骤降至0.634主要是由于技术进步指数降至0.590所致，制约动态配置效率的提升。综合技术效率变化在样本期内波动较小，且在8个时段内均高于1，均值为1.002，技术效率逐步优化提升。因此，农村金融资源动态配置效率提升的关键在于通过创新配置手段、改善配置制度等促进农村金融资源配置的技术进步。

二是各省份间农村金融资源动态配置效率差异趋于缩小，且高效率区省份的动态配置效率下降但省份数量占比提升。2000年、2005年、2010年、2015年和2019各省份农村金融资源动态配置效率核密度曲线图见图4-3。除了2010—2011年间波峰高度略有下降，整体核密度曲线主峰波峰高度逐步提升，各省份间动态配置效率差距显著缩小，且以2015—2019年间各省份动态配置效率差距缩小更快。核密度曲线由右侧长拖尾演变为拖尾缩短并显著抬厚，高值区省份动态配置效率虽下降但省份数量占比显著提升。

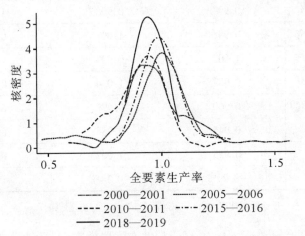

图4-3　农村金融资源动态配置效率时序动态演进

4.3.2　农村金融资源动态配置效率的空间演变特征

农村金融资源动态配置效率在空间分布上由以河南为"中心塌陷"逐步演变为高效率连片分布，最后形成新疆、内蒙古和四川三个高效率极点。2000—2001年、2005—2006年、2010—2011年、2015—2016年及

2018—2019 年各省份农村金融资源动态配置效率空间分布见表 4-5①。

表 4-5　中国各省份农村金融资源动态配置效率时空演变

	2000 年	2005 年	2010 年	2015 年	2019 年
高效率	内蒙古、吉林、辽宁、北京、天津、山西、甘肃、上海、贵州、云南、广东	黑龙江、辽宁、河北、江苏、上海、湖北、湖南、福建、海南、云南、四川、青海、新疆、宁夏	黑龙江、吉林、北京、江苏、江西	辽宁、北京、天津、山东、江苏、安徽、湖北、浙江、福建、广东、重庆、新疆、上海、宁夏	内蒙古、新疆、四川
次高效率	黑龙江、河北、山东、陕西、宁夏、青海、新疆、四川、重庆、湖北、安徽、江苏、浙江、福建、江西、湖南、广西、海南	吉林、北京、天津、山东、山西、河南、陕西、浙江、江西、广西、广东、重庆	辽宁、河北、天津、山东、安徽、浙江、湖北、广东、福建、云南、广西、青海、四川、宁夏、甘肃、新疆、上海	黑龙江、吉林、内蒙古、河北、山西、陕西、甘肃、河南、四川、贵州、云南、广西、江西、湖南、海南	黑龙江、吉林、辽宁、河北、北京、天津、山西、山东、陕西、宁夏、甘肃、青海、河南、江苏、安徽、上海、湖北、重庆、浙江、福建、江西、湖南、贵州、云南、广西、广东、海南
中效率	河南	甘肃、安徽、贵州	内蒙古、陕西、山西、河南、重庆、贵州、海南	青海	无
次低效率	无	内蒙古	无	无	无
低效率	无	无	无	无	无

数据来源：基于农村金融资源静态配置效率数据整理所得。

　　具体来看，2000—2001 年动态配置效率呈现以河南为"中心塌陷"的空间分布特征，高效率区省份多集中在北部和南部边境，包含内蒙古、吉林、辽宁、甘肃、云南和广东等 11 个省份，除了河南为中等效率，其余 18 个省份均为次高效率区。2005—2006 年动态配置效率呈现"多极塌陷"与高效率连片分布并存的空间分布特征，内蒙古和甘肃、贵州以及安徽为中等效率和次低效率，与周边省份形成明显塌陷；高效率省份数量增至 14 个，新疆、青海、四川和云南形成高效率分布带，其余高效率省份呈分散

---

　　① 与配置效率分类标准基本一致，本书将农村金融资源配置效率分为五个等级：高效率（$MI \geqslant 1.000$）、次高效率（$0.800 \leqslant MI < 1.000$）、中等效率（$0.500 \leqslant MI < 0.800$）、次低效率（$0.300 \leqslant MI < 0.500$）和低效率（$0 < MI < 0.300$）。

分布。2010—2011 年动态配置效率自北部向中西部省份形成塌陷带，呈现北京、吉林和黑龙江、江苏、江西四个高效率极点，高效率省份数量骤减至 5 个，60%的样本省份为次高效率。2015—2016 年高效率区连片分布于沿海地区并向邻近内陆省份拓展，高效率省份数量提升至 14 个，除青海为中等效率外，50%的样本省份均为次高效率。2019 年形成新疆、内蒙古和四川三个高效率极点，且与其余省份等级邻接，其余 27 个省份均为次高效率，省份间效率差距缩小，中西部省份以较快的增速提升动态配置效率，其中以河南年均增速最快，为 2.78%。

4.3.3 农村金融资源动态配置效率的空间关联特征

农村金融资源动态配置效率呈现全局空间正自相关性，相关性强度波动略有提升。表 4-6 中动态配置效率的 Global Moran's I 仅在 2003 年、2005 年、2007 年和 2012 年未通过显著性检验，之后各年份均显著为正，动态配置效率也存在较强的空间正自相关性，说明某省份动态配置效率与邻近省份动态配置效率呈正相关。Global Moran's I 在样本期内波动变化，其中以 2017—2018 年空间自相关性强度最大，为 0.428。Local Moran's I_i 结果[①]显示，动态配置效率在局部范围内呈现显著的高—高型空间分布，包含 2000—2001 年的山西、内蒙古和辽宁，2005—2006 年的内蒙古、海南及甘肃，2010—2011 年的北京、山西等，2015—2016 年的上海、安徽，2018—2019 年的京津、四川、甘肃、青海和新疆等。高—高型空间分布中以中西部省份偏多，自身与周边省份效率值空间差异小。

表 4-6 农村金融资源动态配置效率的全局空间自相关性分析

时段	Global Moran's I	Z 值	p-value
2000—2001	0.267 ***	3.001	0.003
2001—2002	0.357 ***	3.791	0.000
2002—2003	0.271 ***	2.990	0.003
2003—2004	0.082	1.435	0.151
2004—2005	0.191 **	2.455	0.014
2005—2006	0.124	1.552	0.121

---

① 因篇幅受限，文中仅对检验结果进行描述。

表4-6(续)

时段	*Global Moran's I*	Z值	p-value
2006—2007	0. 187 **	2. 054	0. 040
2007—2008	0. 095	1. 229	0. 219
2008—2009	0. 181 **	2. 096	0. 036
2009—2010	0. 177 ***	3. 151	0. 002
2010—2011	0. 326 ***	3. 547	0. 000
2011—2012	0. 230 ***	6. 167	0. 000
2012—2013	0. 050	0. 924	0. 355
2013—2014	0. 283 ***	3. 242	0. 001
2014—2015	0. 214 **	2. 463	0. 014
2015—2016	0. 234 ***	2. 663	0. 008
2016—2017	0. 333 ***	3. 575	0. 000
2017—2018	0. 428 ***	4. 381	0. 000
2018—2019	0. 293 ***	3. 111	0. 002

注：基于农村金融资源动态配置效率，使用 Stata17 计算所得，*、**、*** 分别表示在 10%、5% 和 1%的水平上显著。

5 农民福利的时空演变特征分析

5.1 农民福利的指标体系及测度方法

5.1.1 农民福利指标体系的构建

农民福利内涵丰富，在已有的文献中可选取的衡量指标诸多，本书以森（2002）的可行能力理论为福利体系的构建框架，借鉴已有文献，从收入水平、消费水平、城乡居民收入差距、城乡居民消费差距以及农民生活质量水平五个方面构建农民福利水平评价体系，详见表5-1。同时，本书在选取具体衡量指标时，除了考虑指标本身的解释力，还特别考虑了数据的可获得性、完整性和统计口径的一致连续性。

表5-1 农民福利水平评价指标体系

评价指标	说明	变量名	指标性质
收入水平	农民人均可支配收入（元/人）	w_1	正向
城乡收入差距	城乡居民可支配收入比，农村居民收入水平等于1	w_2	负向
消费水平	农民人均生活消费支出（元/人）	w_3	正向
城乡消费差距	城乡居民生活消费支出之比，农村居民生活消费水平等于1	w_4	负向
生活质量水平	农民恩格尔系数	w_5	负向

5.1.2 农民福利的测度方法

本书借鉴金融包容性指标（Index of Financial Inclusion，IFI）的构建方

法（Sarma，2008）测度农民福利综合指数。将农村居民收入水平 w_1、消费水平 w_2、城乡收入差距 w_3、城乡消费差距 w_4 及生活质量水平 w_5 五项经济福利评价指标置于三维笛卡尔空间内，其中，三维分别代表收入、消费和生活质量，坐标点（0，0，0）为最糟糕坐标点，表明福利水平最差；坐标点（1，1，1）为最理想坐标点，表明福利水平最好，达到理想状态。

使用极值标准化法对经济福利各项指标进行无量纲化处理。w_1、w_3 属于正向指标，按照式（5-1）进行处理；w_2、w_4 及 w_5 为逆向指标；按照式（5-2）进行标准化处理。由于收入和消费细分为两个子指标：收入维度包括农村居民收入水平和城乡收入差距；消费维度包含农村居民生活消费水平和城乡消费差距，因此需要对其子指标的标准化结果取算数平均数。为保证每一维度的取值在（0，1）之间，再次进行无量纲处理，得到收入 W_{INC}、消费 W_{COM} 及生活质量 W_{LIFE} 三个经济福利维度。

$$w_i' = \frac{w_i - \min\{w_i\}}{\max\{w_i\} - \min\{w_i\}} \tag{5-1}$$

$$w_i' = \frac{\max\{w_i\} - w_i}{\max\{w_i\} - \min\{w_i\}} \tag{5-2}$$

农村居民收入、消费及生活质量在衡量农民福利中同样重要，因此对收入 W_{INC}、消费 W_{COM} 及生活质量 W_{LIFE} 的权重均赋值为 1。标准化后的坐标点（W_{INC}，W_{COM}，W_{LIFE}）与最理想坐标点（1，1，1）之间欧几里得距离的剩余距离 $\left[1 - \sqrt{\dfrac{(1 - W_{INC})^2 + (1 - W_{COM})^2 + (1 - W_{LIFE})^2}{3}} \right]$ 即为所要衡量的福利水平 W，取值范围在（0，1）之间，值越接近于 1，表明经济福利水平越高。本书对经济福利指数 W 的构建基于对距离理想状态的衡量，符合综合指数的规范性、单调性、趋近性、均匀性以及指示性特征。

5.1.3 农民福利的时空演变特征分析方法

本书通过非参数核密度估计考察各省份 2000—2019 年农民福利水平的动态演进特征；空间探索性分析方法对农民福利水平的时空演变特征及空间相关性进行研究，与第三章农村金融资源配置水平时空演变特征的研究方法一致，不再赘述。

5.2 农民福利的时空演化特征

5.2.1 农民福利各维度时空演化特征

5.2.1.1 农民福利中的收入维度

中国农村居民家庭人均可支配收入在样本期内持续增长，从 2000 年的 2 436.255元提升至 2019 年的 16 802.420 元，年均增长率为 10.70%。中国城乡居民收入差距则在样本期内先增后降，收入差距从 2000 年的 2.729 降至 2019 年的 1.755，年均变化率为-2.30%，自 2009 年开始收入差距逐渐缩小。农村居民人均可支配收入和收入差距的时序演变特征详见图 5-1，中国各省份农村居民家庭人均可支配收入和城乡居民收入差距的年均增速及排名情况详见附表 5。

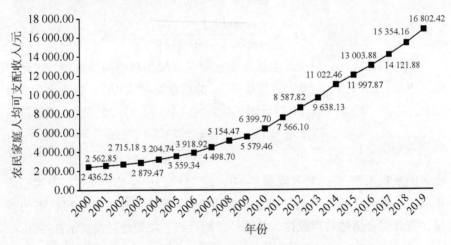

（a）2000—2019 年间中国农民家庭人均可支配收入时序演变图

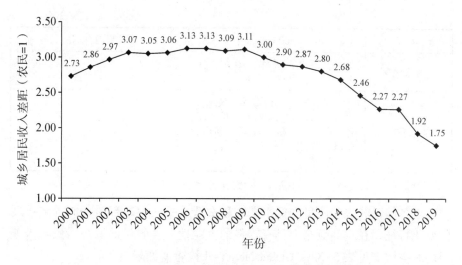

（b）2000—2019 年间中国城乡居民收入差距时序演变图

图 5-1　2000—2019 年农民收入维度的时序演变图

数据来源：根据《中国农村统计年鉴》原始数据平减处理所得。

农民人均可支配收入高水平区趋向集中于中国东部沿海地区及东北部地区，并呈现自东部向西部逐级递减的阶梯状空间分布特征；各省份间农民收入水平在空间上始终呈现强正自相关性，Global Moran's I 检验值见附表 7，中国各省份的农民家庭人均可支配收入的时空演变见表 5-2①。

表 5-2　2000—2019 年间中国农村居民家庭人均可支配收入时空演变

	2000 年	2019 年
高水平区	无	黑龙江、吉林、辽宁、北京、山东、浙江、上海、广东、江苏、天津、福建
次高水平区	无	内蒙古、河北、山西、河南、安徽、湖北、宁夏、四川、重庆、湖南、江西、广西、新疆、海南
中水平区	北京、浙江、上海	甘肃、青海、陕西、云南、贵州

---

① 基于分位数分段法将 2000—2019 年间各省份的农村居民家庭人均可支配收入划分为五个水平区，从低到高依次为：低水平区（0.001~2 261.808 元）、次低水平区（2 261.809~3 937.991 元）、中等水平区（3 937.992~5 654.218 元）、次高水平区（5 654.219~7 678.604 元）和高水平区（7 678.605~19 793.173 元）。

表5-2(续)

	2000 年	2019 年
次低水平区	辽宁、河北、天津、山东、江苏、湖北、福建、广东	无
低水平区	黑龙江、吉林、内蒙古、新疆、甘肃、宁夏、陕西、山西、河南、青海、安徽、江西、湖南、贵州、四川、重庆、云南、广西、海南	无

数据来源：根据《中国农村统计年鉴》中数据计算所得。

城乡居民收入差距呈现低水平区和次低水平区由东部沿海向内陆扩展的变化特征，在空间分布上具有较强的关联性。各省份的城乡居民收入差距的时空演变见表5-3①，Global Moran's I 检验值见附表7。

表5-3 2000—2019 年间中国城乡居民收入差距时空演变

	2000 年	2019 年
高水平区	新疆、陕西、云南、贵州	甘肃、陕西、贵州、云南
次高水平区	青海、甘肃、重庆、广西	内蒙古、山西、青海、广西、江西、宁夏、海南
中水平区	湖南、四川、宁夏	新疆、四川、重庆、广东、福建、安徽、山东
次低水平区	内蒙古、山西、山东、河南、湖北、广东、海南、安徽	辽宁、河北、河南、湖北、湖南、江苏、浙江
低水平区	黑龙江、吉林、辽宁、北京、天津、河北、江苏、上海、浙江、福建、江西	黑龙江、吉林、北京、天津、上海

数据来源：根据《中国农村统计年鉴》中数据计算所得。

5.2.1.2 农民福利中的消费维度

中国农民家庭人均生活消费支出在样本期内始终保持增长趋势，从2000 年的 1 771.171 元提升至 2019 年的 11 493.465 元，年均增长率为10.34%。2018 年后农民消费水平保持在 10 000 元以上。中国城乡居民消费差距在样本期内有所下降，呈先增后降的变化特征，城乡居民消费差距

---

① 基于分位数分段法将城乡居民收入差距水平划分为五个等级，城乡居民收入差距水平越低，有利于农村居民整体福利的提升，从低到高依次为：低水平区（0.001~2.400）、次低水平区（2.401~2.798）、中等水平区（2.799~3.110）、次高水平区（3.111~3.472）和高水平区（3.473~4.536）。

从 2000 年的 3.063 降至 2019 年的 2.689，年均降低 0.68%，自 2012 年起逐渐下降。中国农民家庭人均生活消费支出和城乡居民消费差距的时序演变特征见图 5-2，各省份农民人均生活消费支出和城乡居民消费差距的年均增速及排名情况详见附表 6。

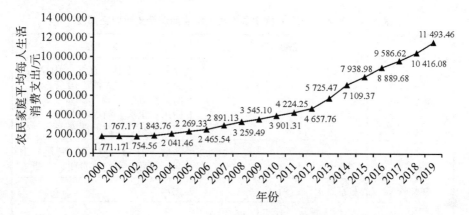

（a）2000—2019 年间中国农村居民人均生活消费支出时序演变图

（b）2000—2019 年间中国城乡居民消费差距时序演变图

图 5-2　2000—2019 年农民消费维度的时序演变图

数据来源：根据《中国农村统计年鉴》原始数据平减处理所得。

农民消费高水平区由京沪两极点逐步向沿海及内陆地区省份拓展，呈现东高西低的空间分布特征，各省份间农民消费水平在空间上始终呈现正自相关性。农民人均生活消费支出的时空演变见表5-4。Global Moran's I 检验值见附表7。

表5-4　2000—2019年间中国农民人均生活消费支出时空演变

	2000 年	2019 年
高水平区	无	黑龙江、吉林、辽宁、内蒙古、河北、北京、天津、山东、河南、江苏、安徽、湖北、湖南、四川、重庆、浙江、上海、福建、广东、广西、海南
次高水平区	无	新疆、甘肃、陕西、宁夏、山西、青海、云南、贵州、江西
中水平区	北京、上海、浙江	无
次低水平区	辽宁、山东、江苏、福建、广东、湖南、天津	无
低水平区	新疆、青海、甘肃、宁夏、内蒙古、黑龙江、吉林、河北、河南、山西、陕西、四川、重庆、贵州、湖北、安徽、江西、云南、广西、海南	无

数据来源：根据《中国农村统计年鉴》中数据计算所得。

城乡居民消费差距低水平区自沿海地区逐步向中西部内陆地区拓展，各省份城乡居民消费差距在空间分布上具有较强的关联性。中国各省份的城乡居民消费差距的时空演变见表5-5①，Global Moran's I 检验值见附表7。

表5-5　2000—2019年间中国城乡居民消费差距时空演变

	2000 年	2019 年
高水平区	甘肃、陕西、重庆、贵州	无

---

① 基于分位数分段法将2000—2019年间各省份的城乡居民消费差距划分为五个水平区，水平越低代表差距越小，从低到依次为：低水平区（0.001~2.564）、次低水平区（2.565~2.900）、中等水平区（2.901~3.323）、次高水平区（3.324~3.891）和高水平区（3.892~5.584）。

表5-5(续)

	2000 年	2019 年
次高水平区	青海、山西、黑龙江、吉林、广西、广东	甘肃、重庆
中水平区	河北、河南、湖北、宁夏	内蒙古、辽宁、新疆、陕西、宁夏
次低水平区	辽宁、山东、安徽、浙江、湖南、四川、云南	黑龙江、吉林、河北、北京、山西、河南、安徽、贵州、云南、广西、海南、青海
低水平区	新疆、内蒙古、江苏、上海、北京、天津、江西、福建、海南	山东、江苏、上海、浙江、江西、福建、广东、湖北、湖南、四川、天津

数据来源：根据《中国农村统计年鉴》中数据计算所得。

5.2.1.3　农民福利中的生活质量

中国农民恩格尔系数波动降低，全国整体农民生活质量不断提升，从2000 年的 0.492 降低至 2019 年的 0.300，年均降低 2.57%，时序演变特征详见图 5-3，各省份农民恩格尔系数的年均增速及排名情况详见附表6。

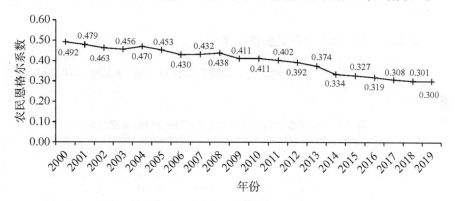

图 5-3　2000—2019 年间中国农民恩格尔系数时序演变图

数据来源：根据《中国农村统计年鉴》原始数据平减处理所得。

表 5-6　2000—2019 年间中国农民恩格尔系数时空演变

	2000 年	2019 年
高水平区	新疆、甘肃、宁夏、青海、山西、河南、四川、重庆、湖北、安徽、云南、广西、贵州、湖南、江西、福建、广东、海南	无

表5-6（续）

	2000 年	2019 年
次高水平区	内蒙古、黑龙江、吉林、辽宁、陕西、山东、江苏、浙江、上海	
中水平区	河北、北京、天津	广东、海南
次低水平区	无	四川、重庆、云南、广西、江西、福建、浙江、安徽、天津、上海
低水平区	无	新疆、内蒙古、甘肃、宁夏、陕西、山西、河北、北京、黑龙江、吉林、辽宁、山东、河南、江苏、湖北、湖南、贵州、青海

数据来源：根据《中国农村统计年鉴》中数据计算所得。

农民恩格尔系数低水平区呈现自环渤海向东北及西部内陆扩展，高水平区则呈现自西南部向南部边境集中的变化趋势，空间上具有较强关联性。中国各省份农民恩格尔系数的时空演变见表 5-6①，Global Moran's I 检验值见附表 7。

5.2.2　农民福利水平的测度结果

基于三维笛卡尔空间与欧氏距离测度的中国各省份农民福利整体水平见表 5-7。

表 5-7　中国各省份部分样本年份农民福利的测度结果

省份	2000	2005	2010	2015	2019	年均增速（%）	排名
北京	0.563	0.631	0.712	0.875	0.895	2.47	22
天津	0.527	0.560	0.582	0.819	0.820	2.35	25
河北	0.496	0.472	0.572	0.665	0.707	1.88	30
山西	0.400	0.440	0.520	0.653	0.645	2.55	19
内蒙古	0.465	0.419	0.531	0.695	0.683	2.04	29

---

① 基于分位数分段法将各省份的农村居民恩格尔系数划分为五个水平区。五个水平区从低到高依次为：低水平区（0.001－0.299）、次低水平区（0.300－0.364）、中等水平区（0.365－0.427）、次高水平区（0.428－0.483）和高水平区（0.484－0.627）。

表5-7(续)

省份	2000	2005	2010	2015	2019	年均增速（%）	排名
辽宁	0.448	0.513	0.550	0.683	0.720	2.53	21
吉林	0.438	0.462	0.576	0.706	0.718	2.64	17
黑龙江	0.447	0.506	0.606	0.705	0.740	2.69	16
上海	0.540	0.618	0.694	0.817	0.800	2.09	28
江苏	0.508	0.515	0.601	0.747	0.791	2.36	24
浙江	0.513	0.589	0.669	0.808	0.827	2.55	20
安徽	0.376	0.419	0.503	0.619	0.692	3.26	9
福建	0.462	0.462	0.492	0.659	0.705	2.25	26
江西	0.372	0.423	0.437	0.629	0.663	3.09	10
山东	0.470	0.499	0.545	0.658	0.706	2.16	27
河南	0.404	0.426	0.532	0.641	0.696	2.90	11
湖北	0.371	0.399	0.500	0.680	0.729	3.62	7
湖南	0.361	0.382	0.455	0.661	0.722	3.72	6
广东	0.417	0.420	0.463	0.626	0.705	2.80	14
广西	0.323	0.365	0.413	0.560	0.653	3.77	5
海南	0.348	0.326	0.416	0.529	0.587	2.79	15
重庆	0.314	0.337	0.410	0.565	0.638	3.80	4
四川	0.346	0.343	0.427	0.606	0.664	3.49	8
贵州	0.220	0.298	0.366	0.560	0.613	5.54	1
云南	0.273	0.290	0.409	0.543	0.609	4.31	3
陕西	0.404	0.377	0.498	0.610	0.632	2.38	23
甘肃	0.346	0.348	0.412	0.569	0.594	2.89	12
青海	0.284	0.373	0.499	0.634	0.641	4.38	2
宁夏	0.400	0.420	0.502	0.584	0.651	2.60	18
新疆	0.392	0.422	0.479	0.607	0.663	2.80	13
均值	0.408	0.435	0.512	0.657	0.697	——	——

数据来源：基于原始数据计算整理所得。

样本年份全国农民福利的均值不断提升，全国均值从 2000 年的 0.408 提升至 2019 年的 0.697。

5.2.3 农民福利水平的时序演变特征

第一，中国农民福利水平保持持续提升的势头并趋于平稳。农民福利水平从 2000 年的 0.408 提升至 2019 年的 0.697，年均增长率为 2.86%。农民福利水平在样本期内表现为平稳—快速增长—平稳的阶段性特征，与农民消费水平的变化特征较为相似。其中 2000—2004 年农民福利水平保持平稳并小幅波动提升，2004—2018 年农民福利水平快速提升，该时期年均增速达 3.71%，2018 年后农民福利水平出现小幅下降，保持在 0.700。中国农民福利水平的时序演变特征详见图 5-4。

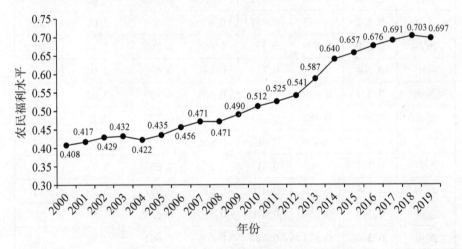

图 5-4 2000—2019 年间农民福利时序演变图

数据来源：根据《中国农村统计年鉴》原始数据平减处理所得。

第二，样本期内以贵州、青海、云南等西部地区省份的农民福利水平增速最快，贵州农民福利水平年均提升 5.54% 位居第 1 位。河北、内蒙古的农民福利水平则提升最慢，年均增速分别为 1.88% 和 2.04%。中国各省份农民福利水平的年均增速及排名情况详见表 5-7。

第三，中国农民福利水平各省份间差距趋于缩小，样本期内曲线主峰波峰高度提升。高值区省份福利水平和数量占比均提升，曲线右侧拖尾呈现加长、变厚趋势，这在一定程度表明福利水平较高省份的福利水平仍在提升，且省份数量增多。根据非参数核密度估计计算公式，本书使用

Stata17 软件绘制 2000 年、2005 年、2010 年、2015 年和 2019 年各省份农民福利水平的核密度曲线，见图 5-5。

由图可知，农村居民经济福利水平的动态演进具有两个特点：①农村居民经济福利水平在 2000—2010 年虽然主体上仍为"单峰"分布，但是"双峰"分布的迹象越来越明显，2010—2019 年逐步由"双峰"向"单峰"过渡，2019 年呈现出明显的"单峰"分布。②2000—2019 年间，农村居民经济福利水平分布波峰高度持续上涨且向右明显偏移，即波峰所对应的核密度和农村居民经济福利水平都在提高。这表明，中国大多数省份的农村居民经济福利水平呈现出上涨趋势，而且农村居民经济福利水平上涨的省份数量在增多。其中，2010—2015 年农村居民经济福利水平的增长最为明显，右移较多；2015—2019 年核密度数值增长最为突出，说明农村居民经济福利水平呈现出增长趋势的省份在这一时间段较多。

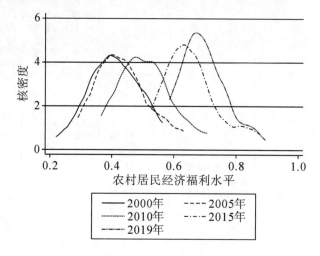

图 5-5　各省份农民福利水平时序动态演进特征

数据来源：基于原始数据计算整理所得。

5.2.4 农民福利水平的空间演变特征

为详细探讨中国农民福利的时空演变特征，表5-8[①]报告了样本期间5个关键年份各省份农民福利水平的情况。

表5-8 2000—2019年间中国农民福利时空演变

	2000 年	2005 年	2010 年	2015 年	2019 年
高水平区	无	无	北京、浙江、上海	黑龙江、吉林、辽宁、内蒙古、北京、天津、河北、江苏、上海、浙江、湖北	黑龙江、吉林、辽宁、内蒙古、河北、北京、天津、山东、河南、安徽、江苏、上海、湖北、浙江、湖南、福建、广东
次高水平区	无	北京、上海、浙江	黑龙江、江苏	山西、陕西、河南、山东、安徽、湖南、江西、福建、广东、新疆、青海、四川	山西、江西、广西、云南、贵州、重庆、四川、陕西、宁夏、甘肃、青海、新疆
中水平区	北京、天津、江苏、上海、浙江	黑龙江、辽宁、天津、山东、江苏	吉林、辽宁、内蒙古、河北、天津、山西、宁夏、青海、山东、河南、安徽、湖北	甘肃、宁夏、重庆、贵州、云南、广西、海南	海南
次低水平区	黑龙江、吉林、辽宁、内蒙古、河北、山东、福建、广东	吉林、内蒙古、河北、山西、宁夏、河南、安徽、江西、福建、广东、新疆	新疆、甘肃、陕西、四川、重庆、湖南、江西、福建、广东、广西、云南、海南	无	无
低水平区	新疆、青海、甘肃、宁夏、陕西、山西、河南、安徽、湖北、重庆、四川、江西、湖南、贵州、云南、广西、海南	甘肃、陕西、青海、四川、重庆、湖北、湖南、贵州、云南、广西、海南	贵州	无	无

数据来源：根据《中国农村统计年鉴》中数据计算所得。

---

① 基于分位数分段法将2000—2019年间各省份的农民福利划分为五个水平区，从低到高依次为：低水平区（0.001~0.409）、次低水平区（0.410~0.498）、中等水平区（0.499~0.587）、次高水平区（0.588~0.665）和高水平区（0.666~0.895）。

第一，高水平区由集中于北京、上海逐步向沿海及内陆地区省份拓展，整体呈现东高西低的空间分布特征，与农民消费水平的空间变化特征最为相似。2000 年农民福利呈现以京津、江浙沪为顶点，自东部向中西部递减的空间分布特征。低水平区包含西部地区全部省份及中部地区大部分省份，占总样本的 56.67%。2005 年农民福利呈现以北京、上海和浙江为顶点，自环渤海地区、长江三角洲地区向中国中部、西部地区等级递减的阶梯状空间分布特征。2010 年中国农民福利以北京、浙沪和黑龙江为顶点，呈现明显的顶点带动式空间分布特征，与顶点毗邻及邻近省份农民福利显著高于其他省份，呈现自东北、环渤海、长江三角洲等地区向西部内陆省份等级递减的空间分布特征。次低水平区则广泛分布于中国中南部和西部地区省份，其中贵州以 0.366 的农民福利指数位居全国末位。2010 年中等水平区省份共计 13 个，占总样本的 43.33%。2015 年中国农民福利高水平区和次高水平区逐步向中西部地区省份拓展，形成自东北到西南递减的空间分布特征。次高水平区涵盖了中国东部沿海省份及多数中部地区省份，西部的新疆、青海、四川和陕西等地也提升至次高水平区，中等水平区则包含多数西部地区，如西北的甘肃宁夏，西南的云贵渝等，形成连片式分布。2019 年高水平区涵盖了中国所有东部边境省份，并逐步向中部的河南、湖北、湖南、安徽等地拓展。西部地区则均为次高水平区，由此形成中东部地区农民福利显著高于西部地区的空间分布特征。

第二，各省份间农民福利水平在空间上始终呈现正自相关性，Global Moran's I 波动略有下降。图 5-6 中农民福利水平的 Global Moran's I 均通过显著性检验，其福利水平存在较强的空间正自相关性，水平相近的省份呈现连片分布。其中，2009 年 Global Moran's I 最低，为 0.469，该年份农民福利水平的全国总体差异水平相对较大，2007 到 2009 指数从 0.719 急剧下降到 0.469，2009 年到 2010 年的 Global Moran's I 提升幅度较大，2010 年后指数变动幅度不大。

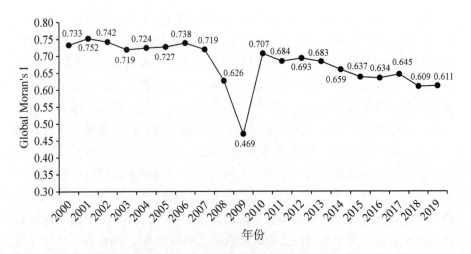

图 5-6   2000—2019 年间农民福利 Global Moran's I 变化图

数据来源：根据《中国农村统计年鉴》平减处理后的原始数据，使用 Stata17 计算整理所得。

6 农村金融资源配置与农民福利的时空耦合协调研究

6.1 耦合协调模型构建及说明

根据对农村金融资源配置与农民福利耦合机制理论框架的梳理，农村金融资源配置水平与农民福利之间存在非线性作用关系，二者构成的系统存在相互影响的耦合效应。鉴于此，本章将构建静态耦合协调模型、动态耦合协调模型以及空间耦合协调模型综合考察各省份农村金融资源配置与农民福利的空间耦合协调度。

6.1.1 静态耦合协调模型

静态耦合协调模型根据 1.3.3.1 和 1.3.3.2 中的耦合度模型和耦合协调度模型来进行构建，此处不再赘述。

6.1.2 动态耦合协调模型

在金融与福利复合系统下，农村金融资源配置与农民福利两个子系统彼此之间相互依赖、动态发展，系统协调发展的重要衡量指标为各要素发展速度的协调情况。因此，本书以耦合理论为基础，在原有模型下，构建"农村金融资源配置—农民福利"系统动态耦合演化模型，探究系统及其内部要素间的相互胁迫、依存、影响的客观表现，进而分析系统的动态演进趋势。模型具体推导过程如下：

随时间推移，中国各省份农村金融资源配置及农民福利子系统的发展水平及发展层次呈现非线性的特点，两系统具体发展过程可分别由一般函

数 $F(f_1, f_2, \cdots, f_n)$、$W(w_1, w_2, \cdots, w_n)$ 表示，其中 f、w 分别为系统内在元素，根据泰勒级数展开式，分别在 $f = 0$ 和 $w = 0$ 处展开。为保证系统稳定性不低于二次方项与 $F(0)$、$W(0)$ 的函数值（刘宝涛等，2016），得到近似线性系统发展函数：

$$F(f) = \sum_{i=1}^{n} (a_i f_i) \tag{6-1}$$

$$W(w) = \sum_{i=1}^{n} (b_i w_i) \tag{6-2}$$

根据贝塔兰菲提出的一般系统理论，系统的各要素、各层次及结构之间具有整体性、关联性、动态性、有序性、目的性，当 $F(f)$、$W(w)$ 相协调，整个大系统才能实现协调。农村金融资源配置与农民福利双系统动态协调发展的衡量标准为各自发展速度的协调，各系统的演化速度方程如下：

$$V_F = F'(f) = \frac{dF(f)}{d(t)} \tag{6-3}$$

$$V_w = W'(w) = \frac{dW(w)}{d(t)} \tag{6-4}$$

上式中，V_F、V_W 分别为农村金融资源配置与农民福利子系统随时间的演化速度，由于子系统对复合系统均起到主导作用，整体系统的演化速度 $V = \int (V_F, V_W)$。

在任何一个演化周期内，V 均由 V_F 和 V_W 的共同变化所决定，因此本书在二维平面空间建立 V 的演化模拟，以 V_F、V_W 分别为 y 轴、x 轴建立坐标系。由于各系统发展速度不一，双系统演化速度 V 的动态发展轨迹为椭圆（刘宝涛等，2016），系统动态耦合协调程度评价模型如下式，通过判断 θ 角度的大小来确定农村金融资源配置与农民福利子系统的耦合演化过程与阶段特征。

$$\theta = \arctan \frac{V_F}{V_W} \tag{6-5}$$

上式中，θ 为农村金融资源配置与农民福利复合系统的耦合度。根据 θ 值确定复合系统演化状态和耦合状态，借鉴赵京和杨钢桥（2011）、倪超和雷国平（2013）对耦合度阶段划分的方法，结合具体研究要求，将负 180° 到正 180° 部分划分为低级耦合（Ⅰ）、协调发展（Ⅱ）、加速消耗（Ⅲ）和系统崩溃（Ⅳ）四个阶段，各阶段划分标准如表 6-1 所示。

针对复合系统下农村金融资源配置与农民福利的动态耦合演化，本书使用剪刀差方法直观反映两种变化趋势之间的差异大小（刘宝涛等，2016），通过 $F(f)$ 和 $W(w)$ 在给定时刻 t 的两曲线的切线夹角 α 来表示：

$$\alpha = \arctan \left| \frac{F^{'}(f) - W^{'}(w)}{1 + F^{'}(f) * W^{'}(w)} \right| \qquad (6\text{-}6)$$

其中，$0 \leq \alpha < \dfrac{\pi}{2}$，$\alpha$ 值越大，表示两系统变化趋势差异越大。

表 6-1　系统动态耦合协调阶段划分标准

耦合演化阶段	耦合协调度（θ）	耦合特征
低级耦合（I）	$-90° < \theta < 0°$	经济福利提升速度高于金融资源配置水平提升速度，两系统相互作用并不明显
协调发展（II）	$0° < \theta < 45°$	两系统相互作用明显，但金融资源配置水平发展速度仍然小于经济福利提升速度；金融资源配置带动经济福利提升，两者呈良性互动发展
	$45° < \theta < 90°$	两系统相互作用明显，此时金融资源配置水平发展速度超过经济福利提升速度；金融资源配置水平提升有抑制经济福利发展的倾向，系统处于协调到非协调的过渡阶段
加速消耗（III）	$90° < \theta < 180°$	金融资源配置进一步发展，且发展速度远远超过经济福利变化速度，经济福利水平逐步表现出对金融资源配置水平发展的抑制作用，属不协调发展阶段
系统崩溃（IV）	$-180° < \theta < -90°$	金融资源配置发展速度由于受到抑制大大降低，经济福利严重威胁到金融资源配置水平发展，而且对金融资源配置的抑制作用进一步增强，两者处于极限发展阶段

6.1.3　空间耦合协调模型

本书运用地理集中度测度农村金融资源配置水平和农民福利水平的空间耦合协调指数。地理集中度是反映区域内某要素在空间上聚集程度的指标（官冬杰等，2017；唐放和蔡广鹏，2020）。该部分引入省份农村金融资源配置水平地理集中度 $R_{F_{it}}$ 和农民福利水平地理集中度 $R_{W_{it}}$ 衡量中国各省份农村金融资源配置与农民福利的空间分布及集聚状况，详见下式：

$$R_{F_{it}} = \frac{F_{it} / \sum_{i}^{n} F_{it}}{land_{it} / \sum_{i}^{n} land_{it}} \qquad (6-7)$$

$$R_{W_{it}} = \frac{W_{it} / \sum_{i}^{n} W_{it}}{land_{it} / \sum_{i}^{n} land_{it}} \qquad (6-8)$$

上式中，$R_{F_{it}}$ 为农村金融资源配置地理集中度，$R_{W_{it}}$ 为农民福利地理集中度；F_{it}、$\sum_{i}^{n} F_{t}$ 分别表示 i 省份 t 时刻农村金融资源配置水平和全国农村金融资源配置总体水平；W_{it}、$\sum_{i}^{n} W_{t}$ 分别表示 i 省份 t 时刻农民福利和全国总体农民福利；$land_{it}$、$\sum_{i}^{n} land_{t}$ 分别表示 i 省份 t 时刻面积和全国总国土面积。

耦合指数表示为农村金融资源配置地理集中度与农民福利地理集中度的比值，用于反映农村金融资源配置与农民福利的空间分布关系，模型形式如下：

$$I_{it} = \frac{R_{F_{it}}}{R_{W_{it}}} \qquad (6-9)$$

式中，I_{it} 表示 i 省份 t 时刻的空间耦合协调指数，$R_{F_{it}}$ 和 $R_{W_{it}}$ 分别为农村金融资源配置地理集中度与农民福利地理集中度。借鉴唐放和蔡广鹏（2020）对空间耦合协调类型的划分标准，当 $0 < I_{it} < 0.5$ 时，区域类型为 F_{it} 滞后于 W_{it} 型，当 $0.5 \leq I_{it} \leq 2$ 时，区域类型为 F_{it} 与 W_{it} 耦合协调发展型，当 $2 < I_{it}$ 时，区域类型为 F_{it} 超前于 W_{it} 型，详见表 6-2。

表 6-2　空间耦合协调类型划分标准

空间耦合协调指数（I）	类型
$0 < I_{it} < 0.5$	F_{it} 滞后于 W_{it} 型
$0.5 \leq I_{it} \leq 2$	F_{it} 与 W_{it} 协调耦合发展
$2 < I_{it}$	F_{it} 超前于 W_{it} 型

注：F_{it}、W_{it} 分别为 i 省份 t 时刻的农村金融资源配置水平和农民福利水平。

6.2 静态耦合协调度的时空演变特征分析

6.2.1 静态耦合协调度时序演变特征

基于 1.3.3.1 部分的公式（1-1）及公式（1-2），本小节计算中国 2000—2019 年农村金融资源配置水平与农民福利发展的总系统发展度 T 均值、耦合度 C 均值及耦合协调度 D 均值，时序演变规律见图 6-1。

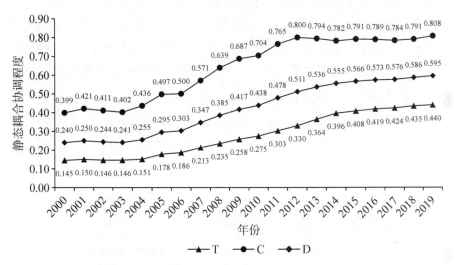

图 6-1 2000—2019 年间静态耦合协调时序演变图

数据来源：根据原始数据计算所得。

第一，耦合协调度 D 从样本初期的 0.240 提升至样本末期的 0.595，年均增速为 4.89%，整体由失调阶段提升至高度协调，表明随时间变化，农村金融资源配置系统和农民福利系统自身发展提升的同时，两系统保持良好互动，协同发展水平进一步提升。从演变阶段来看，经历失调、中度协调和高度协调三阶段，其中第一阶段（2000—2005 年），耦合协调度在 0.240~0.295 之间波动提升，属于低度失调期；第二阶段（2006—2011年），两系统耦合协调度提升至中度耦合，并由勉强调和协调过渡至调和协调期，两系统协同作用有所提升；第三阶段（2012—2019 年），该时期两系统呈现高度协调，耦合协调度自 2012 年的 0.511 提升至 2019 年的 0.595，但处于初级协调等级，两者之间的协同作用水平有待进一步提高。

总系统发展度 T、耦合度 C 及耦合协调度 D 时序演变特征基本一致，均呈现平稳上升。系统发展度 T 从 2000 年的 0.145 提升至 2019 年的 0.440，年均增速达 6.02%，总系统发展程度不断优化提升。耦合度 C 由 2000 年的 0.399 提升至 2019 年的 0.808，年均增速为 3.78%，整体由中度耦合提升至高度耦合，一定程度表明中国整体农村金融资源配置与农民福利的发展方向趋向一致，二者相关性趋于稳定。

第二，各省份间静态耦合协调度差距趋于扩大，样本期内曲线主峰波峰高度降低，且 2019 年出现"双峰"分布。高值区省份静态耦合协调度水平和数量占比均提升，曲线右侧拖尾呈现加长、变厚趋势，这在一定程度表明静态耦合协调度较高省份的耦合协调水平仍在提升，且省份数量增多。根据非参数核密度估计计算公式，本书使用 Stata17 软件绘制 2000 年、2005 年、2010 年、2015 年和 2019 年各省份静态耦合协调度的核密度曲线，见图 6-2。

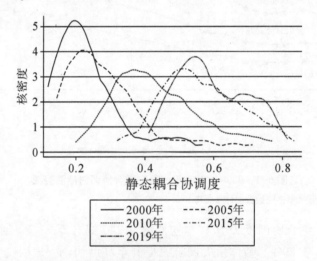

图 6-2　各省份静态耦合协调度时序动态演进特征

数据来源：基于原始数据计算整理所得。

第三，样本期内发展度、耦合度和耦合协调度提升最快的省份分别为贵州、上海、贵州，其中贵州的发展度和耦合协调度分别以 10.05% 和 7.82% 位居全国第 1 位，上海的耦合度年均增速最高，为 7.33%，其耦合协调度年均增速为 7.48%，排名全国第 2 位。系统发展度、耦合度和耦合协调度年均增速最低的省份均为吉林，年均增速分别为 1.46%、-0.80%

和 0.33%。中国各省份静态耦合协调度的年均增速及排名情况详见附表 8。

6.2.2 静态耦合协调度空间演变特征

6.2.2.1 耦合度的空间演变特征

第一，中国各省份耦合度经历由 4 种状态并存向仅存在高度耦合和良性耦合 2 种状态的空间等级布局转变。农村金融资源配置与农民福利两系统的耦合度详见附表 9。2000 年中度耦合省份占总样本的 50.00%，2010 年良性耦合省份数量提升至 19 个，高度耦合省份数量提升至 9 个，2019 年全国各省份中良性耦合省份数量和高度耦合省份各占总样本的 50.00%。

第二，中国各省份农村金融资源配置系统与农民福利的耦合度在空间分布上差异显著，逐步形成"东部北部高，中部西南部低"的空间布局。耦合度的时空演变见表 6-3。2000 年耦合度呈现多极点向周边省份等级递减的空间布局特征，以吉林耦合度 0.953 最高。2005 年耦合度较高地区向东部、北部地区集中，形成自东北、东部沿海向中西部内陆地区等级递减的空间分布特征。中西部大部分省份均为中度耦合区。2010 年高度耦合度集中在东北部的吉林、西北部的宁夏、新疆和北部内蒙古、北京、天津等北部地区，以及长江三角洲一带的上海、江苏和浙江等地区，并与其余省份形成等级递减。2015 年之后，中国各省份耦合度形成北部、东南沿海高，中西部内陆低的空间分布格局。

第三，耦合度在空间上存在一定正相关性，具有相似耦合度的省份在空间上多呈集聚分布。各年份 GlobalMoran's I 均显著大于 0，且在样本期内呈波动提升态势，至样本末期在 0.500 以上波动，相邻省份的耦合度呈现一定相似性，耦合度的空间差异呈缩小态势。静态耦合度的 Global Moran's I 详见图 6-3。

表 6-3　2000—2019 年间中国各省份耦合度时空演变

	2000 年	2005 年	2010 年	2015 年	2019 年
高度耦合	吉林	北京、上海	内蒙古、宁夏、新疆、吉林、北京、天津、江苏、浙江、上海	黑龙江、内蒙古、辽宁、北京、天津、宁夏、青海、新疆、山东、上海、浙江、福建	黑龙江、吉林、内蒙古、北京、天津、山西、陕西、宁夏、青海、新疆、山东、江苏、上海、浙江、福建

表6-3(续)

	2000 年	2005 年	2010 年	2015 年	2019 年
良性耦合	新疆、浙江、北京、广西、广东	内蒙古、吉林、辽宁、天津、山西、宁夏、新疆、江苏、山东、浙江、广东	黑龙江、辽宁、河北、山西、山东、陕西、甘肃、青海、四川、重庆、湖北、安徽、江西、湖南、贵州、福建、云南、广西、广东	吉林、河北、山西、陕西、甘肃、四川、重庆、湖北、河南、江西、安徽、湖南、贵州、云南、广西、广东	辽宁、河北、甘肃、河南、安徽、湖北、重庆、四川、云南、贵州、湖南、江西、广西、广东、海南
中度耦合	黑龙江、辽宁、内蒙古、河北、山西、宁夏、青海、四川、云南、重庆、湖北、湖南、江西、福建、江苏、天津	河北、河南、陕西、甘肃、青海、四川、重庆、湖北、湖南、江西、福建、云南、海南、贵州、黑龙江	河南、海南	海南	无
低度耦合	甘肃、陕西、河南、山东、安徽、贵州、海南、上海	广西、安徽	无	无	无

数据来源：根据原始数据整理绘制。

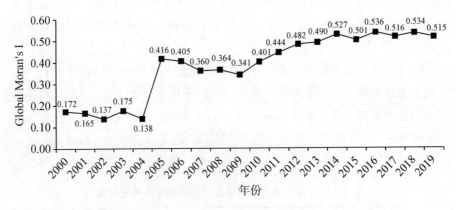

图 6-3 2000—2019 年间耦合度的 Global Moran's I 变化图

数据来源：根据原始数据使用 Stata17 计算整理所得。

6.2.2.2 耦合协调度的空间演变特征

第一，耦合协调度整体由失调向高度协调转变。中国各省份代表年份耦合协调度详见附表10，2000 年处于失调阶段的省份有 24 个，占总样本的 80.00%，处于失调阶段的省份中以中度失调居多，该时期仅吉林为高度协调阶段。2010年中度协调阶段的省份占60.00%，高度协调省份提升至8个；2019年处于高度协调阶段的省份数量提升至23个。

第二，耦合协调度与耦合度的空间分布特征相似，逐步形成自中国东部、北部地区向中部、西南地区多级递减的空间分布格局。耦合协调度的时空演变见表6-4，具体来看，2000年耦合协调度呈现以吉林为极点，自东北部、东部沿海地区向中西部地区递减的空间分布格局，吉林的耦合协调度为0.566位居全国第1位，属高度协调阶段。2005年中国各省份耦合协调度呈现以上海、北京、浙江为顶点的空间分布格局，耦合协调度较低省份集中在中西部省份。2010年耦合协调度自东部沿海和北部边境省份向中西部地区等级递减的空间分布特征初步显现。至2019年已基本形成自北部边境、东部沿海地区向中部和西南部递减的空间分布格局。

第三，中国各省份农村金融资源配置与农民福利的耦合协调度在空间上存在一定正相关性，具有相似耦合度的省份在空间上多呈集聚分布。耦合协调度与耦合度的 Global Moran's I 变化特征相似，在5%的显著水平上各省份各个时期 Global Moran's I 都呈现正相关性，这表明耦合协调度高（低）的地区趋于向类似水平的地区集聚。考察期内 Global Moran's I 波动提升，从2000年的0.250提升至2019年的0.512，空间自相关性增强。静态耦合协调度的 Global Moran's I 详见图6-4。

从局部关联特征来看，"低—低"型和"高-高"型聚集的省份更多，静态耦合协调度较低（高）的省份在空间上更易聚集。根据 Local Moran's I_i，以静态耦合协调度为横坐标，其空间滞后项为纵坐标，将平面图均分为4个象限，分别对应 HH（涓滴效应区）、LL（低速增长效应区）、HL（回波效应区）及 LH（过度增长效应区）。从图6-5中可以看出，2000—2019年，第一象限、第三象限内的省份数量变动较小，第二象限内的省份数量由2000年的5个减少至2005年的3个，2019年又提升至5个，第四象限内省份数量则由2000年的3个减少至1个，逐渐向第一、第三象限转移。

表 6-4 2000—2019 年间中国各省份耦合协调度时空演变

所处阶段	协调度等级	年份				
		2000	2005	2010	2015	2019
极度协调	极度协调	无	无	无	无	无
	优质协调	无	无	无	北京	北京
高度协调	良好协调	无	上海	上海、北京	上海、内蒙古、天津、浙江	内蒙古、宁夏、青海、新疆、天津、浙江、上海
	中级协调	无	北京	内蒙古、浙江	辽宁、山东、江苏、福建、新疆、青海、宁夏	黑龙江、吉林、山东、江苏、福建
	初级协调	吉林	浙江	江苏、新疆、吉林、天津	黑龙江、吉林、河北、陕西、山西、湖北、广东	辽宁、河北、山西、陕西、甘肃、河南、安徽、湖北、江西、广西、广东
中度协调	调和协调	北京、浙江	天津	黑龙江、辽宁、山东、山西、青海、福建、广东、宁夏	甘肃、四川、重庆、贵州、广西、湖南、江西、安徽、河南	四川、重庆、贵州、湖南、云南、海南
	勉强调和协调	广西、广东、新疆	新疆、内蒙古、吉林、辽宁、山东、江苏、广东	河北、陕西、甘肃、四川、重庆、湖北、安徽、湖南、江西、广西	云南、海南	无

表6-4(续)

所处阶段	协调度等级	年份				
		2000	2005	2010	2015	2019
失调阶段	低度失调	黑龙江、辽宁、内蒙古、河北、天津、山西、山东、宁夏、江苏、福建、	黑龙江、河北、山西、陕西、宁夏、青海、四川、重庆、福建、江西、湖南	河南、贵州、云南	无	无
	中度失调	海南、甘肃、陕西、河南、安徽、湖北、江西、湖南、贵州、云南、四川、重庆、青海、上海	河南、湖北、安徽、贵州、云南、广西、海南、甘肃	海南	无	无
	严重失调	无	无	无	无	无

数据来源：根据原始数据整理计算绘制。

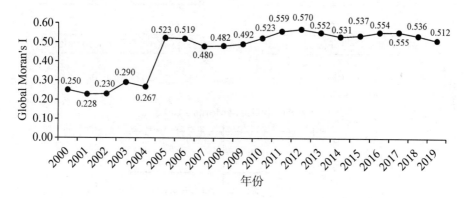

图6-4　2000—2019年间静态耦合协调度的 Global Moran's I 变化图

数据来源：根据原始数据使用 Stata17 计算整理所得。

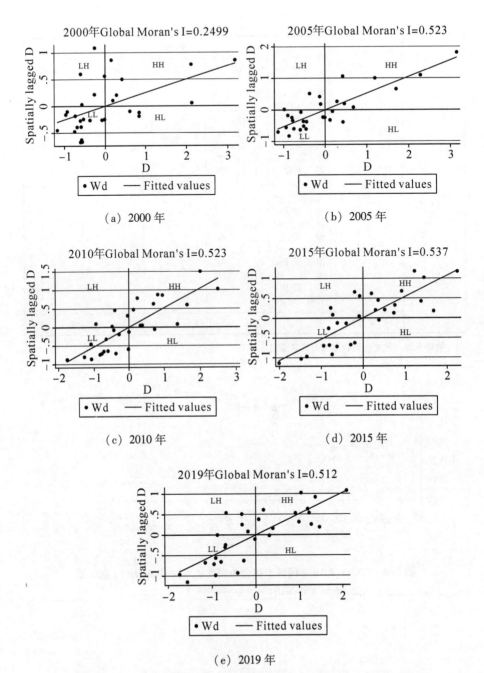

(e) 2019 年

图 6-5 2000—2019 年间静态耦合协调度的 Local Moran's I_i 变化图

注：根据原始数据使用 Stata17 计算整理所得。

6.3 动态耦合协调度的时空演变特征分析

6.3.1 动态耦合协调度时序演变特征

基于 6.1.2 部分的公式 6-1 至公式 6-6，本小节计算得出中国各省份 2000—2019 年农村金融资源配置水平与农民福利发展的动态耦合协调度 θ 及动态变化差异度 α，样本期内二者各年份均值变动见表 6-5。

表 6-5 2000—2019 年间中国各省份系统动态耦合协调度及剪刀差均值变化

年份	系统动态 耦合协调度 θ （度数）	耦合演化阶段	剪刀差 α （度数）
2000	35.512	协调发展（Ⅱ）	50.362
2001	35.513	协调发展（Ⅱ）	50.362
2002	35.513	协调发展（Ⅱ）	50.362
2003	35.513	协调发展（Ⅱ）	50.363
2004	35.507	协调发展（Ⅱ）	50.361
2005	35.509	协调发展（Ⅱ）	50.361
2006	35.519	协调发展（Ⅱ）	50.362
2007	35.521	协调发展（Ⅱ）	50.363
2008	35.520	协调发展（Ⅱ）	50.362
2009	35.536	协调发展（Ⅱ）	50.363
2010	35.532	协调发展（Ⅱ）	50.365
2011	35.539	协调发展（Ⅱ）	50.365
2012	35.545	协调发展（Ⅱ）	50.366
2013	35.566	协调发展（Ⅱ）	50.369
2014	35.585	协调发展（Ⅱ）	50.372
2015	35.592	协调发展（Ⅱ）	50.372
2016	35.599	协调发展（Ⅱ）	50.374
2017	35.605	协调发展（Ⅱ）	50.375

表6-5（续）

年份	系统动态耦合协调度 θ（度数）	耦合演化阶段	剪刀差 α（度数）
2018	35.611	协调发展（Ⅱ）	50.376
2019	35.610	协调发展（Ⅱ）	50.376

数据来源：根据原始数据计算所得。

第一，样本期内各年份系统动态耦合协调度均值表明两系统为协调发展演化（Ⅱ）中的良性互动发展阶段，相互作用明显，金融资源配置带动经济福利提升程度提高，二者呈现良性发展。

第二，两系统变化差异呈扩大趋势，在样本末期达到最大值。两系统的剪刀差 α 呈现波动提升，样本期内金融资源配置水平与经济福利水平的动态演化速率差距逐渐增大，长期将不利于二者协调发展。

第三，样本期内各省份系统动态耦合协调度及剪刀差的变化均相对较小。中国各省份系统动态耦合协调度小幅提升，20 个省份系统动态耦合协调度的年均增速均大于 0，其中以四川系统动态耦合协调度的年均增速最高，为 0.08%；其余 10 个省份系统动态耦合协调度在样本期内略有下降，黑龙江年均增速最低，为 -0.001%。

剪刀差在样本期内的年均增速表明，22 个样本省份"金融—福利"系统的发展差异呈扩大的态势，其中以四川剪刀差的年均增速最大，为 0.13%，四川的系统动态耦合协调度虽处于协调发展状态，但"金融—福利"双系统各自发展差异呈扩大态势，长此以往将不利于省份内部的协调发展。广东则以 -0.013% 的速率降低其剪刀差，呈现双系统发展越发协调的趋势。中国各省份"金融—福利"系统剪刀差 α 的年均增速及排名情况详见附表 11。

6.3.2 动态耦合协调度空间演变特征

6.3.2.1 动态耦合协调度的空间演变特征

第一，中国各省份动态耦合协调度在样本期等级无变动，始终呈现北部边境及中部地区省份耦合程度低于其他省份的特征。中国各省份农村金融资源配置与农民福利动态耦合协调度的时空分布见表6-6①。

表6-6 2000—2019年间中国各省份动态耦合协调度时空分布

	2000—2019年
低级耦合	黑龙江、吉林、天津、内蒙古、新疆、山西、河南、湖北、广东
协调发展	辽宁、河北、北京、山东、江苏、上海、安徽、浙江、江西、福建、湖南、贵州、广西、云南、海南、四川、重庆、青海、甘肃、宁夏、陕西
加速消耗	无
系统崩溃	无

数据来源：根据动态耦合协调度测度结果绘制。

第二，从动态耦合协调度的全局关联特征来看，在5%的显著水平上各省份各时期的 Global Moran's I 均呈现显著正相关，莫兰指数值稳定在0.240~0.241之间，耦合协调度高（低）的地区趋于向类似水平的地区集聚。从局部关联特征来看，样本期内通过 p<0.100 显著性检验省份中，局部相关类型均为"高—高"型涓滴效应区，包含黑龙江、吉林、山西和内蒙古。

6.3.2.2 剪刀差的空间演变特征

剪刀差在样本期无变动，始终呈现北部边境地区、中部地区及西南地区省份剪刀差高于其他省份的特征，与动态耦合协调度的空间分布相反。中国各省份农村金融资源配置与农民福利剪刀差的时空分布见表6-7②。剪刀差越小，说明二者发展趋势差异较小，有利于二者协调发展。

表6-7 2000—2019年间中国各省份剪刀差时空分布

	2000—2019年
高水平区	吉林、北京、宁夏、青海、广西、上海
次高水平区	辽宁、河南、湖北、贵州、新疆、甘肃

---

① 2000—2019年间各省份的动态耦合演化情况划分为四个阶段，依次为：低级耦合（I）（-90°<θ<0°）、协调发展（II）（0°<θ<90°）、加速消耗（III）（90°<θ<180°）、系统崩溃（IV）（-180°<θ<-90°）。

② 基于分位数分段法，将2000—2019年间各省份的剪刀差划分为五个水平区，依次为：低水平区（0.001~23.421）、次低水平区（23.422~50.852）、中水平区（50.853~61.672）、次高水平区（61.673~68.380）和高水平区（68.381~85.471）。

表6-7(续)

	2000—2019 年
中水平区	内蒙古、河北、陕西、浙江、福建、海南
次低水平区	山西、天津、黑龙江、重庆、江西、广东
低水平区	山东、江苏、安徽、湖南、四川、云南

数据来源：根据剪刀差测度结果绘制。

中国各省份剪刀差在空间上存在一定正相关性，Global Moran's I 在样本期内显著为正，各年份均为 0.188，相邻省份的剪刀差呈现一定相似性。

6.4 空间耦合协调度的时空演变特征分析

6.4.1 空间耦合协调度时序演变特征

第一，从农村金融资源配置地理集中度 $R_{F_{it}}$ 和农民福利的地理集中度 $R_{W_{it}}$ 来看，二者均在样本期内波动下降，空间集聚程度有所降低，其中 $R_{F_{it}}$ 年均降低 0.36%，$R_{W_{it}}$ 年均降低 0.28%。结合农村金融资源配置、农民福利的地理集中度可发现，二者时序演变特征存在一定的关联和偏差。整体来看，二者在 2000—2006 年间均有所提升，而在 2006 年之后均波动下降；但农民福利的地理集中度在样本期内整体波动幅度较小，而农村金融资源配置的地理集中度则呈现较大波动。各省份 2000—2019 年农村金融资源配置地理集中度 $R_{F_{it}}$ 与农民福利地理集中度 $R_{W_{it}}$ 的时序演变见图 6-6。

第二，农村金融资源配置与农民福利在样本期内始终呈现协调耦合发展，耦合协调指数先降后增并趋近于 1，年均提升 0.15%，协调一致性逐渐提高。耦合协调指数的时序演变可分为两个阶段，第一阶段为 2000—2005 年，耦合协调指数略有提升后逐年下降，自 2000 年的 0.964 降至 2005 年的 0.889。造成这一变化的原因是，农村金融资源配置的地理集中度提升过快，与农民福利地理集中度的差距拉大。第二阶段为 2005—2019 年，该阶段耦合协调指数逐渐提升趋近于 1，表明双系统的协调耦合协调发展程度提高。空间耦合协调指数的时序演变规律见图 6-7。

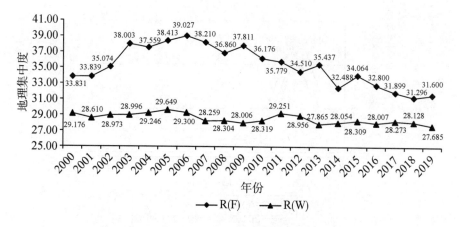

图 6-6　2000—2019 年间地理集中度时序演变图①

数据来源：根据原始数据计算所得。

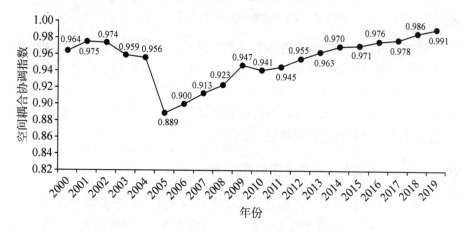

图 6-7　2000—2019 年间空间耦合协调指数时序演变图

数据来源：根据原始数据计算所得。

第三，各省份间空间耦合协调度差距趋于扩大，样本期内曲线主峰波峰高度降低。高值区省份动态耦合协调度数量占比提升，曲线右侧拖尾变厚，这在一定程度表明动态耦合协调度较高省份的省份数量增多。根据非参数核密度估计计算公式，本书使用 Stata17 软件绘制 2000 年、2005 年、2010 年、2015 年和 2019 年各省份动态耦合协调度的核密度曲线，见图 6-8。

---

① 为书写简便，图中 R（F）即为 $R_{F_{it}}$，R（W）即为 $R_{W_{it}}$。

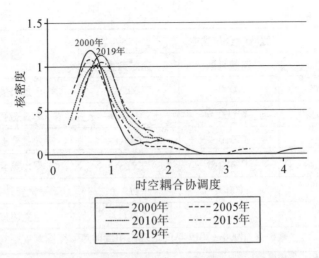

图 6-8 各省份动态耦合协调度时序动态演进特征

数据来源：基于原始数据计算整理所得。

第四，农村金融资源配置和农民福利地理集中度、空间耦合协调指数提升最快的省份分别为青海、贵州、上海，其中贵州农村金融资源配置及农民福利地理集中度以 5.08% 和 2.95% 的年均增速位居全国前列，上海以5.16% 的年均增速提升空间耦合协调指数。各省份地理集中度及耦合协调指数的年均增速及排名详见附表 12。

6.4.2 空间耦合协调度空间演变特征

第一，中国各省份空间耦合协调度在空间分布上由中西部地区部分省份 F_{it} 滞后于 W_{it}、东部地区部分省份 F_{it} 超前于 W_{it}，逐步演化为各省份均协调发展。空间耦合协调度的时空演变见表 6-8，2000 年河南、安徽、海南和上海为 F_{it} 滞后于 W_{it} 型，吉林和浙江为 F_{it} 超前于 W_{it} 型，河南、安徽和海南的农村金融资源配置水平的地理集中度远低于农民福利水平的地理集中度；吉林和浙江则以农村金融资源配置水平的地理集中度更高。2005年 F_{it} 滞后于 W_{it} 型扩散至河南、湖北和安徽等中部地区省份和贵州、广西和海南等西部地区，中西部地区以农村金融资配置地理集中度相对较低，F_{it} 超前于 W_{it} 型的省份有北京和上海。2010 年仅河南和海南表现为 F_{it} 滞后于 W_{it} 型，北京为 F_{it} 超前于 W_{it} 型。2015 年仅海南为 F_{it} 滞后于 W_{it} 型。至2019 年均为 F_{it} 与 W_{it} 协调耦合发展，农村金融资源配置与农民福利的地理集中度差距较小，在空间上实现耦合协调发展。

表 6-8　2000—2019 年间中国各省份空间耦合协调度时空演变

	2000	2005	2010	2015	2019
F_{it} 超前于 W_{it}	吉林、浙江	北京、上海	北京	无	无
F_{it} 与 W_{it} 协调耦合发展	黑龙江、内蒙古、辽宁、河北、北京、天津、山西、陕西、宁夏、甘肃、新疆、青海、山东、江苏、湖北、重庆、四川、云南、贵州、湖南、江西、福建、广西、广东	黑龙江、内蒙古、辽宁、河北、天津、陕西、宁夏、甘肃、新疆、青海、山东、江苏、湖北、重庆、四川、云南、江西、福建、广东、吉林、浙江	黑龙江、内蒙古、辽宁、河北、天津、山西、陕西、宁夏、甘肃、新疆、青海、山东、江苏、湖北、重庆、四川、云南、湖南、江西、福建、广西、广东、上海、吉林、浙江、安徽	黑龙江、内蒙古、辽宁、河北、天津、山西、陕西、宁夏、甘肃、新疆、青海、山东、江苏、湖北、重庆、四川、贵州、湖南、江西、福建、广西、广东、上海、吉林、浙江、安徽、北京、河南	黑龙江、内蒙古、辽宁、河北、山西、陕西、宁夏、甘肃、新疆、青海、山东、江苏、湖北、重庆、四川、贵州、湖南、江西、福建、广西、广东、上海、吉林、浙江、安徽、海南、北京、河南
F_{it} 滞后于 W_{it} 型	河南、安徽、海南、上海	河南、安徽、湖北、贵州、广西、海南	河南、海南	海南	无

数据来源：根据空间耦合协调度测度结果绘制。

第二，空间耦合协调度的 Global Moran's I 在样本期内均显著为正，呈现较强的空间正自相关性，耦合协调度高（低）的地区与类似水平的地区在空间上显示出集聚特征。同时，样本期内 Global Moran's I 波动提升，从 2000 年的 0.185 提升至 2019 年的 0.457，在 2004—2005 年空间集聚程度加剧提升。Global Moran's I 变化见图 6-9。

从局部关联特征来看，由"低—低"型聚集向"高—高"型聚集扩散，空间耦合协调度在空间上呈现低值与低值（高值与高值）更易聚集的特征。根据 Local Moran's I_i，以空间耦合协调度为横坐标，其空间滞后项为纵坐标，将平面图均分为 4 个象限，分别对应 HH（涓滴效应区）、LL（低速增长效应区）、HL（回波效应区）及 LH（过度增长效应区）。从图 6-10 中可以看出，2000—2019 年，第三象限内的省份数量逐渐减少，第一象限省份数量增多，由 3 个增至 9 个。

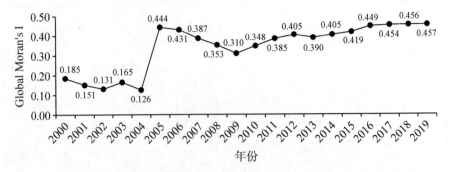

图 6-9　2000—2019 年空间耦合协调度的 Global Moran's I 变化图

数据来源：根据原始数据使用 Stata17 计算整理所得。

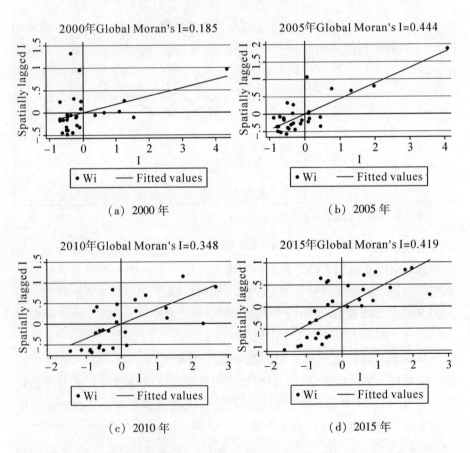

（a）2000 年　　　　　　　　　　　（b）2005 年

（c）2010 年　　　　　　　　　　　（d）2015 年

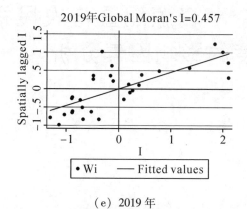

（e）2019 年

图 6-10　2000—2019 年间空间耦合协调度的 Local Moran's I_i 变化图

注：根据原始数据使用 Stata17 计算整理所得。

7 农村金融资源配置与农民福利耦合协调度的影响因素分析

中国各省份农村金融资源配置与农民福利的耦合协调度存在显著差异。因此，本章节进一步探讨农村金融资源配置与农民福利耦合的影响因素，为促进农村金融资源配置与农民福利的耦合协调发展提供依据。

7.1 影响因素选取说明及模型构建

7.1.1 变量选取说明及描述性统计

基于对国内外现有研究成果的分析，本书认为影响农村金融资源配置与农民福利耦合协调度的因素包含经济环境因素及社会环境因素，各变量的具体指标说明见表7-1。

经济环境因素包含金融环境因素及经济发展环境。其中，金融环境因素以金融发展规模与金融市场交易效率（温涛和熊德平，2008）综合衡量。已有研究表明，现有金融结构条件下中国整体金融发展水平和效率的提升以牺牲农村金融发展为代价（温涛和王煜宇，2005；温涛和熊德平，2008），因此，金融环境因素可能会对农村金融资源配置情况产生影响，进而影响农村金融资源配置与农民福利的耦合协调度。基于已有研究，本书以地区生产总值与地区金融机构贷款总额的比例衡量金融发展规模，以金融机构的贷款效率，即各地区金融机构贷款与存款之比衡量金融市场交易效率。经济发展环境包含地区经济发展水平、农业比重、农村经济效率及商品市场交易效率四项指标。地区经济发展水平和产业结构会影响金融与其他系统的耦合效率，如王仁祥和杨曼（2018）认为中国省份科技与金融耦合效率会受到地区经济水平、产业结构的影响，莫媛和沈坤荣（2020）发现农业比重显著影响县域金融机构网点布局。农村经济效率能够促进农村金融发展（陈亮和杨向辉，2018）。商品市场交易效率一方面直接作用于农村居民消费与收入，影响农民福利；另一方面商品市场交易效率会显著影响农村资金配置效率（Merton，1995；温涛和熊德平，2008）。已有研究多以交通条件，如公路密集度和铁路密集度等间接反映商品市场交易效率（Yang，1999；温涛和熊德平，2008），本书加入农村快递投递线路密集度以反映电商平台市场交易便捷度，综合考察商品市场交易效率。

社会环境因素涵盖地区社会发展水平、人均受教育水平、人口密度和信息技术等。社会发展水平，即城镇化水平会显著影响农村金融资源配置效率（钟晨和吴雄，2017；陈亮和杨向辉，2018），且城镇化水平与居民福利具有正相关性（祝瑜晗和吕光明，2020）。人力资本与资本运行有较强关联（Yang，1999），地区人均受教育水平有助于提升农村金融配置水平（温涛和熊德平，2008；杨希和罗剑朝，2014；王仁祥和杨曼，2018）。莫媛等（2019）认为人口密度和信息技术会影响县域金融机构网点布局，进而影响农村金融资源配置水平。

表 7-1　影响因素变量选取及变量处理说明

指标类别	指标名称	说明
金融环境	金融发展规模 x_1	地区生产总值/地区银行业金融机构总贷款
	金融市场交易效率 x_2	金融机构的贷款效率，各地区银行业金融机构总贷款/总存款
经济环境	经济发展水平 x_3	人均地区生产总值（元/人）
	农业比重 x_4	第一产业增加值/地区生产总值
	农村经济效率 x_5	第一产业劳动生产率，第一产业增加值/第一产业就业人员数
	商品市场交易效率 x_6	用交通条件间接反映，使用因子分析法、公路密集度、铁路密集度和农村快递投递线路密度（公里/平方公里）综合算出商品市场交易效率

表7-1(续)

指标类别	指标名称	说明
社会环境	社会发展水平 x_7	城镇化率（%）
	受教育水平 x_8	各地区 6 岁及以上人口平均受教育年限，（小学总人数×6+初中总人数×9+高中总人数×12+大专及以上总人数×16）/6 岁及以上总人口数
	人口密度 x_9	人口密度（人/平方公里）
	信息技术水平 x_{10}	人均拥有移动电话数（部/人）

注：x_3、x_6、x_7、x_8 和 x_9 在后文回归中做对数处理。

　　农村金融资源配置与农民福利静态耦合协调度、动态耦合协调度、空间耦合协调度及影响因素变量的描述性统计结果见表 7-2。从被解释变量来看，静态耦合协调度、动态耦合协调度以及空间耦合协调度的均值分别为 0.419、35.547 和 0.954，其中以静态耦合协调度的标准差最小，为 0.179，动态耦合协调度的标准差最大，为 81.898。从解释变量来看，金融发展规模与金融发展效率均值分别为 0.933 和 0.771，标准差分别为 0.333 和 0.136；经济发展水平的均值为 34 718.790 元/人，标准差为 27 489.220；农业比重的均值为 0.120，标准差最小，为 0.065，表明样本期内各省份农业比重差别相对较小；农村经济效率和商品市场交易效率的均值分别为 1.893 和 5 490.603 公里/平方公里；社会发展水平的均值为 3.876，标准差为 0.314；人口密度的均值为 426.234，标准差为 600.137；信息技术水平均值为 0.697，标准差为 0.409。

表 7-2　变量的描述性统计结果

指标名称	观测值	均值	标准差	最小值	最大值
静态耦合协调度	600	0.419	0.179	0.102	0.842
动态耦合协调度	600	35.547	81.898	−89.910	89.993
空间耦合协调度	600	0.954	0.503	0.255	4.323
金融发展规模	600	0.933	0.333	0.387	5.149
金融市场交易效率	600	0.771	0.136	0.116	1.187
经济发展水平	600	34 718.790	27 489.220	2 661.557	164 220.000
农业比重	600	0.120	0.065	0.003	0.379
农村经济效率	600	1.893	1.584	0.197	10.442
商品市场交易效率	600	5 490.603	4 153.324	144.381	26 976.250

表7-2(续)

指标名称	观测值	均值	标准差	最小值	最大值
社会发展水平	600	3.876	0.314	2.631	4.495
受教育水平	600	8.561	1.104	5.438	12.745
人口密度	600	426.234	600.137	6.689	3 776.050
信息技术水平	600	0.697	0.409	0.045	2.071

数据来源：根据原始数据计算所得。

7.1.2 空间计量模型

前文已经验证，耦合协调度均存在显著空间相关性，因此在构建模型检验农村金融资源配置与农民福利耦合协调度影响因素时，必须考虑空间作用效应。同时，由于被解释变量静态耦合协调度和空间耦合协调度分别在 [0，1] 和 [0，2] 范围内，属受限因变量，本书构建空间 Tobit 模型分析静态耦合协调度和空间耦合协调度的空间效应及影响因素，使用一般空间计量模型分析动态耦合协调度影响因素。模型表达式见式（7-1）。

$$Y_{it} = \rho W_{ij} Y_{it} + \beta X_{it} + \theta W_{ij} X_{it} + u_{it}, \quad u_{it} = \lambda W_{ij} u_{it} + \varepsilon_{it} \qquad (7\text{-}1)$$

式（7-1）中，i 表示样本省份，t 代表时间，Y_{it} 表示 i 省份 t 年份的耦合协调度，$W_{ij} Y_{it}$ 表示耦合协调度的空间滞后项，ρ 为 $W_{ij} Y_{it}$ 的估计系数，以衡量耦合协调度的空间效应，W_{ij} 为 30×30 的邻接空间权重矩阵[①]，$W_{ij} X_{it}$ 表示各影响因素的空间滞后项，θ 为 $W_{ij} X_{it}$ 的估计系数矩阵，表示周边地区的各影响因素对本地耦合协调度的影响，u_{it} 表示误差项，$W_{ij} u_{it}$ 为扰动项的空间滞后项，λ 为 $W_{ij} u_{it}$ 的估计系数。当 $\theta = 0$ 且 $\lambda = 0$ 时为空间滞后模型（SLM），被解释变量的空间滞后项反映空间依赖性；当 $\rho = 0$ 且 $\theta = 0$ 时为空间误差模型（SEM），其空间依赖性来源于模型误差项；当 $\lambda = 0$ 时为空间杜宾模型（SDM），空间依赖性同时体现在被解释变量和解释变量的空间滞后项中，同时考察被解释变量和解释变量的空间相关性。空间杜宾模型可以有效解决忽略外生交互效应带来的系数估计偏差问题，并且能够有效测度空间溢出效应（杨得前和刘仁济，2018；万伦来等，2020）。

---

① 当省份 i 和 j 相邻时，$W_{ij} = 1$；当省份 i 和 j 不相邻时，$W_{ij} = 0$，设置矩阵时将广东与海南设为相邻。

7.2 农村金融资源配置与农民福利耦合协调度影响因素的回归分析

7.2.1 基准回归及模型适用性检验

7.2.1.1 基准回归

耦合协调度影响因素的基准回归结果见表7-3，表中分别列出静态耦合协调度D、动态耦合协调度θ以及空间耦合协调度I的一般面板模型回归结果和空间滞后模型回归结果。

表7-3 耦合协调度影响因素的基准回归结果

变量	基准回归模型			空间滞后模型		
	D	θ	I	D	θ	I
x_1	−0.003 (−0.360)	−0.045* (0.026)	0.029 (−0.560)	0.001 (0.011)	−0.062** (0.028)	−0.087 (0.059)
x_2	0.061*** (−2.740)	−0.114* (0.062)	0.702*** (−5.540)	0.056*** (0.023)	0.293*** (0.072)	0.310** (0.132)
x_3	0.154*** (−12.110)	−0.033*** (0.035)	0.067 (−0.950)	0.070*** (0.012)	0.096* (0.056)	−0.068 (0.069)
x_4	1.083*** (−9.840)	−1.411*** (0.296)	1.807*** (−2.980)	−0.251*** (0.066)	1.157*** (0.318)	−1.611*** (0.378)
x_5	0.008*** (−3.460)	0.001 (0.006)	−0.019 (−1.450)	0.010*** (0.003)	0.033*** (0.008)	−0.016 (0.015)
x_6	−0.031* (−1.93)	−0.068 (0.050)	0.120 (−1.320)	−0.077*** (0.013)	0.010 (0.057)	−0.406*** (0.068)
x_7	0.232*** (−20.410)	0.066** (0.031)	1.444*** (−22.400)	0.176*** (0.014)	0.117*** (0.032)	1.164*** (0.077)
x_8	−0.069 (−1.220)	0.014 (0.158)	0.295 (−0.930)	0.062 (0.044)	0.132 (0.217)	0.545** (0.244)
x_9	0.027 1* (−1.850)	−0.347*** (0.099)	−0.156 (−1.980)	0.030*** (0.010)	0.296** (0.115)	0.197*** (0.050)
x_{10}	0.029 (−1.320)	0.094 (0.064)	−0.654*** (−5.340)	0.087*** (0.021)	0.005 (0.078)	−0.242** (0.115)
ρ	—	—	—	0.019***	−0.615***	0.002*

表7-3（续）

变量	基准回归模型			空间滞后模型		
	D	θ	I	D	θ	I
N	600	600	600	600	600	600
R^2	—	—	—	0.988	0.139	0.937

注：$*$、$**$、$***$分别表示在10%、5%和1%的水平上显著，括号内为标准误。

静态耦合协调度 D 和空间耦合协调度 I 使用不含空间效应的面板 Tobit 模型和空间滞后 Tobit 模型进行基准回归，动态耦合协调度则使用一般的面板回归和空间滞后模型作为基准回归。从表7-3可以看出，与空间滞后模型相比，多个变量的基准回归模型系数偏高；且空间滞后模型结果表明，三种耦合协调度均具有显著的空间效应 ρ，有必要加入空间效应综合考虑耦合协调度影响因素。

7.2.1.2 模型适用性检验

首先，基于最小二乘法（Ordinary Least Squares，OLS）估计不考虑空间效应的受约束模型，根据LM（Lagrange Multiplier）统计量进行判断，若空间滞后影响统计量（LM Lag）、稳健的空间滞后影响统计量（Robust LM Lag）、空间误差自相关影响统计量（LM Err）和稳健的空间误差自相关影响统计量（Robust LM Err）这4个LM统计量均不显著，则表明不包含空间效应模型更优；若LM检验的结果拒绝原假设，则表明包含空间效应的模型更优。LM检验结果见表7-4，从LM检验结果来看，三个模型的LM Err和LM Lag均显著，表明包含空间效应模型优于不包含空间效应的模型。进一步地，根据空间滞后模型和空间误差模型的沃尔德（Wald）统计值检验空间杜宾模型能否简化，针对空间滞后模型的Wald检验结果通过1%的显著性水平，拒绝原假设，说明SDM不能简化为SLM；同样，针对空间误差模型的Wald显著拒绝原假设，说明SDM不能简化为SEM。因此，选用SDM模型分析静态耦合协调度 D、动态耦合协调度 θ 以及空间耦合协调度 I 的影响因素更贴合实际，模型解释力度最强。

表7-4　模型设定检验

检验类型	模型 I	模型 II	模型 III
LM Err	186.463 $***$	3.737 $*$	39.962 $***$

表7-4(续)

检验类型	模型 I	模型 II	模型 III
Robust LM Err	144.119***	0.370	19.990***
LM Lag	56.162***	5.867**	21.100***
Robust LM Lag	13.818***	2.501	1.128
Wald Test (lag)	6.790*	52.460***	12.810***
Wald Test (err)	5.020	54.820***	12.540***
模型设定检验结果	空间杜宾模型	空间杜宾模型	空间杜宾模型

注: *、**、*** 分别表示在10%、5%和1%的水平上显著。

7.2.2 耦合协调度的空间效应分析

静态耦合协调度在省份间呈现显著的空间正向溢出效应（0.067），而动态耦合协调度在省份间存在空间虹吸效应，效应值为-0.742，空间耦合协调度的空间效应不显著。静态耦合协调度、动态耦合协调度和空间耦合协调度的空间杜宾模型回归结果见表7-5。ρ 衡量了耦合协调度的空间效应，其中本地区静态耦合协调度正向影响周边地区的同时，周边邻近地区的静态耦合协调度也会对本地区静态耦合协调度产生溢出效应，邻近地区静态耦合协调度的空间相似性逐渐提高。动态耦合协调度占优势省份则由于自身农村金融资源配置水平与农民福利水平的动态演化速率均较快，吸引各类经济要素投入，导致与周边省份的差距逐渐扩大，因此存在较强的空间虹吸效应。由于点估计得到的直接影响系数和溢出影响系数存在一定偏误，故进一步展开偏微分分解得到解释变量的直接效应和间接效应。

表7-5 耦合协调度影响因素的空间杜宾模型回归结果

变量名	静态耦合协调度		动态耦合协调度		空间耦合协调度	
	系数值	标准误	系数值	标准误	系数值	标准误
x_1	0.017	0.012	-0.054**	0.029	-0.067	0.074
x_2	0.053*	0.031	-0.354***	0.078	0.124	0.221
x_3	0.014	0.017	-0.349***	0.066	-0.166	0.120
x_4	-0.231**	0.095	-2.049***	0.344	-0.917*	0.477
x_5	0.012***	0.003	0.005	0.010	-0.008	0.016

表7-5(续)

变量名	静态耦合协调度		动态耦合协调度		空间耦合协调度	
	系数值	标准误	系数值	标准误	系数值	标准误
x_6	-0.051^{***}	0.014	-0.019	0.060	-0.262^{***}	0.081
x_7	0.192^{***}	0.020	-0.009	0.041	1.254^{***}	0.185
x_8	0.219^{***}	0.058	-0.144	0.223	0.819^{**}	0.367
x_9	0.002	0.010	-0.440^{**}	0.177	0.038	0.053
x_{10}	0.176^{***}	0.023	-0.001	0.083	0.167	0.124
$W \times x_1$	-0.003	0.004	-0.071	0.065	-0.021	0.026
$W \times x_2$	0.024^{***}	0.009	0.054	0.154	0.173^{***}	0.053
$W \times x_3$	0.022^{***}	0.005	0.882^{***}	0.123	0.076^{**}	0.032
$W \times x_4$	-0.023	0.026	2.805^{***}	0.837	-0.588^{***}	0.169
$W \times x_5$	-0.002^{**}	0.001	-0.084^{***}	0.020	-0.008^{*}	0.004
$W \times x_6$	-0.006	0.004	0.221	0.160	-0.042	0.029
$W \times x_7$	-0.022^{***}	0.008	0.249^{***}	0.094	-0.042	0.062
$W \times x_8$	-0.062^{***}	0.015	1.448^{***}	0.522	-0.172	0.105
$W \times x_9$	0.008^{**}	0.003	0.572^{*}	0.326	0.041^{**}	0.020
$W \times x_{10}$	-0.040^{***}	0.007	-0.045	0.209	-0.168^{***}	0.044
ρ	0.067^{***}	0.009	-0.742^{***}	0.095	-0.014	0.017
$R2$	0.986	0.145	0.938			
$LogF$	840.652	591.273	-185.444			
N	600	600	600			

注: *、**、*** 分别表示在10%、5%和1%的水平上显著，根据原始数据计算所得。

7.2.3 静态耦合协调度的影响因素分析

根据上述空间杜宾模型结果，分解得静态耦合协调度影响因素的直接效应与间接效应，结果在表7-6中显示。

表 7-6　静态耦合协调度影响因素的效应分解

变量	静态耦合协调度		
	直接效应	间接效应	总效应
金融发展规模	0.002	0.000	0.002
金融市场交易效率	0.093***	0.008	0.101
经济发展水平	1.525***	0.139	1.664***
农业比重	−0.064***	−0.006***	−0.070***
农村经济效率	0.041***	0.004***	0.044*
商品市场交易效率	−1.373	−0.125	−1.498
社会发展水平	1.460***	0.133	1.593***
人均受教育水平	0.284	0.026	0.310
人口密度	0.351	0.032	0.383
信息技术水平	0.130	0.012	0.142*

注：*、**、*** 分别表示在10%、5%和1%的水平上显著，根据原始数据计算所得。

　　总效应表明，经济发展水平、农村经济效率、社会发展水平以及信息技术水平显著提升静态耦合协调度，农业比重则对静态耦合协调度具有显著负向影响。具体来看，经济快速发展以及农村经济效率的提升使得农村金融资源得到高效率利用，从而促进农村金融资源配置与农民福利的耦合，表现为经济发展水平和农村经济效率每提高1%，静态耦合协调度相应地提高1.66%和0.04%，佐证温涛和熊德平（2008）、杨希和罗剑朝（2014）等学者的研究结论。农业比重反映出产业结构，由于金融自身逐利性特征，农业比重越高导致金融资源投入回报率越低，受产业结构制约，金融资源利用率不增反降（李明贤和向忠德，2011），不利于静态耦合协调度的提升。地区社会发展水平和信息技术水平均有利于静态耦合协调度的提升，且社会发展水平每提高1单位，静态耦合协调度将提高1.593，促进作用最强，这一回归结果与钟晨和吴雄（2017）、陈亮和杨向辉（2018）等学者的研究结论一致，社会发展水平会显著影响农村金融资源配置效率与居民福利，进而提升二者耦合水平。信息技术会影响县域金融机构网点布局（莫媛等，2019），加之互联网技术的快速发展，信息技术水平的提升也促进农村居民收入与消费水平提升，有利于静态耦合协调度的提升。

直接效应表明，本地区金融市场交易效率、经济发展水平、农村经济效率和社会发展水平均在1%的显著性水平下对本地区静态耦合协调度的提升有直接促进作用，其中经济发展水平和社会发展水平发挥的促进效应最大，本地区经济发展水平和社会发展水平每提高1%，静态耦合协调度将直接提高1.523%和1.46%；农业比重则制约本地区静态耦合协调度的提升。

间接效应则反映出，农业比重不仅直接阻碍本地区静态耦合协调度提升，还具有显著的负向空间溢出效应，对周围邻近省份的静态耦合协调度产生负向影响。农业经济效率则具有显著的空间溢出效应，本地区农业经济效率每提升1个单位，邻近省份静态耦合协调度将提升0.044。

7.2.4　动态耦合协调度的影响因素分析

动态耦合协调度影响因素的效应分解详见表7-7。总效应表明，经济发展水平、社会发展水平以及人均受教育水平是促进动态耦合协调度提升的主要因素，金融发展规模与市场交易效率、农村经济效率均显著制约动态耦合协调度提升。金融发展规模和金融市场交易效率每提高1个单位，动态耦合协调度对应降低0.073和0.171，但对静态耦合协调度无显著影响，这是由于动态耦合协调度体现系统动态发展速率的同步性，金融发展初期时其规模与效率的提升以牺牲农村金融为代价（温涛和熊德平，2008），对农民福利提升的速率高于农村金融资源配置水平提升的速率，从而使得金融环境的整体优化与动态耦合协调度呈显著负相关。与静态耦合协调度回归结果基本一致，经济发展水平每提升1个单位，动态耦合协调度也对应地提高0.304。农村经济效率提高虽显著提升静态耦合协调度，但由于农村经济效率能够直接提升农民福利水平，对于农村金融资源配置水平的影响却具有滞后性，由此二者动态发展速率产生差异，进而制约动态耦合协调度，表现为农村经济效率提高1%，动态耦合协调度将下降0.05%。此外，与静态耦合协调度回归结果基本一致，社会发展水平每提升1%，动态耦合协调度对应提高0.14%。受教育水平对静态耦合协调度尚未产生显著影响，但对动态耦合协调度具有显著提升作用，表现为受教育水平每提升1%，动态耦合协调度将提升0.73%，表明人力资本的提升有助于促进农村金融资源配置与农民福利的动态耦合协调发展。

表 7-7　动态耦合协调度影响因素的效应分解

变量	动态耦合协调度		
	直接效应	间接效应	总效应
金融发展规模	−0.057**	−0.016	−0.073**
金融市场交易效率	−0.319***	0.148*	−0.171**
经济发展水平	−0.213***	0.517***	0.304***
农业比重	−1.539***	1.976***	0.437
农村经济效率	−0.005	−0.041***	−0.045***
商品市场交易效率	0.010	0.107	0.118
社会发展水平	0.022	0.119**	0.141***
人均受教育水平	0.020	0.706**	0.725***
人口密度	−0.324**	0.391**	0.067
信息技术水平	−0.003	−0.023	−0.026

注: *、**、*** 分别表示在 10%、5% 和 1% 的水平上显著，根据原始数据计算所得。

直接效应结果表明，本地区金融发展规模与市场交易效率、经济发展水平、农业比重以及人口密度都直接阻碍本地区动态耦合协调度的提升。与总效应一致，金融发展规模和市场效率每提升 1 单位，动态耦合协调度将直接降低 0.057 和 0.319。与静态耦合协调度所得结果恰好相反，本地区经济发展水平提升反倒制约动态耦合协调度，这是由于农村金融资源配置随经济发展水平的调整速度相对较慢，经济发展水平提升将在一定程度上加大农民福利和农村金融资源配置之间发展速率的差距。农业比重同样阻滞动态耦合协调度的提升，与静态耦合协调度影响因素的直接效应分解结果相一致，农业比重每提升 1 单位，动态耦合协调度将下降 1.539。人口密度高的地区其动态耦合协调度反而偏低，人口密度每提升 1%，直接导致动态耦合协调度降低 0.32%，这与莫媛等学者的研究结论不同。莫媛等（2019）认为银行网点集聚空间布局与人口分布格局相符是银行集约化经营的表现，根据规模经济原则，各家银行在样本考察期逐步撤销、合并业务规模小、亏损或微利的偏远地区网点，也反映出金融资源空间配置不均、偏远乡镇金融服务缺位的难题。然而，人口聚集在促进经济增长的同时也扩大了其金融需求，导致其金融资源配置与农民福利的发展速率差距扩大,不利于动态耦合协调度的提升。

间接效应则反映出金融市场交易效率、经济发展水平、农业比重、社会发展水平、人均受教育水平和人口密度均具有显著的空间正向溢出效应,能够有效促进周围地区动态耦合协调度的提升。农村经济效率具有显著空间负向溢出效应,本地区农村经济效率提升 1 单位,将使得周围地区动态耦合协调度降低 0.041。

7.2.5 空间耦合协调度的影响因素分析

空间耦合协调度影响因素的效应分解见表 7-8。总体来看,金融市场交易效率和社会发展水平显著提升空间耦合协调度,其中以社会发展水平的促进作用最大;但农业比重、农村经济效率以及商品市场交易效率则负向影响空间耦合协调度。金融市场交易效率与空间耦合协调度呈现显著正相关,金融市场交易效率每提升 1 个单位,相应地,空间耦合协调度提高 0.250,这是由于空间耦合协调度反映了农村金融资源配置水平与农民福利水平的地理集中度比值,金融市场交易效率的提升促进了二者发展协调一致性。农业比重和农业经济效率则在 1% 的显著性水平下制约空间耦合协调度提升,农业比重和农业经济效率每提高 1%,空间耦合协调度降低 0.20% 和 0.03%,莫媛和沈坤荣(2020)的研究同样认为,农业比重越高,地区银行网点数量将越低,导致该地区更易受到金融排斥。农村金融资源配置地理集中度降低,从而制约空间耦合协调度的提升。商品市场交易效率提升 1 单位,空间耦合协调度将降低 3.516,与温涛和熊德平(2008)的观点一致,二元经济结构下,商品市场交易仍以城市地区居多,从而对农村地区产生挤出,商品市场交易效率高反而制约了空间耦合协调度的提升。社会发展水平对空间耦合协调度的提升作用最大,表现为城镇化率提高 1%,总体上空间耦合协调度将提高 4.72%。

表 7-8　空间耦合协调度影响因素的效应分解

变量	空间耦合协调度		
	直接效应	间接效应	总效应
金融发展规模	−0.084	−0.001	−0.085
金融市场交易效率	0.248 ***	0.002 ***	0.250 ***
经济发展水平	−0.713 ***	−0.006 ***	−0.719

表7-8(续)

变量	空间耦合协调度		
	直接效应	间接效应	总效应
农业比重	−0.200***	−0.002	−0.202***
农村经济效率	−0.031***	0.000***	−0.031***
商品市场交易效率	−3.489**	−0.027	−3.516**
社会发展水平	4.685***	0.036***	4.721***
人均受教育水平	1.211*	0.009	1.220
人口密度	1.111*	0.009	1.119
信息技术水平	−0.175*	−0.001	−0.177

注:*、**、*** 分别表示在10%、5%和1%的水平上显著,根据原始数据计算所得。

从直接效应来看,除了金融发展规模,其余各因素均对本地区空间耦合协调度具有显著影响,其中金融市场交易效率、社会发展水平、人均受教育水平和人口密度促进空间耦合协调度,而本地区经济发展水平、农业比重、农村经济效率、商品市场交易效率和信息技术水平则对空间耦合协调度产生制约。其中,信息技术制约了空间耦合协调度,与莫媛等(2019)所得结论一致,一方面,电话网络与银行网点延伸呈现负相关,随着移动互联网技术向农村的推广和实践,相比基于移动互联网技术的手机银行或电子银行,银行广泛铺设物理网点显然不利于降低运营成本;另一方面,信息技术进步有利于身处偏远地区的农户突破时空限制获得金融服务,对传统农村金融资源配置产生挤出,进而对空间耦合协调度产生负向影响。

间接效应结果表明,邻近省份的金融市场交易效率、农村经济效率和社会发展水平的提升能够促进本省份空间耦合协调度,但邻近省份经济发展水平的提升则制约本省份空间耦合协调度的提升。

综上,地区社会发展水平成为促进静态、动态和空间耦合协调度的关键因素,农业比重则制约三者提升。

7.3 稳健性检验

本书使用空间误差模型（SEM）进行影响因素回归结果的稳健性检验。空间误差模型（SEM）重点考察误差项的空间相关性，即不可预测冲击的空间相关。检验结果见表 7-9，解释变量符号、系数大小及显著性整体基本一致，通过稳健性检验。

表 7-9　耦合协调度影响因素的稳健性检验

变量名	静态耦合协调度		动态耦合协调度		空间耦合协调度	
	系数值	标准误	系数值	标准误	系数值	标准误
x_1	0.005	0.011	−0.061 ***	0.023	−0.114 *	0.060
x_2	0.069 ***	0.024	−0.239 ***	0.056	0.294 **	0.127
x_3	0.082 ***	0.013	−0.134 ***	0.040	−0.047	0.069
x_4	−0.260 ***	0.071	−0.664 **	0.264	−1.538 ***	0.379
x_5	0.010 ***	0.003	−0.033 ***	0.006	−0.015	0.015
x_6	−0.063 ***	0.013	0.029	0.048	−0.447 ***	0.072
x_7	0.175 ***	0.015	0.117 ***	0.025	1.174 ***	0.078
x_8	0.068	0.045	0.216	0.178	0.529 **	0.244
x_9	0.019 *	0.010	−0.149 *	0.084	0.226 ***	0.052
x_{10}	0.091	0.022	0.018	0.065	−0.275 **	0.116
λ	−0.005 ***	0.009	−0.946 ***	0.023	−0.009	0.006
$R2$	0.988		0.114		0.937	
$LogF$	792.204		530.833		−213.699	
N	600		600		600	

注：*、**、*** 分别表示在10%、5%和1%的水平上显著，根据原始数据计算所得。

8 农村金融资源配置对农民福利影响机制的实证检验

前述对农村金融资源配置与农民福利关系的理论分析中详细阐述了金融资源配置影响农村居民收入和消费的直接及间接影响,接下来用中国2000—2019年30个省份农村地区的数据进行实证检验。因为涉及多条影响机制和多个内生变量,传统的回归方法不能很好地构建此类模型,而且极易出现统计量不可信、估计系数不一致等情况,所以本部分使用特殊结构方程模型中的路径分析模型(Path Analysis with Observed Variables, PA-OV)进行检验和分析(方福前和吕文慧,2009;赵秋银和余升国,2020;吴明隆,2009)。

8.1 指标体系构建和数据说明

8.1.1 指标体系构建

本章用到的农村金融资源配置水平指标与农民福利水平指标与第3、5章大致类似,考虑到模型适配性,进行了轻微改动。具体说来,在进行财政性金融资源配置[①]衡量时,为了使得财政涉农投入对农业生产率和农村产业融合的影响机制检验在指标上更加精准化,将第3章中的农村居民人均固定资产投资删去,增加人均农业固定资产投资(不含农户)和农业固定资产投资(不含农户)占比,市场性金融资源配置[②]指标和第3章一样。

[①] 第3章中的表述为财政渠道,这里为方便与后续内容统一表述,本章记为财政性金融资源配置。

[②] 第3章中的表述为金融渠道、组织机构资源和人力资源,本章记为市场性金融资源配置。

根据第 2.3.2 节的理论分析可知,路径变量为农业生产率和农村产业融合,农业生产率用人均农林牧渔产值和单位面积粮食产量来衡量;产业融合指标包含产业结构升级的质和量(袁航和朱承亮,2018)、农业机械化水平(陈国生,2019;李洪侠,2021)、农林牧渔业服务化水平(李芸等,2017;李晓龙和冉光和,2019)四个二级指标。为分析方便以及验证理论部分内容,农民福利水平指标在第 5 章的基础上删去了生活质量维度,在消费维度里加入了农村居民消费结构二级指标。各指标的详细说明见表 8-1。

表 8-1　指标评价方法及说明

变量	评价指标	说明
财政性金融资源配置	人均财政涉农支出	财政涉农支出/农村人口数(元/人)
	财政涉农占比	财政涉农支出/财政支出(亿元)
	人均农业固定资产投资	农业固定资产投资(不含农户)/农村人口数(元/人)
	农业固定资产投资占比	农业固定资产投资(不含农户)/一般固定资产投资(不含农户)
市场性金融资源配置	农村金融机构贷款额	农村居民人均涉农贷款额(元/人)
	农业保险投保情况	农村居民人均农业保险保费(元/人)
	农村金融机构密度	农村居民每万人拥有的农村金融机构数(个/万人)
	农村金融机构从业人员密度	农村居民每万人拥有的从业人员数(个/万人)
农业生产率	人均农林牧渔产值	农林牧渔总产值/农村就业人数(元/人)
	单位面积粮食产量	粮食总产量/粮食总播种面积(千克/公顷)
农村产业融合	农村产业结构	产业结构高度化的量
		产业结构高度化的质①
	农业机械化水平	农村机械总动力/第一产业从业人数(千瓦/人)
	农林牧渔业服务化水平	农林牧渔服务业产值/农林牧渔业总产值

---

① 参考袁航和朱承亮(2018)的方法计算产业结构高度化的质和量。

表 8-1（续）

变量	评价指标	说明
收入	农民收入水平	农村人均可支配收入（元）
	城乡收入差距	城乡居民可支配收入比，农村居民收入水平等于 1
消费	农民消费水平	农民人均生活消费支出（元）
	城乡消费差距	城乡居民生活消费支出之比，城镇居民生活消费水平等于 1①
	消费结构	（农村居民发展型和享受型消费）/农村居民总消费

8.1.2 数据说明

本章以 2000—2019 年全国 30 个省份为研究对象，数据来源主要为：《中国统计年鉴》《中国农村统计年鉴》《中国农业年鉴》《中国固定资产统计年鉴》、国家统计局官方网站。由于本书样本期跨度较大，存在部分年份有个别省份指标数据缺失和统计口径不一致的问题。为保持研究时间周期的连贯性，相关指标数据处理说明如下：①缺失值采用增长率法补齐。假定缺失年份前一年的增长率与前若干年增长率相同，补齐缺失指标数据，具体包括：2000—2002 年农村农林牧渔业固定资产投资②和各省固定资产投资的缺失数值。②部分缺失值采用插值法补齐，具体包括：2013年农林牧渔业固定资产投资和各省固定资产投资数值。

8.2 测度方法和模型构建

8.2.1 测度方法

本章测度收入指数和农业生产率指数的方法与 5.1.2 中包含两个子指标的收入维度和消费维度一致。收入具体包括农村居民收入水平、城乡收入差距两项经济福利评价子指标；农业生产率具体包括人均农林牧渔产值

---

① 基于数据差异和测度方法有区别，这里衡量城乡收入和消费差距的方法有细微区别。
② 此处和指标评价说明表中的农业固定资产投资（不含农户）是一样的指标。

和单位面积粮食产量两项经济评价子指标。首先，使用极值标准化法对收入两项指标和农业生产率两项指标进行无量纲化处理，正向指标按照式（5-1）进行处理；逆向指标按照式（5-2）进行标准化处理。其次，由于收入和农业生产率均包括两项指标，因此需要对其的标准化结果取算数平均数。最后，得出收入和农业生产率综合指数。

借助 SPSS27.0 软件，采用可对分析指标进行直观综合排名的因子分析法对财政性金融资源配置、市场性金融资源配置、农村产业融合和消费这四项指标进行数据处理。首先，通过降维处理将所选指标数据标准化；其次，将指标通过 Kaiser-Meyer-Olkin（KMO）和巴特利特（Bartlett）球形检验以确保因子分析对其有效；再次，通过主成分分析法筛选出公因子，并通过凯撒正态化最大方差法得到旋转前后的因子载荷矩阵，确定公因子如何代表初始指标数据；最后，建立公因子得分模型，计算因子得分及综合得分，以此开展财政性金融资源配置、市场性金融资源配置、农村产业融合和消费这四项指标评价分析。KMO 检验和 Bartlett 球形检验因子分析法有特定的适用条件，需先对选取的指标进行 KMO 值和 Bartlett 球形检验，以判断所选指标是否适合做因子分析。具体来说，指标通过适用性检验需同时满足 KMO 值大于等于 0.5 和 Bartlett 球形检验呈现显著性两项条件。具体计算过程如下：借助因子分析法，根据各因子的初始特征值和方差贡献率计算提取出公因子。由碎石图 8-1 可知，财政性金融资源配置、市场性金融资源配置、农村产业融合和消费分别有 1、2、1、1 个主要成分的特征值大于 1，表明其对指标的解释度高，接着采用最大方差正交旋转法对因子进行旋转。提取公因子后，并依据最大方差法旋转因子得到旋转后的成分矩阵。检验结果可得，KMO 检验值分别为 0.635、0.539、0.558、0.708，Bartlett 球体检验值达到 942.513、463.230、267.641、1 061.582（显著性均<0.001），说明这些指标适合进行因子分析。经过因子分析计算过程，得到财政性金融资源配置、市场性金融资源配置、农村产业融合和消费这四项综合指标。

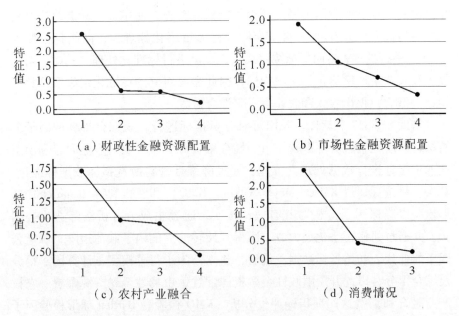

（a）财政性金融资源配置　　　　（b）市场性金融资源配置

（c）农村产业融合　　　　　　　（d）消费情况

图 8-1　因子分析碎石图

数据来源：根据原始数据使用 SPSS27.0 软件进行因子分析计算所得。

8.2.2　模型构建

根据前文的理论分析、指标选取和变量测度，本部分构建如图 8-2 的路径分析模型。模型中，W_i 表示的是路径系数值，如 W1 表示财政性金融资源配置对农业生产率的影响系数值，若 W1 是在对系数进行标准化处理后所报告出的值，则当财政性金融资源配置每变动一单位标准差，会导致农业生产率变动 W1 个单位的标准差。W1 和 W2 的显著情况检验财政性金融资源配置能否通过农业生产率渠道影响居民收入；同理，W9 和 W10 的显著情况检验财政性金融资源配置能否通过产业融合渠道影响居民收入；财政性金融资源配置对消费、市场性金融资源配置对收入和消费的影响机制检验也是对应路径上系数的显著情况，此处不再赘述。另外，考虑到前面分析过的直接影响，用 W6、W7 和 W8 的显著情况来检验金融资源配置对收入和消费的直接效应①，收入对消费有一定的影响作用，用 W5 来检验。

———————————

① 这里没有作出财政性金融资源配置对收入的直接影响的路径线，将在后文进行解释说明。

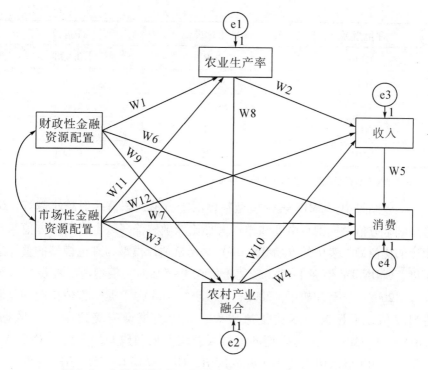

图 8-2　农村金融资源配置对农民福利影响的路径分析模型

8.3　模型拟合效果及结果分析

8.3.1　模型拟合效果

利用软件 Amos24 对图 8-2 中的模型进行拟合估计，输出表 8-2 的评价指标值。

表 8-2　模型适配度检验

评价指标	评价标准	评价值
CMIN	–	3.426
CMIN/DF	1–3	1.713
P	不显著	0.180
RMSEA	<0.05	0.035

表8-2(续)

评价指标	评价标准	评价值
GFI	>0.9	0.998
AGFI	>0.9	0.980
CFI	>0.9	1.000
NFI	>0.9	0.999
RMR	<0.05	0.001

数据来源：根据模型回归结果输出值整理而来。

上表结果中，CMIN 表示模型整体的卡方值，该值一般越小越好，但考虑到卡方值对模型自由度和样本大小比较敏感，多数学者用卡方值与自由度的比值即上表中的（CMIN/DF）来衡量估计模型与理论模型的整体适配度，CMIN/DF 值在 1～3（较宽松值在 1～5）时，模型适配度良好（吴明隆，2009；王霄和胡军，2005；姚战琪，2021）。P 是卡方值检验的显著性概率值，不显著表示接受原假设，即检验模型完美适配总体数据。RMSEA 和 RMR 分别为模型的近似误差均方根和残差均方根，RMSEA = 0.035，RMR = 0.001，均小于标准阈值，GFI、AGFI、CFI、NFI 分别是模型的拟合优度指数、调整的拟合优度指数、比较拟合指数、规范拟合指数，表中显示这些值均大于标准阈值，进一步佐证了模型拟合良好，估计结果可以接受（方福前和吕文慧，2009；姚战琪，2021）。

8.3.2　结果分析

为方便比较分析，在表 8-3 中报告了路径分析模型中的非标准化估计系数和标准化系数，在图 8-3 中只报告了标准化系数，标准化系数绝对值在 0-1 之间，绝对值越大，表明影响作用越强。

路径系数结果中，除了农村产业融合对收入的影响系数较小，而且显著性水平较低之外（p = 0.015），其他路径系数均显著为正。整体来看，财政性金融资源配置和市场性金融资源配置对农民收入和消费的影响均有多条路径，而且影响作用存在差异。

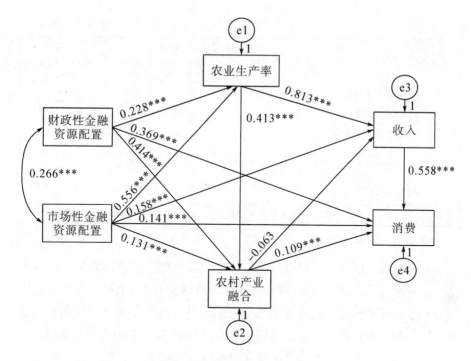

图 8-3 路径系数估计结果①

数据来源：根据模型回归结果输出值整理而来。

表 8-3 路径系数估计值和显著性

Path Label	Path	Standrad Regression Coefficient	Unstandrad Regression Coefficient	S. E.	C. R.②	p③
W1	财政性金融资源配置→农业生产率	0.228	0.038	0.005	7.110	***
W2	农业生产率→收入	0.813	0.778	0.027	28.326	***
W3	市场性金融资源配置→农村产业融合	0.131	0.129	0.033	3.915	***
W4	农村产业融合→消费	0.109	0.155	0.031	4.966	***
W5	收入→消费	0.558	3.513	0.130	26.995	***
W6	财政性金融资源配置→消费	0.369	0.37	0.019	19.470	***

---

① *** 表示 p 小于 0.001，即在 0.1% 的显著性水平上显著，** 表示在 1% 的显著性水平上显著，* 表示在 5% 的显著性水平上显著，下同。

② C. R. 表示临界比，可理解为一般回归中的 t 值，绝对值大于 1.96 时，表明估计系数达到 0.05 显著水平。

③ 结果中 p 小于 0.001 用 *** 表示，否则，报告 p 值数字。

表 8-3（续）

Path Label	Path	Standrad Regression Coefficient	Unstandrad Regression Coefficient	S. E.	C. R.	p
W7	市场性金融资源配置→消费	0.141	0.196	0.028	7.035	***
W8	农业生产率→农村产业融合	0.413	1.762	0.149	11.854	***
W9	财政性金融资源配置→农村产业融合	0.414	0.293	0.020	14.518	***
W10	农村产业融合→收入	−0.063	−0.014	0.006	−2.427	0.015
W11	市场性金融资源配置→农业生产率	0.556	0.128	0.007	17.348	***
W12	市场性金融资源配置→收入	0.158	0.035	0.006	6.276	***

数据来源：根据模型回归结果输出值整理而来。

　　具体来看，财政性金融资源配置可以对农业生产效率和农村产业融合产生正向影响，W1=0.228，W9=0.414，且均在0.1%水平上显著，说明与农业生产效率相比，财政性金融资源配置对农村产业融合产生的正向影响更大一些，农村产业融合这一用词虽然是2015年才在中央一号文件正式被提出[①]，但农村地区开始产业融合的实践由来已久了，建国之初的农业机械化、20世纪90年代的农业产业化都是产业融合的重要元素和基础铺垫，近年来，国家更是加大了对产业融合的财政金融投入力度，从融合项目、经营人员、资金支持等各个层面展开对产业融合的推进，实证数据也反映出了财政性金融资源配置对农村产业融合产生较大的正向影响（张林和温涛，2019）。但产业融合对农民收入的影响系数为负而且绝对值很小，W10=−0.063，显著性也不高，说明产业融合未对农民收入产生正向的带动作用，产业融合带来的产业链纵向延伸、就业机会增加可以提升农民的经营性和工资性收入，但一定要警惕可能出现的"精英俘获"现象；在产业融合初期（张林和温涛，2019；中国人民银行南昌中心支行课题组，2023），总是那些有技术、有资金、善经营的群体率先抢占市场和获取超额收益，这些群体有部分是来自非农行业和非农地区的，这会加大城乡收入差距从而使得农民收入状况变差，出现类似于库兹涅茨收入差距倒"U"形曲线的情况。W2=0.813，且在0.1%的水平下显著，说明农业生产率的

---

　　① 中华人民共和国中央人民政府. 关于加大改革创新力度加快农业现代化建设的若干意见[EB/OL].（2015−02−01）[2024−05−05]. https://www.gov.cn/zhengce/2015−02/01/content_2813034.htm.

提高可以极大地改善农村居民的收入情况，农业经营性收入是农户最大的收入来源，生产率的提高在降低生产成本和提高收益方面都发挥着极大作用，从而带动农户的收入增加。

财政性金融资源配置对农民收入的直接作用没有通过检验（张士云等，2021），而且对整个模型的拟合效果没有任何帮助，说明该直接影响路径与模型不适配，在回归时已将其删去。理论部分分析了财政投入对农民收入的直接作用，并认为财政投入中对农户的直接转移支付以及农业补贴会直接增加农户的转移性收入，但此类收入毕竟是短期的，一方面会导致政府债务压力加大；另一方面也对提升农户的"造血"功能帮助不大，这部分短期的不可持续性收入会很快转化成消费，表现在回归结果中就是 W6 = 0.558。当然，财政性金融资源配置对消费情况的正向直接影响中除了上述原因，财政资金投入对农村基础设施、医疗和教育的改善也有助于拉动农民消费和促进消费升级。

市场性金融资源配置同样可以提升农业生产效率和加速农村产业融合，W11 = 0.556，W3 = 0.131，且均在 0.1% 水平上显著，说明市场性金融资源配置对农业生产效率的正向影响比对农村产业融合的影响更大一些，而且与财政性金融资源的影响作用比较来看，财政性金融资源配置对产业融合的推动作用更大，而市场性金融资源配置对农业生产效率提高的影响更大。根据前面的理论分析可知，市场性金融资源配置主要通过缓解农业生产中遇到的融资约束、为农业生产经营以及农产品变现全过程提供风险分担和风险管理（魏滨辉和罗明忠，2023），但这也需要政策性金融资源对金融机构的涉农行为加以引导和鼓励，比如，提供贷款贴息、差别化存款准备、进行差异化监管等金融政策，实证结果表明政策性金融支持对金融机构支农的引导取得了较好的效果（张林和温涛，2019）。W3 = 0.131，相对来看远小于 0.556，说明市场性金融资源配置对产业融合有支持作用，但不太够，在产业融合的初级阶段中，实质性的项目更多的是由政府来完成顶层设计，并动用财政和政策性金融资源对优质企业进行招标、签约而后实施，对金融机构的参与更多是在鼓励和引导层面，金融机构若要参与产业融合，需要面对产业融合中的多产业链、农业新业态，就必然需要更多地对金融产品和服务进行创新、加强风险管控能力，如前面提到过的供应链金融、担保新模式等，金融机构的创新能力不强、过度的避险行为都会使得其对产业融合的支持作用大大降低。另外，内生性的产业融合是一个长期的过程，开始阶段需要政府来进行设计，动用强制性的、引导性的各种政策进行"输血式"改革，要想实现"造血式"转变，一定是需要农村地区在长期一次次的改容更貌中滋生出自身独特的吸引力，有基础条件、有丰富资源（狭义上指生产要素）、有广袤市场、有盈利空间、有创造能力，还要有对于外部冲击一定的抵抗和消化能力，农村金融市场对产业融合的正向支撑作用也会在这些过程中逐步得到加强。W4=0.109，在0.1%水平上显著，但路径系数值在正向影响中是最小的，说明农村产业融合可以对农民消费起到正向拉动作用，但拉动作用有限，正如前面理论部分所谈，产业融合可以通过扩大消费市场、增加多元化消费产品、激发消费新业态等方式促进消费升级。当然，前文分析里也指出：一方面农村地区尚未形成深度的产业融合发展，对收入和消费的带动作用都较为有限；另一方面，农村产业融合如果发生了"精英俘获"，未从本质上带动农民从中获益，那么对于农民福利和农村持续发展来说都是有害无益的。

市场性金融资源配置可以对农民的收入和消费产生正向影响，W12=0.158，且在0.1%的水平上显著，说明市场性金融资源配置可以通过创新投资性金融产品、提高金融可得性等方式来推动农民的闲散资金变资产，从而提高其财产性收入，但影响的程度与农村居民的金融投资需求和金融机构的产品创新能力都有很大关系，农民金融知识的缺乏、对金融投资产品和风险的认识不够、金融机构的创新能力低，都会导致市场性金融资源配置对农民财产性收入的拉动作用受限。W7=0.141，且在0.1%的水平上显著，说明市场性金融资源配置可以通过各类消费信贷工具帮助农户缓解短期消费资金短缺风险，更好地进行消费的跨期配置，但局限于农村地区居民的消费信贷意识不强，而且受不确定性因素增加的影响，农民爱储蓄不爱借贷的特性更加凸显，即使需要应对突发的大额预防性货币需求，农民也会更多地通过向亲戚邻里借钱等方式来解决（张晓琳，2018），上述因素都会导致市场性金融资源配置对农民消费的拉动作用减弱。

进一步地，我们用表8-4报告了财政性和市场性金融资源配置对农民收入和消费的影响效应分解情况。

表 8-4　影响效应分解：总效应、直接效应和间接效应①

影响变量	被影响变量	总效应	直接效应	间接效应
财政性 金融资源配置	农业生产率	0.228	0.228	0.000
	农村产业融合	0.508	0.414	0.094
	收入	0.153	0.000	0.153
	消费	0.510	0.369	0.141
市场性 金融资源配置	农业生产率	0.556	0.556	0.000
	农村产业融合	0.361	0.131	0.230
	收入	0.587	0.158	0.429
	消费	0.508	0.141	0.367

数据来源：根据模型回归结果输出值整理而来。

　　表中结果显示，财政性金融资源配置对产业融合的正向作用比农业生产率更大，模型设定中，金融资源配置和农业生产率之间没有中介变量，所以对农业生产率只有直接效应，没有间接效应。财政性金融资源配置对产业融合的影响效应中，一是通过直接作用实现的，即前文所提的产业融合项目、对经营主体的金融支持等；二是通过先提高农业生产率，继而使得农村产业融合得到更好发展，农业生产率的提高一方面可以帮助农民家庭释放一部分劳动力从事其他行业的生产劳作，为产业融合提供劳动力基础，另一方面也可以吸引更多的外来资本参与进来，为产业融合提供资金、技术等基础。财政性金融资源配置对收入的影响只有间接效应没有直接效应，原因在前文中已作论述，这里不再赘述；间接效应是通过农业生产率和农村产业融合两个渠道来产生作用的。财政性金融资源配置对消费的影响既有直接效应也有间接效应，而且对消费的直接影响大于间接影响。市场性金融资源配置对各个中介变量和因变量的影响与财政性金融资源区别较大，首先，对中介变量的作用路径上，财政性金融资源配置对产业融合的影响效应更大，也比市场性金融资源配置对其的影响大，而市场性金融资源配置对农业生产率的影响更大，其中原因在前面已做过相关论述，这里不再赘述。其次，市场性金融资源配置对收入的影响效应比财政

---

　　①　表中的效应值均为标准化后的，另外，基于分析需要，只摘取了财政性和市场性金融资源配置对各内生变量的效应分解情况。

性金融资源更大，而且更多是通过间接效应来达成，具体说来，是通过提升农业生产率这一渠道进而来增加农民收入。最后，市场性金融资源配置对消费影响的总效应与财政性金融资源配置差不多，但不同的是，市场性金融资源更多通过间接效应来促进农民消费。

为了更加细致地考察影响机制以及检验间接效应的显著性，表8-5报告了财政性和市场性金融资源配置对收入及消费的各条影响路径分析检验结果。

表 8-5　农村金融资源配置对农民收入和消费的影响路径

Effect Path	Standard Effect Coefficient	Boot SE	Bias-corrected percentile method①		
			lower	upper	p
财政性金融资源配置→农业生产率→收入	0.185	0.028	0.139	0.229	0.002
财政性金融资源配置→农村产业融合→收入	−0.026	0.010	−0.044	−0.010	0.006
财政性金融资源配置→农业生产率→农村产业融合→收入	−0.006	0.002	−0.010	−0.002	0.005
财政性金融资源配置→农业生产率→收入→消费	0.103	0.015	0.079	0.128	0.002
财政性金融资源配置→农村产业融合→收入→消费	−0.015	0.006	−0.025	−0.005	0.006
财政性金融资源配置→农业生产率→农村产业融合→收入→消费	−0.003	0.001	−0.006	−0.001	0.005
财政性金融资源配置→农村产业融合→消费	0.045	0.009	0.031	0.063	0.001
财政性金融资源配置→农业生产率→农村产业融合→消费	0.010	0.003	0.006	0.016	0.001
市场性金融资源配置→农业生产率→收入	0.452	0.026	0.415	0.497	0.001
市场性金融资源配置→农村产业融合→收入	−0.008	0.004	−0.016	−0.003	0.005
市场性金融资源配置→农业生产率→农村产业融合→收入	−0.015	0.006	−0.024	−0.006	0.005
市场性金融资源配置→农业生产率→收入→消费	0.252	0.017	0.227	0.285	0.001
市场性金融资源配置→农村产业融合→收入→消费	−0.005	0.002	−0.009	−0.002	0.005

---

① 篇幅受限，本表报告了偏误校正百分位法的95%的置信区间和p值。

表8-5(续)

Effect Path	Standard Effect Coefficient	Boot SE	Bias-corrected percentile method①		
			lower	upper	p
市场性金融资源配置→农业生产率→农村产业融合→收入→消费	-0.008	0.003	-0.014	-0.003	0.005
市场性金融资源配置→收入→消费	0.088	0.015	0.065	0.113	0.002
市场性金融资源配置→农村产业融合→消费	0.014	0.005	0.007	0.023	0.002
市场性金融资源配置→农业生产率→农村产业融合→消费	0.025	0.006	0.017	0.038	0.001

数据来源：根据模型回归结果输出值整理而来。

表 8-5 结果显示，所有置信区间都不含 0，说明所有间接效应值都显著。总体来看，无论是财政性还是市场性金融资源配置，对收入的正向间接效应都只能通过提高农业生产率来达成，而农村产业融合渠道对收入的影响为负，这可能有两方面原因：一方面，现阶段的农村产业融合程度低，农村地区的产业中，多数还是借助农业产业来增收，产业融合对收入的促进作用不能充分体现；另一方面，若不加控制和引导，产业融合的受益群体更多的会是有技术、有资金的精英阶层，出现产业融合中的"精英俘获"，小农户的利益得不到保障甚至会受损。市场性金融资源配置→农业生产率→收入的标准化效应值为 0.452，财政性金融资源配置→农业生产率→收入的标准化效应值为 0.185，说明市场性金融资源配置通过农业生产率渠道对收入的提升作用比财政性金融资源配置更大，如前面分析所述，政策性金融支持对农村金融机构回归支农支小初衷的引导和带动作用起到了很好的效果。从消费端来看，间接效应值为负的路径都是包含了农村产业融合→收入影响过程的，前面已做过阐述，这里不再分析；另外，包含从金融资源配置直接到收入的路径，这里不视作间接效应，也不做分析；财政性金融资源配置→农村产业融合→消费的标准化效应值为 0.045，市场性金融资源配置→农村产业融合→消费的标准化效应值为 0.014，说明财政性金融资源配置通过产业结构渠道对消费的提升作用比市场性金融资源配置更大。基于前面的分析可知，在推动农村产业融合发展中，财政性金融资源配置起到了更多的作用，金融机构鉴于创新能力不足、过渡性避险等原因，对产业融合的推动作用未被完全激发；财政性金融资源配置

→农业生产率→农村产业融合→消费的标准化效应值为 0.010，市场性金融资源配置→农业生产率→农村产业融合→消费的标准化效应值为 0.025，市场性金融资源配置通过农业生产率→农村产业融合渠道对消费的提升作用比财政性金融资源配置更大，主要是由于市场性金融资源配置对农业生产率的促进效应更大一些，这里不再重述。而且整体比较来看，两条效应的路径值均不大，说明存在路径过长，影响效应损耗的情况。

8.4 影响机制的实证检验发现

本章利用中国 2000—2019 年 30 个省份的面板数据，通过构建路径分析模型，对前述理论分析中农村金融资源配置影响农民福利的机制进行实证检验，结合理论分析和检验结果可得出如下结论：

第一，农村金融资源配置对农民收入和消费存在显著的直接和间接的正向影响效应，财政性金融资源配置和市场性金融资源配置均可以通过提高农业生产率和促进农村产业融合来拉动农民的收入和消费。

第二，财政性金融资源配置对农民收入的直接影响不显著，而市场性金融资源配置对农民收入和消费存在正向显著的直接影响。财政性金融资源配置对农民收入未体现出直接影响，而对消费的正向影响却较大，转移支付和补贴是直接提高农民收入的重要方法，但这种方式只在短期有效且不可持续，这部分收入的消费倾向会更大，间接推动了财政性金融资源配置对农民消费更大的正向影响。市场性金融资源配置对农民的收入和消费均产生显著的直接促进作用，但局限于金融机构创新能力不足、农民利用投资性金融工具、消费信贷的意识较为薄弱，市场性金融资源对收入和消费的直接拉动作用较为有限。

第三，财政性金融资源配置更能通过促进农村产业融合进而影响农民的收入和消费，而市场性金融资源配置通过农业生产率渠道对收入和消费的拉动作用更大。

第四，在农村金融资源配置对农民福利产生间接影响的过程中，农村产业融合到农民收入这一段的影响机制受阻，农村产业融合对农民收入的正向影响未体现出来，产业融合可以通过提高农产品附加值、拓宽农村就业市场、创新农业新业态等方式促进农民增收致富，但倘若不加规范和引导，产业融合的收益更容易被资产大户、管理能手独占，出现"精英俘获"，小农户的收益得不到保障，收入差距进一步被拉大。

9 结论及启示

9.1 研究结论

本书考察了全国 30 个省份 2000—2019 年间农村金融资源配置水平与农民福利的时空演变情况，并测度静态耦合协调度、动态耦合协调度以及空间耦合协调度，分析三类耦合协调度的空间效应、影响因素以及农村金融资源配置水平对农民福利的影响机制。主要研究结论如下：

第一，中国农村金融资源配置水平在样本期内由保持平稳到逐渐增长，但经客观赋权后的综合测度值仍处于相对较低水平，各省份间农村金融资源配置水平差距逐步扩大；空间上呈现自沿海地区、北部边境地区向西南内陆地区等级递减的阶梯状分布特征，具有显著空间正自相关性。农村金融资源静态配置效率水平整体不高且波动降低，各省份间的效率差异趋于缩小，在空间上具有逐渐增强的正自相关性。农村金融资源动态配置效率波动递减，各省份间的效率差异趋于缩小，在空间上具有正自相关性。从时序演变特征来看，农村金融资置水平从 2000 年的 0.059 提升至 2019 年的 0.293，年均增长率为 8.80%，其中在 2004—2014 年间农村金融资源配置水平提升最快，年均增速达 15.49%。各省份间农村金融资源配置水平差距逐步扩大，且高水平区省份的配置水平及数量占比均提升。各类金融资源配置水平均在样本期内有所提升，其中以人均农业保险投保额在样本期内保持年均增长率为 18.33%，在各类农村金融资源提升速度最快；而农村金融机构密度则从 2000 年的 1.203 个/万人提升至 2019 年的 1.647 个/万人，年均增长率为 1.67%，增速最慢。从空间演变特征来看，高水平区省份趋向集中于中国北部边境省份及东部沿海省份，呈现自沿海地区、北部边境地区向西南内陆地区等级递减的阶梯状分布特征。各省份间农村金融资源配置水平在空间上始终呈现正自相关性且相关性不断增强，表现为 Global Moran's I 从 2000 年的 0.239 提升至 2019 年的 0.466。

第二，中国农民福利水平由持续提升至趋于平稳，各省份间农民福利水平差距趋于缩小，高福利水平省份的数量仍在增加；空间上整体呈现农民福利水平东高西低的分布特征，空间正自相关性显著。从时序演变特征来看，农民福利水平增速趋缓，从 2000 年的 0.408 提升至 2019 年的 0.697，年均提升 2.86%，低于农村金融资源配置水平增速，年均增幅保持相对平稳。农民福利水平在样本期内表现为平稳—快速增长—平稳的阶段性特征，与农村居民消费水平的变化特征较为相似，其中 2004—2018 年农民福利水平快速提升，该时期年均增速达 3.71%，2018 年后农民福利水平出现小幅下降，保持在 0.700。中国农民福利水平各省份间差距趋于缩小，高值区省份福利水平和数量占比均提升。农村居民收入水平、消费水平和生活质量均有所提升，收入差距和消费差距降低，其中以农村居民家庭人均可支配收入在样本期内增速最快，从 2000 年的 2 436.255 元提升至 2019 年的 16 802.420 元，年均增长率为 10.70%。从空间演变特征来看，高水平区域集中于北京、上海并逐步向沿海及内陆地区省份拓展，整体呈现东高西低的空间分布特征，与农村居民消费水平的空间变化特征最为相似。各省份间农民福利水平在空间上始终呈现正自相关性，Global Moran's I 波动略有下降。

第三，农村金融资源配置水平与农民福利的静态耦合协调度在样本期内持续提升，由失调阶段提升至高度协调阶段，但各省份间静态耦合协调度差距趋于扩大；空间上静态耦合协调度逐步呈现自中国东部、北部地区向中部、西南地区多级递减的分布格局，在空间上具有显著强正相关性。从时序演变特征来看，静态耦合协调度从样本初期的 0.240 提升至样本末期的 0.595，年均增速为 4.89%，经历失调、中度协调和高度协调三阶段，随时间变化，农村金融资源配置系统和农民福利系统自身发展提升的同时，两系统保持良好互动，协同发展水平进一步提升。总系统发展度、耦合度及耦合协调度时序演变特征基本一致，均呈现平稳提升，其中以系统发展度增速最快，从 2000 年的 0.145 提升至 2019 年的 0.440，年均增速达 6.02%。从空间演变特征来看，耦合协调度与耦合度的空间分布特征相似，逐步由以吉林为极点，自东北部、东部沿海地区向中西部地区递减的空间分布格局演变为自中国东部、北部地区向中部、西南地区多级递减的空间分布格局。耦合协调度与耦合度的 Global Moran's I 变化特征相似，耦合协调度相似的省份在空间上呈现出集聚分布特征，考察期内 Global Moran's I 波动提升，从 2000 年的 0.250 提升至 2019 年的 0.512，空间自相关性增强。

第四，农村金融资源配置水平与农民福利的动态耦合协调度始终处于协调发展演化阶段，但动态演化速率差距逐渐增大，长期将不利于二者协调发展；二者空间上始终呈现北部边境及中部地区省份动态耦合协调程度低于其他省份的特征，而且在空间上具有显著强正相关性。从时序演变特征来看，样本期内各年份系统动态耦合协调度均值表明两系统为协调发展演化阶段（Ⅱ），相互作用明显，金融资源配置带动经济福利提升程度提高，二者呈现良性发展；但两系统的剪刀差 α 呈现波动提升，样本期内金融资源配置水平与经济福利水平的动态演化速率差距逐渐增大，发展趋势呈扩大，长期将不利于二者协调发展。中国各省份动态耦合协调度在样本期等级无变动，始终呈现北部边境及中部地区省份耦合程度低于其他省份的特征，Global Moran's I 均呈现显著正相关，指数值稳定在 0.240~0.241 之间，动态耦合协调度相似的省份在空间有集聚分布特征。

第五，农村金融资源配置与农民福利的空间耦合协调度在样本期内呈协调耦合发展趋势，但各省份间空间耦合协调度差距趋于扩大。空间耦合协调度在空间上逐步演化为各省份均协调耦合发展，呈现较强的空间正自相关性。农村金融资源配置和农民福利的地理集中度均在样本期内波动下降，空间集聚程度有所降低，分别年均降低 0.36% 和 0.28%。农村金融资源配置与农民福利空间耦合协调度先降后增并趋近于 1，年均提升 0.15%，协调一致性逐渐提高，其中在 2000—2005 年呈下降趋势，原因是农村金融资源配置的地理集中度提升过快，与农民福利地理集中度的差距拉大。中国各省份空间耦合协调度由中西部地区部分省份农村金融资源配置滞后、东部地区部分省份农村金融资源配置超前，逐步演化为各省份间的协调发展。

第六，静态耦合协调度呈现显著空间正向溢出效应，而动态耦合协调度则存在空间虹吸效应，空间耦合协调度的空间效应不显著。回归结果显示，静态耦合协调度空间效应系数显著为 0.067，表明本地区静态耦合协调度正向影响周边地区的同时，周边邻近地区的静态耦合协调度也会对本地区静态耦合协调度产生溢出效应，邻近地区静态耦合协调度的空间相似性逐渐提高。动态耦合协调度空间效应系数显著为-0.742，动态耦合协调度占优势的省份由于自身农村金融资源配置水平与农民福利水平的动态演化速率均较快，吸引各类经济要素投入，导致与周边省份的差距逐渐扩大，因此存在较强的空间虹吸效应。

第七，地区社会发展水平的提高有助于推进静态、动态和空间耦合协调度的提升，农业比重则制约三类耦合协调度提升。从金融环境来看，金融市场交易效率显著提升空间耦合协调度，金融发展规模与市场交易效率则负向影响动态耦合协调度。经济发展水平显著促进静态和动态耦合协调度，农业比重不利于静态耦合协调度、动态耦合协调度和空间耦合协调度的提升，农村经济效率促进了静态耦合协调度的提升但对动态和空间耦合协调度均产生抑制效应。社会发展水平成为促进三者提升的关键因素，信息技术水平显著提升了静态耦合协调度，人均受教育水平促进动态耦合协调度提升。

第八，农村金融资源配置与农民福利两个子系统之间存在较为紧密的耦合机制，农村地区的财政性金融资源和市场性金融资源在以提升农民福利为宗旨的基础上进行扩张时，主要通过提高农业生产率和促进农村地区产业融合来推动农村经济发展，进而带动农民福利实现跃升。其中财政性金融资源配置更能通过促进农村产业融合进而影响农民的收入和消费，而市场性金融资源配置通过农业生产率渠道对收入和消费的拉动作用更大一些。农村金融资源配置对农民收入的影响机制中，产业融合助力农民增收渠道受阻，一方面可能是因为产业融合发展程度不深导致对小农户带来的冲击大过收益；另一方面要警惕产业融合过程中可能出现的"精英俘获"，损害小农户利益的同时也拉大了收入差距。

9.2　政策启示

基于上述研究结论，本书从优化农村金融资源配置、促进农村金融资源配置与农民福利协调可持续发展方面，提出以下政策启示：

第一，促进农村金融资源形成规模化优势，加快调整配套产业发展政策，提高农村金融资源利用效率；实施差异化的农村金融资源配置政策，积极引导农村金融资源有序下沉。目前优化农村金融资源配置的关键在于破解农村金融资源投入规模与农村经济社会发展状况不适应的问题，调整产业发展配套政策，减少农村金融领域的无效、低效供给，增加有效、高效供给，发挥产业优势，提高农村金融资源利用效率，有力助推乡村振兴。全面推进乡村振兴，必须深化农村金融改革，使得农村金融体系更好地适应农村改革发展的需要，为农业农村现代化提供强有力支持。根据不同地区产业发展特征，建立多层次、多元化的农村金融资源配置体系，如东部沿海地区可通过培育农村金融市场的良性竞争机制来优化资源配置；中部地区应在政府的适度主导下完善农村金融资源配置投入结构；西部地区亟须增加更富流动性的新型农村金融机构，延伸服务拓展功能，促进农村金融资源的下沉。

第二，提高农村金融深化程度，为现代化农村发展提供多元化资金渠道。传统的金融资源配置由于配置成本等问题的制约，难以及时对农村金融需求变化做出调整，需要从配置方式、配置渠道等方面加以创新。一方面，通过数字普惠金融、互联网金融等创新金融资源配置方式，从而与农村居民金融需求相适应，及时有效调整金融资源配置水平；另一方面，大型商业银行难以对农村金融需求及时有效创新金融产品与服务，而新型农村金融机构更易实现农村金融产品创新、功能延伸的有效性，以内嵌于农村社会的角色通过多渠道促进金融资源配置水平提升，通过多种形式满足"三农"金融需求，促进农民福利提升。

第三，坚定新时代农业农村优先发展的正确路径，加快健全完善现代农业财政支农政策体系，更好地发挥财政在现代化农业农村发展道路上的重要作用，提供更多更优质的农业公共服务。在现有对农业农村发展的财政支持的基础上，进一步扩大比例、优化补贴结构、完善财政支农体制，在农业资源高效利用、绿色生产上提高效率；根据各区域农业资源禀赋状态、发展条件的差异制定财政支付制度。此外，要充分发挥政策性金融对农村金融机构支农支小的带动作用，鼓励各级财政积极出台贷款贴息、风险补偿等措施，着力解决好农村金融市场的信息不对称问题。

第四，完善农村地区基础设施建设，充分发挥金融资源流动及配置效率的空间效应，促进全国各省份农村金融资源配置与农民福利耦合协调发展。目前农村金融资源配置水平与农民福利耦合协调度虽呈现较强的空间自相关性，但动态耦合协调度的空间虹吸效应长此以往则会导致差距持续扩大。因此，应通过政府适度干预，充分发挥农村金融资源配置的空间效应，以"点"带"面"促进其辐射强度，带动周边省份提升耦合协调度，打破农村金融资源配置的地域限制，促进农村金融资源地域间的流动。

第五，注重农村经济社会环境的优化，以促进金融资源配置与农民福利的协调可持续发展。优化金融环境、经济环境以及社会环境等外部条件，持续促进地区经济发展，为农村创造就业机会多、工资收入高以及教育水平高的生活环境，激发农村居民金融需求，加速双系统耦合发展；完善社会保障及基础设施，加快互联网、数字金融的基础设施建设，实现农村金融资源低成本、高效率配置，促进农村金融资源配置与农民福利的协调发展。

第六，关注农村产业融合发展中小农户的融入和获益情况，避免出现因"精英俘获"而导致收入差距的进一步扩大。首先，要提升小农户自身的生产经营能力，加大对小农户生产基础设施改善、现代化生产资料供给的投入，发挥各地农学类专业学校、农业科研机构、农业企业、农业农村办公室等专业优势，加快推进农业科技应用转化和开展对小农户的技术培训，加强农业社会化服务体系在农业全产业链上的服务能力；其次，鼓励小农户之间、小农户与新型农业经营主体之间开展横向和纵向的各类合作，充分发挥村集体经济在信息、技术、资金、资源整合等方面的优势，带动小农户的农业生产，强化和规范小农户与新型农业经营主体之间的利益联结机制，切实保障小农户的利益分配权利不受威胁；最后，引导和鼓励社会资本进入农业农村的同时，要设置合理的准入限制，从进入产业和进入方式上确保社会资本对农村可持续发展和农户增产增收的积极作用。

参考文献

阿玛蒂亚·森，2002. 以自由看待发展 [M]. 任赜，于真，译. 北京：中国人民大学出版社.

阿马蒂亚·森，2004. 集体选择与社会福利 [M]. 胡的的，胡毓达，译. 上海：上海科学技术出版社.

安强身，姜占英，2015. 金融资源配置效率、TFP 变动与经济增长——来自中国的证据（2003~2013）[J]. 金融经济学研究，30（3）：14-23.

白彩全，黄芽保，宋伟轩，2014. 省域金融集聚与生态效率耦合协调发展研究 [J]. 干旱区资源与环境，28（9）：1-7.

白钦先，1989. 比较银行学 [M]. 郑州：河南人民出版社.

白钦先，丁志杰，1998. 论金融可持续发展 [J]. 国际金融研究，5：28-32.

白钦先，2001. 金融可持续发展研究导论 [M]. 北京：中国金融出版社.

白钦先，谭庆华，2006. 论金融功能演进与金融发展 [J]. 金融研究，7：41-52.

白忠菊，藏波，杨庆媛，2013. 基于脱钩理论的城市扩张速度与经济发展的时空耦合研究——以重庆市为例 [J]. 经济地理，33（08）：52-60.

鲍曙光，冯兴元，2022. 财政金融协同支持农民农村共同富裕的实践探讨 [J]. 农村金融研究，8：10-19.

毕其格，宝音，李百岁，2007. 内蒙古人口结构与区域经济耦合的关联分析 [J]. 地理研究，5：995-1004.

蔡雪雄，谢志忠，游少萍，2007. 论农村信用社的人力资源能力建设 [J]. 经济问题，12：107-110.

蔡昉，2007. 中国劳动力市场发育与就业变化 [J]. 经济研究，7：4-14+22.

陈彦斌，马莉莉，2007. 中国通货膨胀的福利成本研究 [J]. 经济研究，4：30-42+159.

陈彦斌，陈伟泽，陈军，等，2013. 中国通货膨胀对财产不平等的影响

［J］. 经济研究, 8: 4-15+130.

陈刚, 2013. 通货膨胀的社会福利成本——以居民幸福感为度量衡的实证研究［J］. 金融研究, 2: 60-73.

曹源芳, 谢惠贞, 汪祖杰, 2012. 金融地理对区域金融稳定的作用机理: 基于金融功能观的分析视角［J］. 经济体制改革, 4: 47-51.

陈灿明, 何春博, 2018. 江西省征地补偿标准与区域经济时空耦合关系研究［J］. 中国人口·资源与环境, 28 (S1): 140-142.

陈宇翔, 黄善林, 刘兆军, 2022. 风险认知对农户土地托管决策影响研究［J］. 中国土地科学, 36 (10): 21-30.

常建新, 姚慧琴, 2015. 陕西省农户金融抑制与福利损失——基于2007—2012年6 000户农户调研数据的实证分析［J］. 西北大学学报 (哲学社会科学版), 3: 67-73.

陈东, 刘金东, 2013. 农村信贷对农村居民消费的影响——基于状态空间模型和中介效应检验的长期动态分析［J］. 金融研究, 6: 160-172.

陈晓声, 吴晓忠, 张志超, 2016. 普惠金融视角下农户借贷行为分析与福利效果测算［J］. 中国流通经济, 30 (3): 94-101.

陈亮, 杨向辉, 2018. 农村金融的区域差异影响因素及政策分析［J］. 中国特色社会主义研究, 3: 42-50.

陈燕, 林乐芬, 2023. 政策性农业保险的福利效应——基于农民视角的分析［J］. 中国农村观察, 1: 116-135.

陈鸣, 周发明, 2016. 农地经营规模、农业科技投入与农业生产效率——基于面板门槛模型的实证［J］. 产经评论, 7 (03): 130-140.

陈文, 吴赢, 2021. 数字经济发展、数字鸿沟与城乡居民收入差距［J］. 南方经济, 11: 1-17.

陈良敏, 张伟伟, 2022. 农村金融市场发展与县域产业结构升级关系研究［J］. 价格理论与实践, 12: 91-95.

陈剑波, 1995. 乡镇企业的产权结构及其对资源配置效率的影响［J］. 经济研究, 9: 24-32.

陈雨露, 罗煜, 2007. 金融开放与经济增长: 一个述评［J］. 管理世界, 4: 138-147.

陈锡文, 2013. 构建新型农业经营体系刻不容缓［J］. 求是, 22: 38-41.

陈鹏, 2010. 我国农村义务教育福利存在的问题与对策［J］. 教学与管理，27：12-14.

陈利根，成程，2012. 基于农民福利的宅基地流转模式比较与路径选择 [J]. 中国土地科学，10：67-74.

陈文婷，许达恒，杨丽玲，2023. 绿色普惠金融与乡村振兴耦合能否助推经济发展？[J]. 财经理论与实践，44（06）：100-107.

程惠霞，杨璐，2020. 中国新型农村金融机构空间分布与扩散特征 [J]. 经济地理，40（2）：163-170.

成学真，倪进峰，2018. 金融资源省域分布、影响因素及其空间效应研究 [J]. 兰州大学学报（社会科学版），46（3）：13-23.

崔满红，1999. 金融资源理论研究（二）：金融资源 [J]. 金融论坛，5：10-15.

崔海燕，2024. 农村人力资源对农业经济的影响 [J]. 山西农经，3：89-91.

陈国生，2019. 湖南省农村一二三产业融合发展水平测定及提升路径研究 [J]. 湖南社会科学，6：79-85.

陈飞，翟伟娟，2015. 农户行为视角下农地流转诱因及其福利效应研究 [J]. 经济研究，50（10）：163-177.

陈莹，张安录，2007. 农地转用过程中农民的认知与福利变化分析——基于武汉市城乡结合部农户与村级问卷调查 [J]. 中国农村观察，5：11-21+37+81.

董孝斌，高旺盛，严茂超，2005. 基于能值理论的农牧交错带两个典型县域生态经济系统的耦合效应分析 [J]. 农业工程学报，11：9-14..

杜江，张伟科，范锦玲，2017. 农村金融发展对农民收入影响的双重特征分析——基于面板门槛模型和空间计量模型的实证研究 [J]. 华中农业大学学报（社会科学版），6：35-43+149.

杜志平，穆东，2005. 基于功能耦合的供应链系统研究 [J]. 物流技术，9：115-118.

邓晓娜，2020. 农村金融机构经营效率测算及影响因素的空间计量分析——兼论农村金融机构改革 [J]. 金融监管研究，2：51-66.

戴序，董亚文，2019. 农村金融发展对农村居民消费影响的实证分析 [J]. 税务与经济，223（2）：32-39.

窦银娣，刘一曼，李伯华，等，2016. 湖南省城市人居环境与新型城镇化耦合发展的时空演变研究 [J]. 西北师范大学学报（自然科学版），52

（05）：107-113.

戴伟，张雪芳，2016. 基于新视角的金融资源配置效率测度研究 [J].
华东经济管理，30（05）：52-60.

邓靖，2016. 中国居民经济福利的动态差异分析——来自 210 个地市及
以上城市的经验证据 [J]. 中国人口·资源与环境，2：458-461.

德尔·W·亚当斯，1988. 农村金融研究 [M]. 北京：中国农业科技出
版社.

杜乐勋，1985. 我国农村医疗福利与保险制度的回顾与展望 [J]. 中国
卫生事业管理，2：23-26.

杜志平，穆东，2003. 构建矿城耦合系统协同发展体系的研究 [J]. 中
国软科学，9：21-26.

丁琳琳，吴群，李永乐，2016. 土地征收中农户福利变化及其影响因素
——基于江苏省不同地区的农户问卷调查 [J]. 经济地理，36（12）：154-161.

丁琳琳，吴群，李永乐，2017. 新型城镇化背景下失地农民福利变化研
究 [J]. 中国人口·资源与环境，27（3）：163-169.

董玉峰，刘婷婷，路振家，2016. 农村互联网金融的现实需求、困境与
建议 [J]. 新金融，11：32-36.

董秀良，满媛媛，王轶群，2019. 农村金融集聚对农民消费影响研究
[J]. 数理统计与管理，38（04）：688-703.

方传棣，成金华，赵鹏大，2019. 大保护战略下长江经济带矿产—经济—
环境耦合协调度时空演化研究 [J]. 中国人口·资源与环境，29（06）：65-73.

方建华，时晓青，2023. 民族地区县域学前教育教师资源配置水平研
究——基于 PLS 结构方程模型的分析 [J]. 学前教育研究，12：36-50.

方观富，蔡莉，2022. 数字普惠金融如何影响农业产出：事实、机制和
政策含义 [J]. 农业经济问题，10：97-112.

冯锐，高菠阳，陈钰淳，等，2020. 粤港澳大湾区科技金融耦合度及其
影响因素研究 [J]. 地理研究，39（09）：1972-1986.

冯兴元，何梦笔，何广文，2004. 试论中国农村金融的多元化——一种
局部知识范式视角 [J]. 中国农村观察，5：17-29+59-79.

冯兴元，孙同全，韦鸿，2019. 乡村振兴战略背景下农村金融改革与发
展的理论和实践逻辑 [J]. 社会科学战线，2：54-64.

冯应斌，辜磊，2023. 福利经济视域下易地扶贫搬迁农户宅基地退出补

偿剖析——兼论与乡村振兴战略的有效衔接 [J]. 云南行政学院学报, 25 (02): 68-78.

冯海红, 2016. 小额信贷、农民创业与收入增长——基于中介效应的实证研究 [J]. 审计与经济研究, 31 (05): 111-119.

方福前, 吕文慧, 2009. 中国城镇居民福利水平影响因素分析——基于阿马蒂亚·森的能力方法和结构方程模型 [J]. 管理世界, 4: 17-26.

官冬杰, 谭静, 张梦婕, 等, 2017. 重庆市人口与经济发展空间耦合分布研究 [J]. 人文地理, 32 (02): 122-128.

郭华, 张洋, 彭艳玲, 等, 2020. 数字金融发展影响农村居民消费的地区差异研究 [J]. 农业技术经济, 12: 66-80.

郭庆旺, 赵志耘, 贾俊雪, 2005. 中国省份经济的全要素生产率分析 [J]. 世界经济, 5: 46-53+80.

郭思嘉, 2018. 中国农村正规金融和非正规金融关系研究 [D]. 哈尔滨工业大学.

郭峰, 胡金焱, 2012. 农村二元金融的共生形式研究: 竞争还是合作——基于福利最大化的新视角 [J]. 金融研究, 2: 102-112.

郭劲光, 2009. 粮食价格波动对人口福利变动的影响评估 [J]. 中国人口科学, 6: 49-58+111.

高进云, 乔荣锋, 2016. 土地征收前后农民福利变化测度与可行能力培养——基于天津市4区调查数据的实证研究 [J]. 中国人口·资源与环境, 2: 167-170.

高进云, 乔荣锋, 张安录, 2007. 农地城市流转前后农户福利变化的模糊评价——基于森的可行能力理论 [J]. 管理世界, 6: 45-55.

高进云, 周智, 乔荣锋, 2010. 森的可行能力理论框架下土地征收对农民福利的影响测度 [J]. 中国软科学, 12: 59-69.

高博发, 李聪, 李树苗, 等, 2020. 生态脆弱地区易地扶贫搬迁农户福利状况及影响因素研究 [J]. 干旱区资源与环境, 34 (08): 88-95.

高培培, 2024. 数字经济与实体经济融合协调发展水平统计测度 [J]. 统计与决策, 40 (05): 28-32.

谷国锋, 王雪辉, 2018. 东北地区经济发展与生态环境耦合关系时空分析 [J]. 东北师大学报 (哲学社会科学版), 294 (4): 159-165.

郭付友, 李诚固, 陈才, 等, 2015. 2003年以来东北地区人口城镇化与土地城镇化时空耦合特征 [J].经济地理,35 (09):49-56.

郭英,曾孟夏,2011.我国农业支持与农民收入和消费的再思考——基于整体性的多变量协整系统 [J].经济问题,11:79-83.

郭远智,刘彦随,2019.云南省县域经济发展与农村减贫的空间耦合协调分析 [J].经济经纬,1:1-12.

郭军,张效榕,孔祥智,2019.农村一二三产业融合与农民增收——基于河南省农村一二三产业融合案例 [J].农业经济问题,3:135-144.

龚晓菊,刘奇山,2010.论扩大农村消费的金融支持 [J].现代财经(天津财经大学学报),30 (08):35-43.

顾宁,王灏威,2021.农户借贷有利于家庭增收吗——来自中国农村家庭的微观证据 [J].农业经济与管理,6:73-82.

韩克庆,2011.中国社会福利重构中的金融危机与制度应对 [J].东岳论丛,32 (03):80-89.

韩其恒,李俊青,2010.金融深化对个体行为及其福利的影响分析 [J].财经研究,36 (6):14-25,+35.

洪德帆,徐逸杰,胡茜,等,2024.青少年校园受欺凌与自杀意念的关系:基于潜调节的结构方程模型 [J/OL].心理发展与教育,5:706-719.

韩鹏鹏,张靖,李宁,等,2023.基于结构方程模型探讨五态人格与卡特尔16种人格因素的关系 [J].中医杂志,64 (22):2305-2309.

韩玉洁,徐旭初,2022.农民合作社促进乡村共同富裕的经典理论与中国实践 [J].毛泽东邓小平理论研究,10:89-97+108.

韩央迪,李迎生,2014.中国农民福利:供给模式、实现机制与政策展望 [J].中国农村观察,5:13-24+93.

何广文,1999.从农村居民资金借贷行为看农村金融抑制与金融深化 [J].中国农村经济,10:42-48.

何广文,冯兴元,郭沛,2005.中国农村金融发展与制度变迁 [M].北京:中国财政经济出版社.

贺雪峰,2006.立足增加农民福利的新农村建设 [J].学习与实践,2:84-89.

胡士华,郭雨林,杨涛,2016.信息不对称、金融联结与信贷资金配置——基于农户调查数据的实证研究 [J].农业技术经济,2:81-91.

胡超,孙继国,2022.数字普惠金融是否有助于全面推进乡村振兴？——基于30个省市面板数据的实证分析 [J]. 河北农业大学学报（社会科学版），24 （04）：57-67.

胡帮勇，2014. 贫困地区农村金融发展对农户福利影响研究 [D]. 南京农业大学.

胡小芳，王旭，杨子薇，等，2020. 易地扶贫搬迁后农户生计改善评价——基于湖北省J县的调查 [J]. 天津商业大学学报，40 （02）：30-35.

黄益平，王敏，傅秋子，等，2018. 以市场化、产业化和数字化策略重构中国的农村金融 [J]. 国际经济评论，3：106-124+7.

黄卓，王萍萍，2022. 金融科技赋能绿色金融发展：机制、挑战与对策建议 [J]. 社会科学辑刊，5：101-108.

黄睿，王坤，黄震方，等，2018. 绩效视角下区域旅游发展格局的时空动态及耦合关系——以泛长江三角洲为例 [J]. 地理研究，37 （05）：995-1008.

黄金川，方创琳，2003. 城市化与生态环境交互耦合机制与规律性分析 [J]. 地理研究，2：211-220.

黄颖，吕德宏，2021. 农业保险、要素配置与农民收入 [J]. 华南农业大学学报（社会科学版），20 （02）：41-53.

洪学婷，黄震方，于逢荷，等，2020. 长三角城市文化资源与旅游产业耦合协调及补偿机制 [J]. 经济地理，40 （09）：222-232.

惠恩才，2012. 我国农村基础设施建设融资研究 [J]. 农业经济问题，33 （07）：63-69.

戢晓峰，姜莉，陈方，2017. 云南省县域城镇化与交通优势度的时空协同性演化分析 [J]. 地理科学，37 （12）：1875-1884.

贾燕，李钢，朱新华，等，2009. 农民集中居住前后福利状况变化研究——基于森的"可行能力"视角 [J]. 农业经济问题，2：30-36.

姜霞，2010. 对我国农村金融资源配置问题的相关分析 [J]. 湖北社会科学，5：83-86.

贾立，石倩，黄馨，2011. 农村金融发展对农村基础设施建设支持效应的分析 [J]. 农业技术经济，11：34-44.

姜嫣，马耀峰，高楠，等，2012. 区域旅游产业与经济耦合协调度研究——以东部十省（市）为例 [J]. 华东经济管理，26 （11）：47-50.

金发奇，黄晶，吴庆田，2021. 数字普惠金融调节城乡居民福利差异效率及影响因素研究——基于DEA-Malmquist-Tobit模型 [J]. 金融理论与实践, 3: 14-22.

李涛, 傅强, 2011. 中国省际碳排放效率研究 [J]. 统计研究, 28 (07): 62-71.

李芸, 陈俊红, 陈慈, 2017. 北京市农业产业融合评价指数研究 [J]. 农业现代化研究, 38 (02): 204-211.

李晓龙, 冉光和, 2019. 农村产业融合发展的创业效应研究——基于省际异质性的实证检验 [J]. 统计与信息论坛, 34 (03): 86-93.

梁丽冰, 2020. 数字普惠金融对城乡收入差距的空间溢出效应——以我国30个省市自治区为例 [J]. 海南金融, 1: 68-76.

梁杰, 高强, 汪艳涛, 2020. 农地抵押与信誉监管能否缓解农户信贷高利率困境? ——基于人为田野实验的检验 [J]. 河北经贸大学学报, 41 (02): 91-99.

刘宝涛, 王冬艳, 刘惠清, 2016. 城镇化发展与土地健康利用协同演化关系——以长春市为例 [J]. 经济地理, 36 (10): 76-83.

林成, 2007. 从市场失灵到政府失灵: 外部性理论及其政策的演进 [D]. 辽宁大学.

刘中海, 2020. 农村居民养老保险财政补贴的福利效应研究 [J]. 社会保障评论, 1: 162.

卢新海, 陈丹玲, 匡兵, 2018. 产业一体化与城市土地利用效率的时空耦合效应——以长江中游城市群为例 [J]. 中国土地科学, 32 (09): 66-73.

刘程军, 周建平, 蒋建华, 等, 2019. 区域创新与区域金融耦合协调的格局及其驱动力——基于长江经济带的实证 [J]. 经济地理, 39 (10): 94-103.

刘纯彬, 桑铁柱, 2010. 农村金融发展与农村收入分配: 理论与证据 [J]. 上海经济研究, 12: 37-46.

刘安学, 张莹, 谢爱辉, 2015. 陕西农村金融资金配置效率县域差异分析 [J], 统计与信息论坛, 30 (01): 59-65.

刘军, 黄解宇, 曹利军, 2007. 金融集聚影响实体经济机制研究 [J]. 管理世界, 4: 152-153.

李喆, 2013. 城镇化进程中农村金融供需体系的博弈分析 [J]. 中央财经大学学报, 4: 34-40.

李成友, 孙涛, 2018. 渠道信贷约束、非正规金融与农户福利水平 [J]. 改革, 296 (10): 92-103.

李鹤，张启文，2019. 农村金融发展对农民非农收入影响的实证分析 [J]. 统计与决策，6：111-114.

李敬，冉光和，2007. 中国区域金融发展差异的解释——基于劳动分工理论与 Shapley 值分解方法 [J]. 经济研究，5：42-54.

李建伟，2017. 普惠金融发展与城乡收入分配失衡调整——基于空间计量模型的实证研究 [J]. 国际金融研究，10：14-23.

李俊霞，温小霓，2019. 中国科技金融资源配置效率与影响因素关系研究 [J]. 中国软科学，1：164-174.

李明贤，向忠德，2011. 我国中部地区农村金融资源配置效率实证分析 [J]. 农业技术经济，7：75-81.

李明贤，陈铯，2021. 金融科技征信与农村金融机构服务能力提升 [J]. 金融经济，1：21-28.

李明贤，彭晏琳，2023. 金融科技促进了农民增收吗？[J]. 南京农业大学学报（社会科学版），23（06）：24-39.

李邦熹，王雅鹏，2016. 小麦最低收购价政策对农户福利效应的影响研究 [J]. 华中农业大学学报（社会科学版），4：47-52+129.

李锐，李宁辉，2004. 农户借贷行为及其福利效果分析 [J]. 经济研究，12：96-104.

李锐，朱喜，2007. 农户金融抑制及其福利损失的计量分析 [J]. 经济研究，2：146-155.

李胜会，邓思颖，2020. 经济发展决定了社会福利水平的区域差异吗？[J]. 中国公共政策评论，16（01）：150-177.

李宛聪，袁志刚，2018. 中国金融资源配置模式及其影响 [J]. 学术研究，12：90-98+2.

李小云，杨宇，刘毅，等，2017. 1990 年以来中国经济重心和人口重心时空轨迹及其耦合趋势研究 [J]. 经济问题探索，11：1-9.

李秀茹，2013. CBD 金融集聚与产业集群"共轭效应"互动发展问题研究——以海峡西岸经济区五大核心城市为例 [J]. 当代经济研究，10：63-69.

李扬，2017. 努力建设"现代金融"体系 [J]. 经济研究，52（12）：4-7.

李扬，殷剑峰，2000. 开放经济的稳定性和经济自由化的次序 [J]. 经济研究，11：13-23+78.

李源，2018. 金融资源与实体经济的优化配置研究[J]. 中国商论，21：28-29.

李洪侠，2021. 乡村振兴视角下财政金融支农协同作用研究——基于DEA-Malmquist 和 Tobit 模型［J］. 西南金融，7：14-26.

林毅夫，2003. "三农"问题与我国农村的未来发展［J］. 农业经济问题，1：19-24，+79.

林镇凯，2012. 农村信用社支持农村区域经济发展路径探析［J］. 当代经济，6：48-49.

刘贺贺，杨青山，陈长瑶，2015. 东北地区城市效率与开发程度的时空耦合［J］. 经济地理，35（10）：64-72.

刘适，文兰娇，熊学萍，2011. 完全金融抑制下农户的信贷需求及其福利损失的实证分析［J］. 统计与决策，23：90-92.

刘彤彤，吴福象，2020. 乡村振兴战略下的互联网金融与农村居民消费［J］. 福建论坛（人文社会科学版），3：115-125.

刘璐璐，刘梦格，2021. 基于因子分析法的数字普惠金融风险评估与监管分析［J］. 商讯，21：72-74.

刘雷，张华，2015. 山东省城市化效率与经济发展水平的时空耦合关系［J］. 经济地理，35（08）：75-82.

刘赛红，李朋朋，2020. 农村金融发展的空间关联及其溢出效应分析［J］. 经济问题，2：101-108+129.

刘耀彬，李仁东，宋学锋，2005. 中国城市化与生态环境耦合度分析［J］. 自然资源学报，1：105-112.

刘玉，潘瑜春，唐林楠，2017. 京津冀地区县域农业发展与农民收入的时空耦合特征［J］. 经济地理，37（2）：141-147.

刘玉丽，马正兵，2019. 乡村振兴中农民转型的普惠金融支持及其福利效应［J］. 西北民族大学学报（哲学社会科学版），6：163-175.

刘玉春，修长柏，2013. 农村金融发展、农业科技进步与农民收入增长［J］. 农业技术经济，9：92-100.

刘继同，2002. 由集体福利到市场福利——转型时期中国农民福利政策模式研究［J］. 中国农村观察，5：36-44+80-81.

刘继同，2003. 社会福利：中国社会的建构与制度安排特征［J］. 北京大学学报（哲学社会科学版），6：92-98.

刘继同，2022. 中国"社会福利共识"的社会建构与现代社会主义福利国家制度目标［J］. 学术月刊，54（06）：73-84.

刘晓丹，2023. 财政支农促进了农业经济发展吗？——基于中国农业保险财政补贴试点的实证研究 [J]. 华北金融，2：72-85.

刘海燕，杨士英，2018. 我国农业供给侧结构性改革视野下农村金融的发展方略研究 [J]. 农业经济，8：101-103.

刘芮珺，2014. 河南农村金融行业人力资源管理存在的问题及对策分析 [J]. 管理学刊，27（02）：63-66.

刘亚琳，戴觅，2022. 消费品进口关税下调的贸易与福利效应 [J]. 世界经济，10：84-106.

刘琪，李宗洙，PARK Jeng-woon，2022. 中国农村金融发展对农民收入增长的影响研究——基于2009—2018年数据的实证分析 [J]. 湖北农业科学，61（02）：209-214.

刘纯彬，桑铁柱，2010. 农村金融深化与农村居民消费增长：基于灰色关联度的实证分析 [J]. 消费经济，26（03）：13-16.

刘明，王燕芳，2022. 金融业与制造业高质量耦合协同发展：机制、测度与影响因素 [J]. 上海经济研究，12：93-112.

李鹏，曹丽华，2021. 大学生高等数学"学习兴趣""自我效能感""学习焦虑""学习动机"的关系研究 [J]. 数学教育学报，30（04）：97-102.

李丽君，申学锋，龚政，2023. 财政支持乡村振兴的意义和路径——中国农村财经研究会乡村振兴研讨会综述 [J]. 当代农村财经，10：13-14.

李芳琴，杨洁，2015. 农村金融发展对农村居民消费的影响研究 [J]. 消费经济，31（04）：25-29.

罗瑞欣，吕涛，蒋其发，2022. 新经济地理学下区域农业经济增长动力研究 [J]. 农业经济，2：16-18.

罗向明，张伟，丁继锋，2011. 收入调节、粮食安全与欠发达地区农业保险补贴安排 [J]. 农业经济问题，32（01）：18-23+110.

罗士虎，2019. 全球化新时代下我国区域经济发展的新趋势 [J]. 中外企业家，20：52.

罗知，李琪辉，2023. 中国农村金融机构的布局：特征、问题与建议 [J]. 中山大学学报（社会科学版），63（04）：150-162.

罗纳德·麦金农，1993. 经济自由化的顺序：向市场经济过渡中的金融控制 [M]. 李若谷，吴红卫，译. 北京：中国金融出版社.

吕勇斌，李仪，2016. 金融包容对城乡收入差距的影响研究——基于空

间模型 [J]. 财政研究, 7: 22-34.

鲁建昌, 2019. 信息化对农村金融机构人力资源管理的影响及建议 [J]. 企业改革与管理, 7: 108-109.

陆军, 徐杰, 2014. 金融集聚与区域经济增长的实证分析——以京津冀地区为例 [J]. 学术交流, 2: 107-113.

逯进, 周惠民, 2013. 中国省域人力资本与经济增长耦合关系的实证分析 [J]. 数量经济技术经济研究, 30 (09): 3-19+36.

刘晓丽, 韩克勇, 2023. 财政支农、劳动力流转与农业经济增长 [J]. 现代经济探讨, 7: 115-122.

刘春林, 2017. 耦合度计算的常见错误分析 [J]. 淮阴师范学院学报 (自然科学版), 16 (01): 18-22.

马九杰, 亓浩, 吴本健, 2020. 农村金融机构市场化对金融支农的影响: 抑制还是促进? ——来自农信社改制农商行的证据 [J]. 中国农村经济, 11: 79-96.

马雪彬, 胡建光, 2012. 区域金融发展、财政支出与经济福利——基于省级动态面板数据的实证检验 [J]. 经济经纬, 1: 12-14.

马万超, 汪蓉, 2022. 新农合提升农民幸福感了吗? ——来自CHARLS面板数据的验证 [J]. 哈尔滨商业大学学报 (社会科学版), 3: 114-128.

莫媛, 周月书, 张雪萍, 2019. 县域银行网点布局的空间效应——理解农村金融资源不平衡的一个视角 [J]. 农业技术经济, 5: 123-136.

莫媛, 沈坤, 2020. 县域银行网点布局与农村信贷资金流动 [J]. 华南农业大学学报 (社会科学版), 19 (03): 11-23.

孟科学, 2006. 金融结构理论对我国金融结构调整优化的启示 [J]. 商业研究, 7: 135-139.

孟一坤, 2018. 天气衍生品套期保值福利效应研究——基于中美城市对接方法 [J]. 中国经济问题, 6: 31-45.

孟德友, 沈惊宏, 陆玉麒, 2012. 中原经济区县域交通优势度与区域经济空间耦合 [J]. 经济地理, 32 (06): 7-14.

孟雪, 狄乾斌, 季建文, 2020. 京津冀城市群生态绩效水平测度及影响因素 [J]. 经济地理, 40 (01): 181-186+225.

黎翠梅, 曹建珍, 2012. 中国农村金融效率区域差异的动态分析与综合评价 [J]. 农业技术经济, 3: 4-12.

倪瑶，成春林，2020. 普惠金融数字化对城乡居民福利差异影响的对比研究 [J]. 金融发展研究，3：49-57.

倪超，雷国平，2013. 黑龙江省粮食生产与耕地利用耦合分析 [J]. 水土保持研究，20 (01)：246-249+259.

聂荣，闫宇光，王新兰，2013. 政策性农业保险福利绩效研究——基于辽宁省微观数据的证据 [J]. 农业技术经济，4：69-76.

宁译萱，钟希余，2023. 长江中游城市群绿色金融与绿色创新效率耦合协调的演变及驱动因素 [J]. 经济地理，43 (12)：48-57.

农村金融研究课题组，2000. 农民金融需求及金融服务供给 [J]. 中国农村经济，7：55-62.

乜琪，2012. 从生存到权利——新中国成立以来农民福利状态变迁 [J]. 农村经济，4：3-7.

彭耿，李少鹏，刘芳，2015. 湖南省金融资源配置的区域差异研究 [J]. 湖湘论坛，28 (3)：73-79.

彭代彦，赖谦进，2008. 农村基础设施建设的福利影响. 管理世界，3：175-176.

庞悦，刘用明，2023. 乡村振兴背景下农村金融资源配置困境与破解路径——以成都"农贷通"模式为例 [J]. 农村经济，3：58-68.

庞艳宾，2020. 数字普惠金融助力乡村振兴 [J]. 人民论坛，1：98-99.

平新乔，李森，2017. 资源禀赋、收入分配与农村金融发展的关联度 [J]. 改革，7：139-152.

彭建刚，徐轩，2019. 农业产业化与普惠金融的耦合关系及协调发展——以湖南省为例 [J]. 财经理论与实践，40 (05)：19-26.

齐振宏，王培成，2010. 博弈互动机理下的低碳农业生态产业链共生耦合机制研究 [J]. 中国科技论坛，11：136-141.

齐红倩，李志创，2018. 我国农村金融发展对农村消费影响的时变特征研究 [J]. 农业技术经济，3：13-18.

任继周，万长贵，1994. 系统耦合与荒漠—绿洲草地农业系统——以祁连山—临泽剖面为例 [J]. 草业学报，3：1-8.

任石，胡鑫怡，陈思婷，等，2019. 精准扶贫视角下政策性农业保险福利效应研究——基于四川省9县市微观数据调查 [J]. 中国集体经济，9：9-12.

任碧云，刘进军，2015. 基于经济新常态视角下促进农村金融发展路径

探讨 [J]. 经济问题, 5: 101-106.

芮洋, 2010. 乡村治理与农民福利的内在逻辑[J].人民论坛,35:134-135.

尚晓援, 2001. "社会福利"与"社会保障"再认识 [J]. 中国社会科学, 3: 113-121.

宋凌峰, 牛红燕, 2016. 论农村金融资源配置——基于县域金融工程的视角 [J]. 江汉论坛, 11: 13-18.

上官彩霞, 冯淑怡, 2017. 不同模式下宅基地置换对农民福利的影响研究——以江苏省"万顷良田建设"为例 [J]. 中国软科学, 12: 14-20.

史恩义, 2015. 中国金融资源空间非均衡配置对经济增长影响实证分析 [J]. 统计与决策, 9: 133-135.

史耀波, 温军, 2009. 农村公共物品对农户福利影响理论研究综述 [J]. 经济纵横, 6: 122-124.

粟芳, 方蕾, 2016. 中国农村金融排斥的区域差异: 供给不足还是需求不足? ——银行、保险和互联网金融的比较分析 [J]. 管理世界, 9: 70-83.

孙玉奎, 周诺亚, 李丕东, 2014. 农村金融发展对农村居民收入的影响研究 [J]. 统计研究, 31 (11): 90-95.

唐放, 蔡广鹏, 2020. 贵州省耕地利用效率与经济发展的时空耦合关系研究 [J]. 技术经济, 39 (05): 99-106.

涂爽, 徐玖平, 徐芳, 2022. 农村金融发展对农民收入的影响: 基于收入结构的视角 [J]. 农村经济, 4: 90-98.

谭伟, 2011. 社会保障与区域经济的耦合时空变异特征研究 [J]. 湖北社会科学, 2: 56-59.

唐青生, 周明怡, 2009. 西部地区金融资源配置效率实证研究——基于主成分法的分析 [J]. 云南财经大学学报, 25 (4): 116-122.

谭燕芝, 2009. 农村金融发展与农民收入增长之关系的实证分析: 1978~2007 [J]. 上海经济研究, 4: 50-57.

谭燕芝, 眭张媛, 张子豪, 2016. 农村小额贷款公司网点布局及支农成效研究——基于东中西部355家农村小额贷款公司实证分析 [J]. 经济问题, 8: 87-93.

谭燕芝, 李云仲, 叶程芳, 2021. 省域数字普惠金融与乡村振兴评价及其耦合协同分析 [J]. 经济地理, 41 (12): 187-195+222.

唐松, 2014. 中国金融资源配置与区域经济增长差异——基于东、中、西部空间溢出效应的实证研究 [J]. 中国软科学, 8: 100-110.

陶锋, 胡军, 李诗田, 等, 2017. 金融地理结构如何影响企业生产率? ——兼论金融供给侧结构性改革 [J]. 经济研究, 52 (9): 55-71.

汤天铭, 章明芳, 2019. 农业保险扶贫的福利溢出效应 [J]. 黑龙江工业学院学报 (综合版), 19 (10): 87-93.

田霖, 2021. 金融包容与中国家庭福利水平研究——基于 CHFS 项目 28143 个家庭的调查数据 [J]. 人民论坛·学术前沿, 12: 84-103.

庹国柱, 2012. 我国农业保险的发展成就、障碍与前景 [J]. 保险研究, 12: 21-29.

武丽娟, 李定, 2019. 精准扶贫背景下金融资本对农户增收的影响研究——基于内部收入分层与区域差异的视角 [J]. 农业技术经济, 2: 61-72.

汪旭晖, 2010. 农村消费品流通渠道对农民福利的影响——基于消费品市场购买便利性与安全性视角的分析 [J]. 农业经济问题, 31 (11): 85-90+112.

王永龙, 2006. 中国农村金融资源配置机制及其效率分析 [J]. 中国经济问题, 6: 40-46.

王澍雨, 2018. 中国金融产业集聚的测度及其效应研究 [D]. 东北财经大学.

吴连霞, 赵媛, 马定国, 等, 2015. 江西省人口与经济发展时空耦合研究 [J]. 地理科学, 35 (06): 742-748.

文先明, 王策, 熊鹰, 等, 2019. 湖南省新型城镇化与金融支持的耦合协调发展 [J]. 经济地理, 39 (07): 96-105.

万欣荣, 刘燕, 程力耘, 2010. FDI、金融结构与福利分析 [J]. 金融经济学研究, 5: 112-121.

王怀勇, 2009. 中国农村社会福利保障体制的形成与变迁 [J]. 社会科学研究, 4: 85-90.

王永龙, 2007. 我国农村金融资源配置缺陷及其制度解释 [J]. 经济问题, 2: 99-101.

王纪全, 张晓燕, 刘全胜, 2007. 中国金融资源的地区分布及其对区域经济增长的影响 [J]. 金融研究, 6: 100-108.

王美艳, 2005. 中国城市劳动力市场上的性别工资差异 [J]. 经济研究, 12: 35-44.

王根芳, 陶建平, 2012. 农业保险、自然垄断与保险补贴福利 [J]. 中南财经政法大学学报, 4: 74-78.

王静, 段小燕, 彭伟, 2014. 中国东西部农业资金配置比较研究——基于资金供给和配置效率视角 [J]. 统计与信息论坛, 29 (8): 67-73.

王军, 2012. 统筹城乡发展中的金融资源配置问题研究 [J]. 西安财经学院学报, 25 (5): 112-114.

王仁祥, 杨曼, 2018. 中国省域科技与金融耦合效率的时空演进 [J]. 经济地理, 2: 15-21.

王仁祥, 黄家祥, 2016. 科技创新与金融创新耦合的内涵、特征与模式研究 [J]. 武汉理工大学学报 (社会科学版), 29 (05): 875-882.

王曙光, 王东宾, 慈锋, 2010. 城镇化的目标定位与金融支撑体系 [J]. 农村金融研究, 7: 33-35.

王先柱, 刘彩珍, 2018. 城市竞争力与房地产业耦合协调发展的时空特征分析——基于我国35个大中型城市的实证研究 [J]. 华东经济管理, 257 (5): 78-85.

王修华, 何梦, 关键, 2014. 金融包容理论与实践研究进展 [J]. 经济学动态, 11: 115-129.

王修华, 黄明, 2009. 金融资源空间分布规律: 一个金融地理学的分析框架 [J]. 经济地理, 29 (11): 1808-1811+1815.

王淑佳, 孔伟, 任亮, 等, 2021. 国内耦合协调度模型的误区及修正 [J]. 自然资源学报, 36 (03): 793-810.

王妍, 孙正林, 2022. 乡村振兴背景下我国农村金融资源高效配置研究 [J]. 苏州大学学报 (哲学社会科学版), 43 (03): 138-148.

王妍, 孙正林, 许为, 2022. 货币数字化背景下我国农村金融服务的可持续发展研究 [J]. 求是学刊, 49 (02): 94-104.

王非, 洪银兴, 戴蕾, 2010. 耐用消费品价格补贴政策及其福利效应研究——基于农村家庭的考察 [J]. 中国工业经济, 1: 24-33.

王霄, 胡军, 2005. 社会资本结构与中小企业创新——一项基于结构方程模型的实证研究 [J]. 管理世界, 7: 116-122+171.

王维安, 赵慧, 2000. 金融理论的世纪回顾与展望 [J]. 经济学动态, 1: 51-56.

王维安, 2000. 金融结构: 理论与实证 [J]. 浙江大学学报 (人文社会科学版), 1: 135-142.

汪浍宇，2022. 浅析农村正规金融的伦理问题及发展建议——基于非正规金融的伦理特性 [J]. 中国集体经济，28：85-87.

汪险生，郭忠兴，李宁，等，2019. 土地征收对农户就业及福利的影响——基于 CHIP 数据的实证分析 [J]. 公共管理学报，16（01）：153-168+176.

万伦来，刘翠，郑睿，2020. 地方政府财政竞争的生态效率空间溢出效应 [J]. 经济与管理评论，36（01）：148-160.

文敏，李磊，李连友，等，2019. 农村居民养老保险财政补贴与收入再分配效应测算 [J]. 统计与决策，35（08）：156-160.

吴开霖，史庆玲，贾琳，等，2023. 社会生态学模型视域下老年人体力活动经济效益模型建构与实证研究 [J]. 广州体育学院学报，43（01）：88-100.

温涛，王煜宇，2005. 政府主导的农业信贷、财政支农模式的经济效应——基于中国 1952—2002 年的经验验证 [J]. 中国农村经济，10：18-27.

温涛，王煜宇，2018. 改革开放 40 周年中国农村金融制度的演进逻辑与未来展望 [J]. 农业技术经济，1：24-31.

温涛，熊德平，2008. "十五"期间各地区农村资金配置效率比较 [J]. 统计研究，4：82-89.

温涛，董文杰，2017. 财政支农政策促进了城乡经济一体化发展吗？[J]. 财经问题研究，12：68-75.

温涛，朱炯，王小华，2016. 中国农贷的"精英俘获"机制：贫困县与非贫困县的分层比较 [J]. 经济研究，51（02）：111-125.

温涛，向栩，2024. 农村金融服务农业强国建设：基础能力、薄弱环节与创新路径 [J]. 经济学家，4：56-66.

吴大进，曹力，陈立华，1990. 协同学原理和应用 [M]. 湖北：华中理工大学出版社.

吴明隆，2009. 结构方程模型：AMOS 的操作与应用 [M]. 重庆：重庆大学出版社.

吴信如，2005. 资本账户自由化增长效应的经验研究结论与启示 [J]. 华东师范大学学报（哲学社会科学版），6：118-123+127.

吴贾，姚先国，张俊森，2015. 城乡户籍歧视是否趋于止步——来自改革进程中的经验证据：1989-201 [J]. 经济研究，50（11）：148-160.

吴健，2022. 农村金融高质量发展精准服务乡村振兴 [J]. 人民论坛，6：93-95.

吴雨，李成顺，李晓，等，2020. 数字金融发展对传统私人借贷市场的影响及机制研究 [J]. 管理世界，36（10）：53-64+138+65.

武志，2010. 金融发展与经济增长：来自中国的经验分析 [J]. 金融研究，5：58-68.

魏滨辉，罗明忠，2023. 数字普惠金融对农业服务业的影响——来自中国地级市的经验证据 [J]. 金融经济学研究，38（05）：61-74.

魏玲，张安录，2016. 农地城市流转农民福利变化与福利差异测度——基于二维赋权法与三类不平等指数的实证 [J]. 中国土地科学，30（10）：72-80.

韦海祥，2017. 农村金融机构人力资源现状及解决策略 [J]. 农技服务，34（15）：157.

王新红，孙美娟，2023. 非高管员工持股影响混合所有制企业创新的路径分析——基于结构方程模型的多重中介效应 [J]. 华东经济管理，37（08）：59-70.

王汉杰，温涛，韩佳丽，2020. 贫困地区农村金融减贫的财政政策协同效应研究 [J]. 财经理论与实践，41（01）：93-99.

徐建新，闫旖君，2007. 基于变异系数法的灰色关联决策模型在城市供水方案优选中的应用 [J]. 水资源与水工程学报，4：9-11.

肖端，杨琰军，谷继建，2020. 农村普惠金融能缩小县域城乡收入差距吗 [J]. 宏观经济研究，1：20-33.

徐唐奇，李雪，张安录，2011. 农地城市流转中农民集体福利均衡分析 [J]. 中国人口·资源与环境，5：50-55.

肖干，徐鲲，2012. 农村金融发展对农业科技进步贡献率的影响——基于省级动态面板数据模型的实证研究 [J]. 农业技术经济，8：87-95.

肖忠意，2015. 城镇化、农村金融深化对农村居民消费及结构的影响 [J]. 统计与决策，6：101-105.

肖忠意，李思明，2015. 中国农村居民消费金融效应的地区差异研究 [J]. 中南财经政法大学学报，2：56-63+71+159.

肖经建，2011. 消费者金融行为、消费者金融教育和消费者福利 [J]. 经济研究，46（s1）：4-16.

夏国永，郑青，2020. 社会主要矛盾变化下农民福利发展的突出问题及对策 [J]. 西南民族大学学报（人文社科版），41（04）：211-216.

向琳，李季刚，2010. 中国农村金融资源配置的区域效率评价 [J]. 区域金融研究, 4: 77-80.

向昀, 任健, 2002. 西方经济学界外部性理论研究介评 [J]. 经济评论, 3: 58-62.

星焱, 2021. 农村数字普惠金融的"红利"与"鸿沟"[J]. 经济学家, 2: 102-111.

徐佳萍, 郑林, 廖传清, 2018. 江西省城镇化效率与经济发展水平的时空耦合关系 [J]. 经济地理, 38 (05): 93-100.

谢玉梅, 徐玮, 2016. 农村金融发展对我国农民收入增长影响实证研究——基于2006—2011年的经验数据 [J]. 湖南大学学报 (社会科学版), 30 (5): 89-94.

谢童伟, 吴燕, 2013. 农村劳动力区域流动的社会福利分配效应分析——基于农村教育人力资本溢出的视角 [J]. 中国人口·资源与环境, 23 (06): 59-65.

谢平, 2001. 中国农村信用合作社体制改革的争论[J]. 金融研究, 1: 1-13.

徐建军, 2011. 我国农村资金配置的效率及其影响因素分析 [J]. 统计与决策, 5: 102-104.

徐振宇, 郭志超, 荆林波, 2014. 中国城乡消费差距的转折点——引入滚动虚拟变量的分段定量检测 [J]. 经济学动态, 6: 32-49.

徐章星, 张兵, 2020. 中国农地抵押的德·索托悖论——基于抵押品功能的视角 [J]. 农业经济与管理, 3: 64-73.

姚建建, 门金来, 2020. 中国区域经济—科技创新—科技人才耦合协调发展及时空演化研究 [J]. 干旱区资源与环境, 34 (05): 28-36.

袁方, 蔡银莺, 2012. 城市近郊被征地农民的福利变化测度——以武汉市江夏区五里界镇为实证 [J]. 资源科学, 34 (03): 449-458.

袁航, 朱承亮, 2018. 国家高新区推动了中国产业结构转型升级吗 [J]. 中国工业经济, 8: 60-77.

姚战琪, 2021. 数字贸易、产业结构升级与出口技术复杂度——基于结构方程模型的多重中介效应 [J]. 改革, 1: 50-64.

叶阿忠, 李子奈, 2000. 我国通货膨胀的 GARCH 模型 [J]. 系统工程理论与实践, 1046-48.

颜洪平, 陈平, 2016. 金融集聚与经济发展耦合协调性评价——以中部六省为例 [J]. 经济体制改革, 3: 63-67.

杨爱婷，宋德勇，2012. 中国社会福利水平的测度及对低福利增长的分析——基于功能与能力的视角［J］.数量经济技术经济研究，29（11）：3-17+148.

杨丹，2006. 政府对农村金融资源配置的控制及其效应［J］.哈尔滨学院学报，12：31-35.

杨国中，李木祥，2004. 我国信贷资金的非均衡流动与差异性金融政策实施的研究［J］.金融研究，9：119-133.

杨艳，丁正山，葛军莲，等，2018. 江苏省乡村旅游信息化与区域旅游经济耦合协调关系［J］.经济地理，38（11）：220-225.

杨得前，刘仁济，2018. 地方财政支出对产业生态化的空间溢出效应研究［J］.财贸经济，39（07）：49-64.

杨伟中，余剑，李康，2020. 金融资源配置、技术进步与经济高质量发展［J］.金融研究，12：75-94.

杨伟民，2008. 论个人福利与国家和社会的责任［J］.社会学研究，1：120-142+244-245.

杨希，罗剑朝，2014. 西部农村金融市场资金配置效率评价研究［J］.经济经纬，31（4）：138-143.

伊莎贝尔·撒考克，王康，2010. 农村金融与公共物品和服务：什么对小农户最重要［J］.经济理论与经济管理，12：27-31.

尹志超，张号栋，2018. 金融可及性、互联网金融和家庭信贷约束——基于 CHFS 数据的实证研究［J］.金融研究，11：188-206.

尹雷，沈毅，2014. 农村金融发展对中国农业全要素生产率的影响：是技术进步还是技术效率——基于省级动态面板数据的 GMM 估计［J］.财贸研究，25（02）：32-40.

殷贺，江红莉，张财经，蒋鹏程，2020. 数字普惠金融如何响应城乡收入差距？——基于空间溢出视角的实证检验［J］.金融监管研究，9：33-49.

余新平，熊晶白，熊德平，2010. 中国农村金融发展与农民收入增长［J］.中国农村经济，6：77-86+96.

于晓华，刘畅，曾起艳，2023. 百年农民营养与福利变化：测度与政策［J］.农业经济问题，5：100-113.

于长永，2012. 农民对新型农村合作医疗的福利认同及其影响因素［J］.中国农村经济，4：76-86.

余谦，高萍，2011. 中国农村社会福利指数的构造及实测分析［J］.中国农村经济，7：63-71+84.

游和远，吴次芳，鲍海君，2013. 农地流转、非农就业与农地转出户福利——来自黔浙鲁农户的证据 [J]. 农业经济问题，34（03）：16-25+110.

周伟，米红，2013. 中国失独家庭规模估计及扶助标准探讨 [J]. 中国人口科学，5：2-9+126.

周明生，赵杉杉，2023. 要素替代、产业结构升级推进共同富裕实现 [J/OL]. 统计与决策，23：132-137.

周振，陈东平，田妍，2011. 农村金融的诱致性制度变迁改善农户福利了吗？——以农村资金互助社为例的实证研究 [J]. 农村经济，7：60-64.

周大超，朱玉春，2013. 消费品价格波动对农村居民消费支出及福利的影响 [J]. 贵州农业科学，7：212-217.

郑玉，2019. 中国金融产业综合发展水平测度及其时空演化分析 [J]. 上海经济研究，10：109-116.

郑艳，潘家华，谢欣露，等，2016. 基于气候变化脆弱性的适应规划：一个福利经济学分析 [J]. 经济研究，2：140-153.

张亚斌，2001. 从系统论看所有制结构与产业结构的耦合 [J]. 湖南社会科学，5：48-52.

周义，李梦玄，2014. 失地冲击下农民福利的改变和分化 [J]. 农业技术经济，1：73-80.

曾康霖，2005. 试论我国金融资源的配置 [J]. 金融研究，4：15-18.

曾之遥，李磊，刘木子云，等，2020. 农村居民养老保险财政补贴与农民家庭消费异质性——基于 CHARLS 数据的研究 [J]. 财经理论与实践，41（04）：18-24.

赵雪雁，高志玉，马艳艳，2018. 2005～2014 年中国农村水贫困与农业现代化的时空耦合研究 [J]. 地理科学，38（5）：19-25.

赵晓峰，2018. 信任建构、制度变迁与农民合作组织发展——一个农民合作社规范化发展的策略与实践 [J]. 中国农村观察，39（01）：14-27.

赵京，杨钢桥，2011. 耕地集约利用与经济发展的耦合关系 [J]. 中国土地科学，25（09）：35-41.

张杰，谢晓雪，张淑敏，2006. 中国农村金融服务：金融需求与制度供给 [J]. 西安金融，3：20-26.

张伟，黄颖，谭莹，等，2020. 灾害冲击下贫困地区农村金融精准扶贫的政策选择——农业信贷还是农业保险 [J]. 保险研究, 1: 21-35.

张荣, 2017. 我国农村金融发展对农民收入增长的影响研究——基于
2003—2014 年数据的实证分析 [J]. 技术经济与管理研究, 2: 119-123.

张珩, 罗剑朝, 王磊玲, 2018. 农地经营权抵押贷款对农户收入的影响
及模式差异: 实证与解释 [J]. 中国农村经济, 9: 79-93.

张庆君, 朱方圆, 胡秀雯, 2015. 融资约束、所有制歧视与金融资源配
置效率 [J]. 江汉论坛, 10: 20-26.

张文彬, 郭琪, 2019. 中国可持续经济福利水平测度及区域差异分析
[J]. 管理学刊, 32 (3): 19-30.

张彦伟, 2020. 农村金融成熟度的提升路径 [J]. 人民论坛, 10: 84-85.

张雪芳, 戴伟, 2016. 金融发展及其市场化是否提高了实体经济资本配
置效率—基于省际面板数据的实证分析 [J]. 现代财经, 36 (10): 3-13.

张秀娟, 2015. 金融集聚对城乡收入差距的影响——基于省际面板数
据的实证分析 [J]. 农业技术经济, 4: 98-107.

张林, 温涛, 2021. 农村金融高质量服务乡村振兴的现实问题与破解路
径 [J]. 现代经济探讨, 5: 110-117.

张正平, 杨丹丹, 2017. 市场竞争、新型农村金融机构扩张与普惠金融发
展——基于省级面板数据的检验与比较 [J]. 中国农村经济, 1: 30-43+94.

张子豪, 谭燕芝, 2018. 数字普惠金融与中国城乡收入差距——基于空
间计量模型的实证分析 [J]. 金融理论与实践, 6: 1-7.

张纯元, 1984. 试论农村老年人口的社会福利事业 [J]. 北京大学学报
(哲学社会科学版), 4: 39-47.

郑军, 秦妍, 2021. 政府财政补贴与农村养老服务供给: 作用渠道与差
异效应 [J]. 贵州财经大学学报, 6: 99-108.

钟晨, 吴雄, 2017. 农村金融机构资源配置与新型城镇化建设——基于
中国省际动态面板数据模型 [J]. 农业技术经济, 7: 122-128.

中国人民银行重庆营业管理部课题组, 2006. 发达国家农村合作金融
发展改革经验考察、比较及启示 [J]. 武汉金融, 10: 21-23.

周惠民, 逯进, 2017. 金融发展与经济增长的时空耦合度测度——以长
三角城市群为例 [J]. 城市问题, 3: 61-68+88.

周立, 2007. 农村金融市场四大问题及其演化逻辑 [J]. 财贸经济, 2:
56-63+128-129.

周荣, 2007. 学识与事实: 中西会通背景下的中国社会保障史研究 [J]. 武汉大学学报 (人文科学版), 2: 226-233.

周小刚, 陈熹, 2017. 关系强度、融资渠道与农户借贷福利效应——基于信任视角的实证研究 [J]. 中国农村经济, 1: 16-29+93-94.

周月书, 王婕, 2017. 产业链组织形式、市场势力与农业产业链融资——基于江苏省397户规模农户的实证分析 [J]. 中国农村经济, 4: 46-58.

周成, 冯学钢, 唐睿, 2016. 区域经济—生态环境—旅游产业耦合协调发展分析与预测——以长江经济带沿线各省市为例 [J]. 经济地理, 36 (03): 186-193.

张晓琳, 2018. 普惠金融视角下农户信贷供需障碍及改进研究——以山东省为例 [D]. 山东农业大学.

朱兰兰, 蔡银莺, 刘小庆, 2016. 基本农田用途管制对农民福利的影响及区域差异——基于成都和武汉的比较 [J]. 地域研究与开发, 4: 143-148.

庄希勤, 蔡卫星, 2021. 当乡村振兴遇上"离乡进城"的银行: 银行地理距离重要吗? [J]. 中国农村观察, 1: 122-143.

张爽爽, 2016. 农村金融与经济增长耦合关系的实证检验 [J]. 统计与决策, 16: 160-162.

赵秋银, 余升国, 2020. 税收竞争影响经济增长的中介效应研究——基于结构方程模型的路径分析 [J]. 华东经济管理, 34 (03): 75-85.

赵宸宇, 李雪松, 2017. 金融市场化、小额贷款与中国家庭信贷可得性——基于CHFS微观数据的实证研究 [J]. 金融论坛, 22 (08): 46-57.

中国人民银行南昌中心支行课题组, 张瑞怀, 2023. 乡村振兴、金融支持与农村产业融合发展 [J]. 金融与经济, 5: 46-58+70.

张林, 温涛, 2019. 财政金融服务协同与农村产业融合发展 [J]. 金融经济学研究, 34 (05): 53-67.

张士云, 苏世兴, 佟大建, 2021. 产业结构变迁、财政支出与减贫——贫困县与非贫困县的比较分析 [J]. 江淮论坛, 6: 28-34.

张珩, 罗剑朝, 牛荣, 2017. 产权改革与农信社效率变化及其收敛性: 2008~2014年——来自陕西省107个县 (区) 的经验证据 [J]. 管理世界, 5: 92-106.

张志新, 林立, 黄海蓉, 2020. 农业技术进步的农民增收效应: 来自中国14个农业大省的证据 [J]. 中国科技论坛, 8: 138-147.

张立军，湛泳，2006. 我国农村金融发展对城乡收入差距的影响 [J]. 财经科学，4：53-60.

张元红，李静，张军，2007. 农村金融转型与创新：关于合作基金会的思考 [M]. 北京：社会科学文献出版社.

张万兴，郭晓梅，2016. 基于 VAR 模型的农村金融深化对农村居民消费的影响——以湖北省为例 [J]. 金融理论与实践，8：61-64.

张旺，白永秀，2022. 数字经济与乡村振兴耦合的理论构建、实证分析及优化路径 [J]. 中国软科学，1：132-146.

赵巍，赵恬婧，马婧，2023. 数字普惠金融、农村产业融合与农业经济韧性 [J]. 农林经济管理学报，22（05）：555-565.

祝影，王飞，2016. 基于耦合理论的中国省域创新驱动发展评价研究 [J]. 管理学报，13（10）：1509-1517.

祝瑜晗，吕光明，2020. 城镇化进程中人口流动的主观福利效应考察 [J]. 统计研究，37（10）：115-128.

Adams D W, 2002. Filling the deposit gap in microfinance [C] //Notes for the WOCCU conference, best practices in savings mobilization.

Ayenew W, Lakew T, Kristos E H, 2020. Agricultural technology adoption and its impact on smallholder farmers welfare in Ethiopia [J]. African journal of agricultural research, 15 (3)：431-445.

Awotide B A, Abdoulaye T, Alene A, et al., 2015. Impact of access to credit on agricultural productivity：evidence from smallholder cassava farmers in nigeria [R]. Milan, Italy：international association of agricultural economists.

Levchenko A A, 1993. Financial liberalization and consumption volatility in developing countries [J]. IMF staff papers, 52 (2)：237-259.

Akinsola F A, Odhiambo N M, 2017. The impact of financial liberalization on economic growth in sub-Saharan Africa [J]. Cogent economics & finance, 5 (1)：1-11.

Akerlof G A, 1970. The market for "lemons"：quality uncertainty and the market mechanism [J]. Quarterly journal of economics, 84 (3)：488-500.

Basu S, 1997. Why institutional credit agencies are reluctant to lend to the rural poor：a theoretical analysis of the Indian rural credit market [J]. World development, 25 (2)：267-280.

Battese G E, 1992. Frontier production functions and technical efficiency: a survey of empirical applications in agricultural economics [J]. Agricultural economics, 7 (3-4): 185-208.

Bayoumi T, 1993. Financial Deregulation and Consumption in the United Kingdom [J]. Review of economics and statistics, 75 (3): 536-539.

Bérenger V, Verdier-Chouchane A, 2007. Multidimensional measures of well-being: standard of living and quality of life across countries [J]. World Development, 35 (7): 1259-1276.

Bayarsaihan T, Coelli T J, 2003. Productivity growth in pre-1990 Mongolian agriculture: spiralling disaster or emerging success? [J]. Agricultural economics, 28 (2): 121-137.

Barrett C B, 2007. Displaced distortions: Financial market failures and seemingly inefficient resource allocation in low-income rural communities [M]. Development economics between markets and institutions. Leiden, the netherlands: wageningen academic.

Beck T, Demirgüç-Kunt A, Levine R, 2007. Finance, inequality and the poor [J]. Journal of economic growth, 12: 27-49.

Bencivenga V R, Smith B D, 1991. Financial intermediation and endogenous growth [J]. The review of economic studies, 58 (2): 195-209.

Boadway R W, 1974. The welfare foundations of cost-benefit analysis [J]. The economic journal, 84 (336): 926-939.

Bravo-Ureta B E, Pinheiro, António E, 1993. Efficiency Analysis of Developing country agriculture: a review of the frontier function literature [J]. Agricultural and resource economics review, 22 (01): 88-101.

Brake J R, Adams D W, Graham D H, et al., 1985. Undermining rural development with cheap credit [J]. American journal of agricultural economics, 67 (4).

Braverman A, Huppi M, 1991. Improving rural finance in developing countries [J]. finance and development, 28 (1): 42-44.

Brown E H P, 1948. Studies in the theory of welfare economics [J]. The economic journal, 58 (231): 407-409.

Chakrabarti S, Tatavarthy A D, 2019. The geography of medical travel in

India: differences across states, and the urban-rural divide [J]. Applied geography, 107: 12-25.

Chakraborty S, Ray T, 2006. Bank-based versus market-based financial systems: a growth-theoretic analysis [J]. Journal of monetary economics, 53 (2): 329-350.

Carroll C D, Hall R E, Zeldes S P, 1992. The buffer-stock theory of saving: some macroeconomic evidence [J]. Brookings Papers on Economic Activity, 2: 61-156.

Coelli T, 1995. Estimators and hypothesis tests for a stochastic frontier function: a Monte Carlo analysis[J]. Journal of productivity analysis, 6(3):247-268.

Duong P B, Izumida Y, 2002. Rural development finance in Vietnam: a microeconometric analysis of household surveys [J]. World development, 30 (2): 319-335.

Dong G, Ge Y, Zhu W, et al., 2021. Coupling coordination and spatiotemporal dynamic evolution between green urbanization and green finance: A case study in China [J]. Frontiers in environmental science, 8: 1-13.

Diamond D W, 1991. Monitoring and reputation: the choice between bank loans and directly placed debt[J]. Journal of political economy, 99(4): 689-721.

Fried H O, Lovell C, et al., 2002. Accounting for environmental effects and statistical noise in data envelopment analysis [J]. Journal of productivity analysis, 17 (1-2): 157-174.

Fry M J, 1982. Models of financially repressed developing economies [J]. World development, 10 (9): 731-750.

Fleisig H, De la Peña N, 2003. Legal and regulatory requirements for effective rural financial markets [C]. Paper for "paving the way forward: an international conference on best practices in rural finance", Washington, DC.

Galbis V, 1977. Financial intermediation and economic growth in less-developed countries: a theoretical approach [J]. The journal of development studies, 13 (2): 58-72.

Geng Y, Tan Y, 2020. Measurement and prediction: coupling coordination of finance and air environment [J]. Discrete dynamics in nature and society, 2020: 1-12.

Gertler P, David I, et al., 2009. Do microfinance programs help families insure consumption against illness? [J]. Health economics, 18 (3): 257-273.

Goldsmith R W, 1969. The quantitative international comparison of financial structure and development [J]. Journal of economic history, 35 (1): 216-237.

Glassman R B, 1973. Persistence and loose coupling in living systems [J]. Behavioral science, 18 (2): 83-98.

Greenwood J, Jovanovic B, 1990. Financial development, growth, and the distribution of income [J]. Journal of political economy, 98 (5): 1076-1107.

Gurley J G, Shaw E S, 1955. Financial aspects of economic development [J]. The American economic review, 45 (4): 515-538.

Gurley J G, Shaw E S, 1956. Financial intermediaries and the saving-investment process [J]. The journal of finance, 11 (2): 257-276.

Hartungi, R, 2007. Understanding the success factors of micro-finance institution in a developing country [J]. International journal of social economics, 34 (6): 388-401.

Hye Q M A, Wizarat S, 2011. Impact of financial liberalization on agricultural growth: a case study of Pakistan [J]. China agricultural economic review, 3 (2): 191-209.

Hebel J, 2003. Social welfare in rural China [J]. The journal of peasant studies, 30 (3-4): 224-251.

Hicks J R, Allen R G D, 1934. A reconsideration of the theory of value. Part I [J]. Economica, 1 (1): 52-76.

Hicks J R, 1939. The foundations of welfare economics [J]. The economic journal, 49 (196): 696-712.

Houeninvo G H, Célestin Quenum C V, Nonvide G M A, 2020. Impact of improved maize variety adoption on smallholder farmers' welfare in Benin [J]. Economics of innovation and new technology, 29 (8): 831-846.

Justice N B, Sczesnak A, Hazen T C, et al., 2017. Environmental selection, dispersal, and organism interactions shape community assembly in high-throughput enrichment culturing [J]. Applied and environmental microbiology, 83 (20): e01253-17.

Keynes J M, 2018. The general theory of employment, interest, and money [M]. Palgrave Macmillan, Cham.

Kapur B K, 1983. Optimal financial and foreign-exchange liberalization of less developed economies [J]. The quarterly journal of economics, 98 (1): 41 -62.

Kumar A, Mishra A K, Saroj S, et al., 2017. Institutional versus non-institutional credit to agricultural households in India: evidence on impact from a national farmers' survey [J]. Economic Systems, 41 (3): 420-432.

Kelley K C, 1977. Urban disamenities and the measure of economic welfare [J]. Journal of urban economics, 4 (4): 379-388.

King R G, Levine R, 1993. Finance and growth: Schumpeter might be right [J]. The quarterly journal of economics, 108 (3): 717-737.

Knight F, 1921. Risk, uncertainty and profit [J]. Social science electronic publishing, 4: 682-690.

Levine R, 1997. Financial development and economic growth: views and a-genda [J]. Journal of economic literature, 35 (2): 688-726.

Levine R, 2002. Bank-based or market-based financial systems: which is better? [J]. Journal of financial intermediation, 11 (4): 398-428.

Li X, Gan C, Hu B, 2011. The welfare impact of microcredit on rural households in China [J]. The journal of socio-economics, 40 (4): 404-411.

Li R, Li Q, Huang S, et al., 2013. The credit rationing of Chinese rural households and its welfare loss: an investigation based on panel data [J]. China Economic Review, 26: 17-27.

Li H, Huang X, Kwan M P, et al., 2015. Changes in farmers' welfare from land requisition in the process of rapid urbanization [J]. Land use policy, 42: 635-641.

Leyshon A, 1998. Geographies of money and finance III [J]. Progress in human geography, 22 (3): 433-446.

Laulajainen R, 2005. Financial geography: a banker's view [M]. London: routledge.

Lefore N, Giordano M, Ringler C, et al., 2019. Sustainable and equitable growth in farmer-led irrigation in sub-saharan africa: what will it take? [J].

Water Alternatives, 12 (1): 156-168.

Lelli S, 2001. Factor analysis vs. fuzzy sets theory: assessing the influence of different techniques on sen's functioning approach [M]. Leuven, Belgium: Katholieke Universiteit Leuven.

Lucas Jr R E, 1988. On the mechanics of economic development [J]. Journal of monetary economics, 22 (1): 3-42.

Lakhan G R, Channa S A, Magsi H, et al., 2020. Credit constraints and rural farmers' welfare in an agrarian economy [J]. Heliyon, 6 (10): e05252-e05252.

Ma' ayan A, Rouillard A D, Clark N R, et al., 2014. Lean Big Data integration in systems biology and systems pharmacology [J]. Trends in pharmacological sciences, 35 (9): 450-460.

McKinnon, R I, 1973. Money and capital in economic development [M]. Washington DC: the brookings institution press.

Mathewson G F, Winter R A, 1984. An economic theory of vertical restraints [J]. The RAND journal of economics, 15 (1): 27-38.

Mathieson D J, 1980. Financial reform and stabilization policy in a developing economy [J]. Journal of development economics, 7 (3): 359-395.

Maurer K, Seibel H D, 2001. Agricultural development bank reform: the case of unit banking system of bank rakyat indonesia (BRI) [R]. IFAD Rural finance working paper No. B 5.

Marshall A, 1890. Principles of economics [M]. Macmillan and company.

Meng X, Bai N, 2007. How much have the wages of unskilled workers in China increased? [J]. China: linking markets for growth, 9: 151-175.

Merton R C, 1995. A functional perspective of financial intermediation [J]. Financial management, 24 (2): 23-41.

Merton R C, Bodie Z, 1995. A conceptual framework for analyzing the financial system [J]. The global financial system: a functional perspective: 3-31.

Midgley J, 1997. Social welfare in global context [M]. Sage.

Mohaqeqi Kamal S H, Rafiey H, Sajjadi H, et al., 2015. Territorial analysis of social welfare in Iran [J]. Journal of international and comparative social policy, 31 (3): 271-282.

Munyegera G K, Matsumoto T, 2016. Mobile money, remittances, and household welfare: panel evidence from rural uganda [J]. World development, 79: 127-137.

Nordhaus W D, Tobin J, 1972. Is Growth Obsolete? [J]. Economic research: retrospect and prospect, economic growth, 5: 1-80.

Patrick H T, 1966. Financial development and economic growth in underdeveloped countries [J]. Economic development and cultural change, 14 (2): 174-189.

Pederson G, 2004. Rural finance institutions, markets and policies in Africa [J]. South african journal of economic and management sciences, 7 (4): 643-651.

Pigou A C, 1920. The economics of welfare [M]. London: Macmillan and Co. ltd.

Poon J P H, Tan G K S, Yin W, 2015. Wage inequality between financial hubs and periphery [J]. Applied Geography, 61: 47-57.

Powell A, Mylenko N, Miller M, et al., 2004. Improving credit information, bank regulation, and supervision: on the role and design of public credit registries [R]. The World Bank.

Precious C, Bahle M, Praise G, 2014. Impact of financial liberalization on economic growth: a case study of South Africa [J]. Mediterranean journal of social sciences, 5 (23): 238.

Qiu Dongfang, Shao Huayang, 2015. Research on coupling coordination level of sci-tech finance and technology innovation in Jiangsu Province [C] // 2015 IEEE international conference on grey systems and intelligent services (GSIS). IEEE.

Rajan R G, Zingales L, 1998. Which capitalism? Lessons form the east Asian crisis [J]. Journal of applied corporate finance, 11 (3): 40-48.

Rajan R G, Zingales L, 2003. The great reversals: the politics of financial development in the twentieth century [J]. Journal of financial economics, 69 (1): 5-50.

Robeyns I, 2003. Sen's capability approach and gender inequality: selecting relevant capabilities [J]. Feminist economics, 9 (2-3): 61-92.

Romer P M, 1990. Endogenous technological change [J]. Journal of political Economy, 98 (5, Part 2): S71-S102.

Sarma M, 2008. Index of financial inclusion [R]. New Delhi: Indian council for research on international economic relations.

Sedem E D, William A, Gideon D A, 2016. Effect of access to agriculture credit on farm income in the Talensi district of northern Ghana [J]. Russian journal of agricultural and socio-economic sciences, 55 (7): 40-46.

Sen A, 1980. Equality of what? [J]. The tanner lecture on human values, I: 197-220.

Sen A, 1982. Choice, welfare and measurement [M]. Oxford: Basil Blackwell.

Shaw E S, 1973. Financial deepening in economic development [M]. New York: Oxford University Press.

Sihem E, 2017. Agricultural insurance-agricultural productivity nexus: Evidence from international data [J]. Journal of service science research, 9 (2): 147-178.

Shahbaz M, Shahbaz Shabbir M, Sabihuddin Butt M, 2013. Effect of financial development on agricultural growth in Pakistan: new extensions from bounds test to level relationships and Granger causality tests [J]. International journal of social economics, 40 (8): 707-728.

Sazanov L A, 2014. The mechanism of coupling between electron transfer and proton translocation in respiratory complex I [J]. Journal of bioenergetics and biomembranes, 46: 247-253.

Smale M, Diakité L, Keita N, 2012. Millet transactions in market fairs, millet diversity and farmer welfare in Mali [J]. Environment and development economics, 17 (5): 523-546.

Sujatmiko T, Ihsaniyati H, 2018. Implication of climate change on coffee farmers' welfare in Indonesia [C] //IOP conference series: earth and environmental science. IOP Publishing, 200 (1): 012054.

Stiglitz J E, Weiss A, 1981. Credit rationing in markets with imperfect information [J]. The American economic review, 71 (3): 393-410.

Stiglitz J E, 1989. Markets, market failures, and development [J]. The American economic review, 79 (2): 197-203.

Stiglitz J E, Weiss A, 1992. Asymmetric information in credit markets and its implications for macro-economics [J]. Oxford Economic Papers, 44 (4): 694-724.

Stiglitz J E, 1993. The role of the state in financial markets [J]. The world bank economic review, 7 (suppl_ 1): 19-52.

Stiglitz J E, 1996. Some lessons from the East Asian miracle [J]. The world Bank research observer, 11 (2): 151-177.

Stiglitz J E, 1998. Redefining the role of the state: What should it do? how should it do it? And how should these decisions be made? [R] Presented on the 10th Anniversary of MITI Research Institute (Tokyo, Japan) (1990), 1-34.

Shi T, Yang S Y, Zhang W, et al., 2020. Coupling coordination degree measurement and spatiotemporal heterogeneity between economic development and ecological environment: Empirical evidence from tropical and subtropical regions of China - ScienceDirect [J]. Journal of Cleaner Production, 244: 118739.

Tobler W R, 1970. A computer movie simulating urban growth in the Detroit region [J]. Economic geography, 46 (sup1): 234-240.

Tone K, 2001. A slacks-based measure of efficiency in data envelopment analysis [J]. European journal of operational research, 130 (3): 498-509.

Tone K, 2002. A slacks-based measure of super-efficiency in data envelopment analysis [J]. European journal of operational research, 143 (1): 32-41.

Tsai K S, 2004. Imperfect substitutes: the local political economy of informal finance and microfinance in rural China and India [J]. World development, 32 (9): 1487-1507.

Vogel R C, Adams D W, 1996. Old and new paradigms in developmental finance: should directed credit be resurrected? [M]. Harvard institute for international development.

Wei Y D, 2015. Spatiality of regional inequality [J]. Applied geography, 61: 1-10.

Weick K E, 1976. Educational organizations as loosely coupled systems [J]. Administrative science quarterly, 21 (1): 1-19.

Wossen T, Abdoulaye T, Alene A, et al., 2017. Impacts of extension access and cooperative membership on technology adoption and household welfare [J]. Journal of rural studies, 54：223-233.

Yang X, 1999. The division of labor, investment and capital [J]. Metroeconomica, 50 (3)：301-324.

Zeng J, Wu W, Liu Y, et al., 2019. The local variations in regional technological evolution：Evidence from the rise of transmission and digital information technology in China's technology space, 1992—2016 [J]. Applied geography, 112：102080-102088.

附　录

附表1　2000—2019年财政渠道配置金融资源年均增速及排名

省份	人均财政支农投入		人均固定资产投资	
	年均增速（%）	排名	年均增速（%）	排名
北京	10.55	21	2.06	27
天津	12.85	14	7.74	16
河北	14.39	6	6.85	17
山西	14.14	7	4.97	23
内蒙古	12.63	17	6.74	18
辽宁	8.67	25	0.66	29
吉林	2.09	30	−0.89	30
黑龙江	8.26	27	4.45	25
上海	17.01	1	4.22	26
江苏	11.57	19	10.91	4
浙江	8.15	28	5.06	21
安徽	12.99	12	10.13	7
福建	10.14	22	9.33	11
江西	13.63	9	9.54	9
山东	12.84	16	11.80	1
河南	14.05	8	10.31	6
湖北	14.65	5	10.05	8
湖南	13.13	10	8.50	14
广东	6.42	29	5.51	20

省份	人均财政支农投入		人均固定资产投资	
	年均增速（%）	排名	年均增速（%）	排名
广西	8.60	26	5.01	22
海南	8.77	24	1.59	28
重庆	12.51	18	6.66	19
四川	11.19	20	8.56	13
贵州	15.40	3	10.94	3
云南	9.90	23	9.52	10
陕西	12.85	15	11.65	2
甘肃	12.92	13	4.86	24
青海	15.88	2	10.86	5
宁夏	13.03	11	8.95	12
新疆	15.22	4	7.83	15

数据来源：根据《中国统计年鉴》中数据计算整理所得。

附表2 2000—2019年金融机构渠道配置金融资源年均增速及排名

省份	人均涉农贷款		人均农业保险	
	年均增速（%）	排名	年均增速（%）	排名
北京	2.64	29	35.64	8
天津	8.32	23	31.61	12
河北	9.85	16	32.39	11
山西	11.16	11	42.79	5
内蒙古	16.10	3	43.10	4
辽宁	8.85	21	28.54	15
吉林	0.75	30	8.69	29
黑龙江	9.20	19	23.33	22
上海	9.85	15	22.35	23
江苏	7.88	24	26.86	17
浙江	3.24	28	20.96	24

省份	人均涉农贷款		人均农业保险	
	年均增速（%）	排名	年均增速（%）	排名
安徽	11.54	9	29.85	13
福建	12.30	7	24.37	21
江西	11.77	8	35.79	7
山东	9.95	14	33.46	10
河南	9.17	20	50.68	1
湖北	14.21	4	26.75	18
湖南	9.77	18	26.48	19
广东	4.80	27	16.66	26
广西	8.48	22	16.60	27
海南	5.09	26	18.87	25
重庆	9.78	17	38.00	6
四川	10.09	13	45.98	3
贵州	13.64	5	34.95	9
云南	7.72	25	7.91	30
陕西	13.51	6	27.46	16
甘肃	16.61	1	29.84	14
青海	16.43	2	46.65	2
宁夏	11.22	10	25.55	20
新疆	10.35	12	8.74	28

数据来源：根据《中国农村统计年鉴》、EPS 区域经济数据库计算整理所得。

附表3　2000—2019 年农村金融机构及从业人员密度年均增速及排名

省份	农村金融机构密度		农村金融从业人员密度	
	年均增速（%）	排名	年均增速（%）	排名
北京	0.52	28	3.96	25
天津	4.91	3	7.01	4
河北	2.33	14	4.95	16
山西	1.19	23	5.50	13

省份	农村金融机构密度		农村金融从业人员密度	
	年均增速（%）	排名	年均增速（%）	排名
内蒙古	1.08	25	6.13	8
辽宁	2.36	13	4.56	19
吉林	−4.89	30	−2.62	30
黑龙江	5.00	2	4.30	21
上海	10.85	1	13.07	1
江苏	4.09	4	6.83	6
浙江	2.66	12	4.08	24
安徽	2.97	9	4.82	17
福建	1.53	20	4.68	18
江西	0.94	27	4.27	22
山东	3.96	5	5.48	14
河南	2.97	10	4.11	23
湖北	1.53	21	2.91	28
湖南	1.75	18	4.39	20
广东	1.18	24	3.42	27
广西	−2.27	29	−0.38	29
海南	1.06	26	9.08	2
重庆	3.56	8	5.88	11
四川	2.11	15	6.12	10
贵州	3.62	7	8.07	3
云南	2.07	16	5.04	15
陕西	2.90	11	5.81	12
甘肃	1.79	17	6.15	7
青海	1.67	19	6.12	9
宁夏	3.84	6	6.99	5
新疆	1.52	22	3.69	26

数据来源：根据《区域金融运行报告》原始数据计算整理所得。

附表 4　2000—2019 年各类农村金融资源 Global Moran's I 值

年份	GlobalMoran's I					
	f_1	f_2	f_3	f_4	f_5	f_6
2000	0. 357 ***	0. 410 ***	0. 249 ***	0. 291 ***	0. 264 ***	0. 288 ***
2001	0. 341 ***	0. 368 ***	0. 239 ***	0. 302 ***	0. 228 ***	0. 270 ***
2002	0. 320 ***	0. 408 ***	0. 263 ***	0. 310 ***	0. 244 ***	0. 284 ***
2003	0. 316 ***	0. 409 ***	0. 293 ***	0. 317 ***	0. 296 ***	0. 343 ***
2004	0. 310 ***	0. 355 ***	0. 279 ***	0. 345 ***	0. 380 ***	0. 356 ***
2005	0. 337 ***	0. 559 ***	0. 573 ***	0. 307 ***	0. 345 ***	0. 476 ***
2006	0. 336 ***	0. 562 ***	0. 586 ***	0. 303 ***	0. 317 ***	0. 431 ***
2007	0. 335 ***	0. 573 ***	0. 569 ***	0. 247 ***	0. 375 ***	0. 536 ***
2008	0. 335 ***	0. 595 ***	0. 539 ***	0. 266 ***	0. 397 ***	0. 534 ***
2009	0. 358 ***	0. 588 ***	0. 508 ***	0. 234 ***	0. 409 ***	0. 518 ***
2010	0. 351 ***	0. 616 ***	0. 445 ***	0. 246 ***	0. 385 ***	0. 480 ***
2011	0. 349 ***	0. 676 ***	0. 505 ***	0. 263 ***	0. 365 ***	0. 446 ***
2012	0. 334 ***	0. 651 ***	0. 498 ***	0. 299 ***	0. 335 ***	0. 331 ***
2013	0. 354 ***	0. 602 ***	0. 451 ***	0. 306 ***	0. 344 ***	0. 409 ***
2014	0. 355 ***	0. 590 ***	0. 490 ***	0. 379 ***	0. 331 ***	0. 408 ***
2015	0. 352 ***	0. 560 ***	0. 442 ***	0. 322 ***	0. 385 ***	0. 407 ***
2016	0. 371 ***	0. 562 ***	0. 405 ***	0. 398 ***	0. 301 ***	0. 419 ***
2017	0. 333 ***	0. 551 ***	0. 411 ***	0. 444 ***	0. 342 ***	0. 425 ***
2018	0. 340 ***	0. 538 ***	0. 395 ***	0. 460 ***	0. 324 ***	0. 415 ***
2019	0. 336 ***	0. 543 ***	0. 380 ***	0. 490 ***	0. 394 ***	0. 454 ***

注：*、**、*** 分别表示在 10%、5% 和 1% 的水平上显著。数据来源：根据《中国统计年鉴》原始数据进行平减处理后的数据，使用 Stata17 计算整理所得。

附表 5　2000—2019 年农民收入维度年均增速及排名

省份	农村居民人均可支配收入		城乡居民收入差距	
	年均增速（%）	排名	年均增速（%）	排名
北京	10.16	26	−1.95	13
天津	10.66	20	−2.29	17
河北	10.08	27	−1.75	8
山西	10.59	22	−1.22	2
内蒙古	11.19	10	−1.50	5
辽宁	10.65	21	−1.25	3
吉林	11.10	13	−1.82	9
黑龙江	10.76	18	−2.35	19
上海	9.82	29	−1.87	10
江苏	10.18	25	−0.82	1
浙江	10.80	16	−2.26	16
安徽	11.54	5	−2.54	21
福建	9.94	28	−1.41	4
江西	11.11	12	−2.26	15
山东	10.52	24	−1.65	6
河南	11.29	9	−1.91	11
湖北	10.97	15	−2.32	18
湖南	10.79	17	−2.70	23
广东	9.01	30	−1.69	7
广西	11.06	14	−2.60	22
海南	10.72	19	−1.93	12
重庆	11.56	4	−3.01	26
四川	11.35	8	−3.14	27
贵州	11.44	6	−2.88	25
云南	11.60	3	−3.54	29
陕西	11.95	1	−2.77	24

省份	农村居民人均可支配收入		城乡居民收入差距	
	年均增速（%）	排名	年均增速（%）	排名
甘肃	10.56	23	-2.36	20
青海	11.35	7	-3.18	28
宁夏	11.15	11	-2.10	14
新疆	11.65	2	-3.81	30

数据来源：根据《中国农村统计年鉴》中数据计算所得。

附表6 2000—2019年农民消费维度、生活质量的年均增速及排名

省份	农村居民人均生活消费支出		城乡居民消费差距		农村居民恩格尔系数	
	年均增速（%）	排名	年均增速（%）	排名	年均增速（%）	排名
北京	8.69	29	0.41	6	-0.48	18
天津	10.61	7	-0.09	9	0.23	1
河北	10.48	10	-0.90	17	-0.36	12
山西	10.20	15	-1.69	25	-0.13	6
内蒙古	9.95	18	1.07	3	-0.39	14
辽宁	8.90	26	0.16	8	-0.31	10
吉林	9.53	21	-1.37	21	-0.17	8
黑龙江	9.97	17	-1.74	28	-0.14	7
上海	8.01	30	0.89	5	0.21	2
江苏	9.27	22	-0.38	14	-1.00	29
浙江	8.81	27	-1.43	22	-0.09	4
安徽	12.07	1	-0.19	10	-0.48	17
福建	8.98	24	0.91	4	-0.30	9
江西	8.94	25	-0.35	12	-0.91	28
山东	8.74	28	-0.74	16	-0.47	15
河南	10.49	9	-0.36	13	-0.57	20
湖北	11.05	2	-1.19	18	-0.53	19

省份	农村居民人均生活消费支出		城乡居民消费差距		农村居民恩格尔系数	
	年均增速（%）	排名	年均增速（%）	排名	年均增速（%）	排名
湖南	9.74	20	-0.70	15	-0.70	23
广东	9.00	23	-1.74	27	-0.47	16
广西	10.23	13	-1.58	23	-0.71	25
海南	10.00	16	1.22	2	-0.12	5
重庆	10.50	8	-1.28	19	-0.72	26
四川	10.81	4	-1.59	24	-0.63	22
贵州	10.94	3	-1.81	29	-1.22	30
云南	10.22	14	0.27	7	-0.71	24
陕西	10.44	11	-1.33	20	-0.37	13
甘肃	10.75	5	-1.73	26	-0.63	21
青海	10.65	6	-1.88	30	-0.04	3
宁夏	9.86	19	-0.28	11	-0.32	11
新疆	10.25	12	1.92	1	-0.85	27

数据来源：根据《中国农村统计年鉴》中数据计算所得。

附表7　2000—2019 年农民福利各维度指标的 Global Moran's I 值

年份	GlobalMoran's I				
	w_1	w_2	w_3	w_4	w_5
2000	0.657***	0.705***	0.567***	0.297***	0.706***
2001	0.651***	0.669***	0.551***	0.457***	0.701***
2002	0.652***	0.634***	0.576***	0.559***	0.687***
2003	0.657***	0.604***	0.579***	0.487***	0.696***
2004	0.666***	0.643***	0.568***	0.529***	0.685***
2005	0.661***	0.611***	0.581***	0.536***	0.688***
2006	0.652***	0.548***	0.587***	0.508***	0.745***
2007	0.621***	0.481***	0.560***	0.453***	0.695***

年份	GlobalMoran's I				
	w_1	w_2	w_3	w_4	w_5
2008	0. 591 ***	0. 227 ***	0. 519 ***	0. 475 ***	0. 692 ***
2009	0. 596 ***	0. 175 ***	0. 495 ***	0. 330 ***	0. 660 ***
2010	0. 640 ***	0. 602 ***	0. 563 ***	0. 467 ***	0. 672 ***
2011	0. 631 ***	0. 555 ***	0. 543 ***	0. 485 ***	0. 672 ***
2012	0. 619 ***	0. 592 ***	0. 548 ***	0. 493 ***	0. 678 ***
2013	0. 644 ***	0. 595 ***	0. 566 ***	0. 511 ***	0. 658 ***
2014	0. 639 ***	0. 581 ***	0. 534 ***	0. 484 ***	0. 659 ***
2015	0. 620 ***	0. 594 ***	0. 537 ***	0. 428 ***	0. 638 ***
2016	0. 607 ***	0. 569 ***	0. 534 ***	0. 393 ***	0. 621 ***
2017	0. 619 ***	0. 589 ***	0. 539 ***	0. 401 ***	0. 637 ***
2018	0. 630 ***	0. 584 ***	0. 532 ***	0. 385 ***	0. 518 ***
2019	0. 629 ***	0. 551 ***	0. 540 ***	0. 389 ***	0. 515 ***

注：*、**、*** 分别表示在10%、5%和1%的水平上显著。数据来源：根据《中国农村统计年鉴》原始数据进行平减处理后的数据，使用Stata17计算整理所得。

附表8　2000—2019年中国各省份静态耦合协调度的年均增速及排名

省份	发展度 T		耦合度 C		耦合协调度 D	
	年均增速（%）	增速排名	年均增速（%）	增速排名	年均增速（%）	增速排名
北京	4. 56	27	1. 66	26	3. 10	26
天津	6. 15	19	4. 19	20	5. 16	21
河北	5. 55	24	4. 93	12	5. 24	19
山西	5. 80	23	3. 74	21	4. 77	23
内蒙古	6. 57	16	4. 52	16	5. 54	15
辽宁	5. 10	25	3. 36	23	4. 22	25
吉林	1. 46	30	−0. 80	30	0. 33	30
黑龙江	6. 61	14	4. 83	13	5. 72	12

省份	发展度 T		耦合度 C		耦合协调度 D	
	年均增速（%）	增速排名	年均增速（%）	增速排名	年均增速（%）	增速排名
上海	7.62	3	7.33	1	7.48	2
江苏	6.15	20	4.46	17	5.30	17
浙江	3.62	29	0.89	28	2.24	29
安徽	7.44	5	6.12	2	6.78	4
福建	5.90	21	4.59	15	5.24	18
江西	6.60	15	4.82	14	5.70	13
山东	6.68	13	5.76	4	6.22	8
河南	6.90	9	5.73	5	6.32	6
湖北	7.44	6	5.00	10	6.21	9
湖南	6.77	11	4.27	19	5.51	16
广东	4.16	28	1.46	27	2.80	27
广西	4.77	26	0.83	29	2.78	28
海南	6.42	18	5.65	6	6.03	11
重庆	6.75	12	3.60	22	5.16	20
四川	6.77	10	4.41	18	5.58	14
贵州	10.05	1	5.63	7	7.82	1
云南	6.47	17	3.13	24	4.79	22
陕西	7.14	8	5.83	3	6.48	5
甘肃	7.27	7	5.32	8	6.29	7
青海	9.82	2	5.12	9	7.45	3
宁夏	7.50	4	4.94	11	6.21	10
新疆	5.82	22	2.69	25	4.25	24

数据来源：根据原始数据计算所得。

附表 9 中国各省份部分样本年份静态耦合度的测度结果

省份	2000		2005		2010		2015		2019	
	C	耦合程度	C	耦合程度	C	耦合程度	C	耦合程度	C	耦合程度
北京	0.695	良性	0.866	高度	0.983	高度	0.971	高度	0.951	高度
天津	0.420	中度	0.708	良性	0.853	高度	0.917	高度	0.915	高度
河北	0.309	中度	0.396	中度	0.595	良性	0.770	良性	0.770	良性
山西	0.411	中度	0.513	良性	0.640	良性	0.789	良性	0.825	高度
内蒙古	0.423	中度	0.576	良性	0.971	高度	0.985	高度	0.980	高度
辽宁	0.411	中度	0.570	良性	0.730	良性	0.846	高度	0.771	良性
吉林	0.953	高度	0.573	良性	0.814	高度	0.763	良性	0.818	高度
黑龙江	0.336	中度	0.444	中度	0.706	良性	0.815	高度	0.822	高度
上海	0.231	低度	0.980	高度	0.944	高度	0.891	高度	0.886	高度
江苏	0.385	中度	0.558	良性	0.817	高度	0.889	高度	0.881	高度
浙江	0.734	良性	0.793	良性	0.911	高度	0.911	高度	0.868	高度
安徽	0.225	低度	0.256	低度	0.617	良性	0.701	良性	0.696	良性
福建	0.362	中度	0.454	中度	0.715	良性	0.844	高度	0.850	高度
江西	0.300	低度	0.360	中度	0.678	良性	0.711	良性	0.734	良性
山东	0.298	低度	0.647	良性	0.772	良性	0.884	高度	0.863	高度
河南	0.252	低度	0.306	中度	0.455	中度	0.675	良性	0.725	良性
湖北	0.302	中度	0.331	中度	0.551	良性	0.763	良性	0.763	良性
湖南	0.301	中度	0.401	中度	0.617	良性	0.659	良性	0.665	良性
广东	0.529	良性	0.648	良性	0.777	良性	0.773	良性	0.697	良性
广西	0.671	良性	0.294	低度	0.611	良性	0.741	良性	0.786	良性
海南	0.227	低度	0.321	中度	0.326	中度	0.492	中度	0.643	良性
重庆	0.356	中度	0.467	中度	0.642	良性	0.709	良性	0.697	良性
四川	0.307	中度	0.410	中度	0.706	良性	0.721	良性	0.698	良性
贵州	0.260	低度	0.301	中度	0.537	良性	0.618	良性	0.736	良性
云南	0.334	中度	0.388	中度	0.537	良性	0.598	良性	0.601	良性
陕西	0.293	低度	0.431	中度	0.587	良性	0.768	良性	0.860	高度

省份	2000		2005		2010		2015		2019	
	C	耦合程度	C	耦合程度	C	耦合程度	C	耦合程度	C	耦合程度
甘肃	0.297	低度	0.366	中度	0.571	良性	0.735	良性	0.795	良性
青海	0.379	中度	0.452	中度	0.727	良性	0.879	高度	0.980	高度
宁夏	0.391	中度	0.520	良性	0.818	高度	0.963	高度	0.977	高度
新疆	0.587	良性	0.570	良性	0.914	高度	0.942	高度	0.972	高度

数据来源：基于原始数据计算整理所得。

附表 10　中国各省份部分样本年份静态耦合协调度的测度结果

省份	2000			2010			2019		
	D	等级	阶段	D	等级	阶段	D	等级	阶段
北京	0.457	调和协调	中度协调	0.775	良好协调	高度协调	0.816	优质协调	极度协调
天津	0.284	低度失调	失调阶段	0.566	初级协调	高度协调	0.740	良好协调	高度协调
河北	0.213	低度失调	失调阶段	0.384	勉强调和	中度协调	0.561	初级协调	高度协调
山西	0.238	低度失调	失调阶段	0.400	调和协调	中度协调	0.576	初级协调	高度协调
内蒙古	0.269	低度失调	失调阶段	0.623	中级协调	高度协调	0.749	良好协调	高度协调
辽宁	0.256	低度失调	失调阶段	0.456	调和协调	中度协调	0.562	初级协调	高度协调
吉林	0.566	初级协调	高度协调	0.532	初级协调	高度协调	0.602	中级协调	高度协调
黑龙江	0.214	低度失调	失调阶段	0.470	调和协调	中度协调	0.614	中级协调	高度协调
上海	0.179	中度失调	失调阶段	0.708	良好协调	高度协调	0.705	良好协调	高度协调
江苏	0.259	低度失调	失调阶段	0.548	初级协调	高度协调	0.692	中级协调	高度协调
浙江	0.459	调和协调	中度协调	0.658	中级协调	高度协调	0.700	良好协调	高度协调

省份	2000			2010			2019		
	D	等级	阶段	D	等级	阶段	D	等级	阶段
安徽	0.145	中度失调	失调阶段	0.373	勉强调和	中度协调	0.503	初级协调	高度协调
福建	0.238	低度失调	失调阶段	0.432	调和协调	中度协调	0.628	中级协调	高度协调
江西	0.182	中度失调	失调阶段	0.380	勉强调和	中度协调	0.521	初级协调	高度协调
山东	0.202	低度失调	失调阶段	0.481	调和协调	中度协调	0.636	中级协调	高度协调
河南	0.163	中度失调	失调阶段	0.291	低度失调	失调阶段	0.522	初级协调	高度协调
湖北	0.180	中度失调	失调阶段	0.340	勉强调和	中度协调	0.566	初级协调	高度协调
湖南	0.178	中度失调	失调阶段	0.356	勉强调和	中度协调	0.494	调和协调	中度协调
广东	0.303	勉强调和	中度协调	0.436	调和协调	中度协调	0.511	初级协调	高度协调
广西	0.327	勉强调和	中度协调	0.326	勉强调和	中度协调	0.551	初级协调	高度协调
海南	0.141	中度失调	失调阶段	0.199	中度失调	失调阶段	0.430	调和协调	中度协调
重庆	0.182	中度失调	失调阶段	0.333	勉强调和	中度协调	0.473	调和协调	中度协调
四川	0.177	中度失调	失调阶段	0.389	勉强调和	中度协调	0.498	调和协调	中度协调
贵州	0.119	中度失调	失调阶段	0.266	低度失调	失调阶段	0.498	调和协调	中度协调
云南	0.169	中度失调	失调阶段	0.293	低度失调	失调阶段	0.411	调和协调	中度协调
陕西	0.180	中度失调	失调阶段	0.349	勉强调和	中度协调	0.593	初级协调	高度协调
甘肃	0.164	中度失调	失调阶段	0.310	勉强调和	中度协调	0.524	初级协调	高度协调

附表10（续）

省份	2000			2010			2019		
	D	等级	阶段	D	等级	阶段	D	等级	阶段
青海	0.186	中度失调	失调阶段	0.438	调和协调	中度协调	0.730	良好协调	高度协调
宁夏	0.231	低度失调	失调阶段	0.488	调和协调	中度协调	0.724	良好协调	高度协调
新疆	0.327	勉强调和	中度协调	0.536	初级协调	高度协调	0.721	良好协调	高度协调

数据来源：基于原始数据计算整理所得。

附表11　2000—2019年各省份剪刀差 α 的年均增速及排名

省份	系统动态耦合协调度 θ		剪刀差 α	
	年均增速	增速排名	年均增速	增速排名
北京	-0.000 1	21	-0.001 5	25
天津	0.004 0	9	-0.007 5	29
河北	0.001 1	13	0.002 3	13
山西	-0.000 3	23	0.000 3	22
内蒙古	0.000 9	15	-0.002 8	28
辽宁	-0.000 6	26	-0.001 9	26
吉林	-0.000 3	24	0.001 1	19
黑龙江	-0.001 0	30	0.001 0	21
上海	0.000 0	20	-0.000 6	23
江苏	0.004 3	8	0.006 4	8
浙江	-0.000 7	28	-0.002 1	27
安徽	0.004 5	6	0.007 1	7
福建	0.001 1	12	0.002 9	10
江西	0.004 3	7	0.007 9	5
山东	0.014 5	3	0.022 4	3
河南	-0.000 6	27	0.001 4	17
湖北	-0.000 9	29	0.002 7	12

省份	系统动态耦合协调度 θ		剪刀差 α	
	年均增速	增速排名	年均增速	增速排名
湖南	0.067 0	2	0.110 9	2
广东	0.007 9	4	−0.012 6	30
广西	0.000 5	18	0.002 8	11
海南	0.000 9	14	0.002 2	14
重庆	0.004 0	10	0.007 1	6
四川	0.080 2	1	0.130 0	1
贵州	0.001 4	11	0.004 5	9
云南	0.006 9	5	0.011 3	4
陕西	0.000 8	17	0.001 8	16
甘肃	0.000 8	16	0.002 0	15
青海	−0.000 2	22	−0.000 7	24
宁夏	0.000 4	19	0.001 3	18
新疆	−0.000 4	25	0.001 0	20

数据来源：根据原始数据计算所得。

附表12　2000—2019年各省份地理集中度、空间耦合指数年均增速及排名

省份	R（F）		R（W）		空间耦合指数	
	年均增速（%）	增速排名	年均增速（%）	增速排名	年均增速（%）	增速排名
北京	−1.88	26	−0.47	23	−1.42	26
天津	1.21	15	−0.56	25	1.78	11
河北	0.49	21	−0.96	29	1.46	17
山西	0.20	23	−0.20	16	0.40	21
内蒙古	2.45	7	−0.97	30	3.45	4
辽宁	−0.88	25	−0.46	22	−0.42	23
吉林	−7.90	30	−0.16	15	−7.75	30
黑龙江	1.61	12	−0.08	14	1.70	13
上海	4.31	3	−0.81	28	5.16	1

省份	R（F）		R（W）		空间耦合指数	
	年均增速（%）	增速排名	年均增速（%）	增速排名	年均增速（%）	增速排名
江苏	1.19	16	-0.54	24	1.75	12
浙江	-3.81	29	-0.29	18	-3.54	28
安徽	2.75	6	0.36	9	2.39	7
福建	0.91	19	-0.71	26	1.63	14
江西	1.32	14	0.18	11	1.13	18
山东	2.40	9	-0.71	27	3.13	6
河南	2.10	11	-0.01	13	2.12	8
湖北	2.31	10	0.7	7	1.51	16
湖南	0.99	18	0.83	6	0.17	22
广东	-3.15	28	0.07	12	-3.22	27
广西	-2.94	27	1.03	5	-3.93	29
海南	1.39	13	-0.22	17	1.61	15
重庆	0.65	20	1.14	4	-0.48	24
四川	1.15	17	0.68	8	0.47	20
贵州	5.08	2	2.95	1	2.06	10
云南	-0.07	24	1.33	3	-1.38	25
陕西	2.87	5	-0.32	21	3.20	5
甘肃	2.44	8	0.35	10	2.09	9
青海	5.95	1	1.68	2	4.20	2
宁夏	3.55	4	-0.31	20	3.87	3
新疆	0.35	22	-0.31	19	0.66	19

数据来源：根据原始数据计算所得。

地区	省份
北部	北京、天津、河北、山西、内蒙古、辽宁、吉林、黑龙江、山东、河南、陕西、甘肃、青海、宁夏、新疆
南部	江苏、安徽、浙江、上海、湖北、湖南、江西、福建、云南、贵州、四川、重庆、广西、广东、海南
东部	北京、天津、河北、山东、江苏、浙江、福建、上海、广东、海南
中部	河南、湖北、湖南、江西、山西、安徽
西部	内蒙古、广西、重庆、四川、贵州、云南、陕西、甘肃、青海、宁夏、新疆
东北	辽宁、吉林、黑龙江
西北	陕西、甘肃、青海、宁夏、新疆
东南	江西、安徽、江苏、浙江、福建、上海、广东、海南
中南	湖南、湖北、河南、广东、广西、海南
西南	重庆、四川、贵州、云南
东南沿海地区	江苏、浙江、福建、上海、广东、海南
环渤海地区	北京、天津、河北、辽宁、山东
长江三角洲地区	江苏、浙江、上海
沿海地区	辽宁、河北、山东、江苏、浙江、上海、福建、广东、海南、广西
内陆地区	河北、河南、山西、陕西、内蒙古、辽宁、吉林、黑龙江、江西、安徽、湖北、湖南、四川、重庆、贵州、云南、甘肃、青海、宁夏、新疆、
边境省份	辽宁、吉林、黑龙江省、内蒙古、甘肃、新疆、云南、广西

注：上表地区划分参考国家统计局官网。

---

① 只包含本书中的30个省市，仍不包括西藏和港澳台地区。